重考高崗、饒漱石「反黨」事件

重考高崗、饒漱石「反黨」事件

林蘊暉　著

香港中文大學出版社

《重考高崗、饒漱石「反黨」事件》

林蘊暉 著

© 香港中文大學 2017

國際統一書號 (ISBN)：978-988-237-010-4

2017年第一版
2024年第三次印刷

出版：香港中文大學出版社
　　　香港 新界 沙田 · 香港中文大學
　　　傳真：+852 2603 7355
　　　電郵：cup@cuhk.edu.hk
　　　網址：cup.cuhk.edu.hk

An Re-investigation of the "Anti-Party" Incident of Gao Gang and Rao Shushi (in Chinese)
　　By Lin Yunhui

© The Chinese University of Hong Kong 2017
All Rights Reserved.

ISBN: 978-988-237-010-4

First edition 2017
Third printing 2024

Published by The Chinese University of Hong Kong Press
　　　The Chinese University of Hong Kong
　　　Sha Tin, N.T., Hong Kong
　　　Fax: +852 2603 7355
　　　Email: cup@cuhk.edu.hk
　　　Website: cup.cuhk.edu.hk

Printed in Hong Kong

目 錄

序

章百家

　　高崗和饒漱石這兩個名字現在對大多數國人來說已相當陌生。不過，對中共黨史多少有些瞭解的人都聽說過「高饒事件」（當年稱「高崗、饒漱石反黨聯盟」事件）。這是自 1949 年中華人民共和國成立後，中共黨內高層發生的第一起嚴重的政治鬥爭。這起公案雖已過去六十多年，但至今餘波未盡，懸疑之處不少。

　　新中國成立初期，高崗似乎是一顆冉冉升起的政治明星。他不僅是陝甘紅軍和革命根據地的創建人之一，多年擔任中共大區主要負責人，而且事發時身居高位，是中共中央政治局委員、中央人民政府副主席，並兼任國家計劃委員會主席、中央軍委副主席等要職。此案的配角饒漱石亦曾多年擔負中共大區主要負責人，是中共中央委員，時任中共中央組織部部長。

　　高饒事件初起於 1953 年，至 1955 年結束。1953 年 6 月和 9 月，中共中央先後召開的全國財經工作會議和第二次全國組織工作會議。兩會均以毛澤東提出的向社會主義過渡的總路線為指導思想，故財經工作負責人之一的薄一波在前一次會議受到指責和批判；中組部副部長安子文在後一次會議上也被指責。由於薄、安二人的政治觀點和政策主張與劉少奇一致，且相互關係密切，故對

薄、安的指責和批判或明或暗地聯繫到劉少奇。由於高崗、饒漱石在兩會前後和會內會外，都曾對薄一波和安子文有不滿和指責，於是兩會發生的事件即被視為高崗、饒漱石向劉少奇發難。結果，高、饒二人成為批判對象，其錯誤被定性為「陰謀分裂黨」、「奪取黨和國家最高權力」，且結成一個「反黨聯盟」。1954 年 8 月，高崗於軟禁中自殺身亡。1955 年 3 月，在北京舉行的中共全國代表會議通過《關於高崗、饒漱石反黨聯盟的決議》，二人被正式罷黜官職，開除出黨。此後，饒漱石被長期關押直至 1975 年 3 月病故。由於高、饒二人身居要職，該案當年即牽連不少高級幹部，以後又在黨內鬥爭中多次發酵。1959 年彭德懷事件、1962 年「反黨小說 —— 劉志丹」案、1970 年代初林彪事件，均在不同程度上被視為同高、饒鬥爭的後續。

「文化大革命」結束後，中國大規模平反冤假錯案；不過，高、饒一案不在平反之列。此案未翻，但受此牽連的幹部均獲得平反，對這一事件的說法也逐漸有所變化。近年官方編撰的中共黨史著作不再提高、饒二人企圖「篡黨奪權」，也不再說二人結為「反黨聯盟」，但仍維持其犯有「分裂黨」的錯誤這一結論。這種變與不變透露出對高、饒一案的處理至今仍有棘手之處。

高饒事件作為反映中共高層政治和人事的一個典型案例，自然會引起歷史研究者的極大興趣。不過很長時間，由於資料的缺乏和檔案的封閉，大陸的黨史著述僅限於詮釋官方結論，海外學者更無法探討其究竟。這種情況直到中國實行改革開放後才發生變化。1980 年代以來，有關高饒事件的部分內情，在大陸一些教學機構和官方研究機構所編纂的黨史資料彙集和領導人的文稿、年譜、傳記中有所披露。[1] 這些資料雖然零星支離，但一些學者很快注意到這一

1　如：中國人民解放軍國防大學黨史黨建政工教研室編輯的《中共黨史參考資料》第 20 冊，中共中央文獻研究室編輯的《建國以來毛澤東文稿》第 4 冊，

事件的複雜背景和經過。高饒事件自此成為學術研究的對象。最近十幾年，一些當事人或知情者陸續發表日記、回憶錄等著述，加之最新搜集到的蘇聯相關檔案，[2] 更多內情也漸為人知。現在，研究者所關注和探討的重點已不單是當年黨內高層的政見分歧，而是這種分歧背後所折射的錯綜複雜的人際關係。

　　本書作者林蘊暉教授是大陸最早研究高饒事件的學者之一。1989 年，他在與人合著的《凱歌行進的時期》一書中首先提出，這一事件並非簡單的權力鬥爭，它的一個重要背景是「黨的戰略指導發生轉變」、「黨中央領導之間有不同意見」。1999 年，林氏發表《高崗事件始末》，利用公開文獻和當事人回憶，首次系統梳理了事情的經過，是有關高饒事件新進展的代表性文章。該文最大的突破在於初步揭示了高崗與毛澤東的關係。此後，王海光的〈政爭與權爭：「高饒事件」起因再解讀〉，以更開闊的視角考察了高饒事件的背景和由來，較為細緻地分析了中共高層在「新民主主義」問題上的戰略轉軌和國家大區體制變動中的分歧以及歷史上累積的矛盾。這些新的研究使得人們對高饒事件有了更加全面客觀的瞭解，特別是其起因並非簡單地由於高、饒個人野心和權力慾的膨脹，而是多種因素作用的結果。

　　關於高饒事件的研究雖已取得相當進展，但存疑之處仍有不少，關鍵性細節尤其模糊不清。例如：當年黨內高層，特別是毛、

《建國以來劉少奇文稿》第 6、7 冊以及《毛澤東年譜》、《劉少奇年譜》、《周恩來年譜》及其傳記等。

2　如：中共中央文獻研究室編《楊尚昆日記》、《鄧小平年譜（1904–1974）》、《陳雲傳》等；張明遠著《我的回憶》、張秀山著《從西北到東北：我的八十五年》、趙家梁和張曉霽著《半截墓碑下的往事：高崗在北京》、香港出版的《饒漱石》；上海東方出版中心 2015 年出版的《俄羅斯解密檔案選編：中蘇關係》；以及張秀山、張明遠等人的回憶手稿和存於國防大學的內部資料等。

劉之間關於新民主主義的不同認識對高饒事件的發生有多大影響？
毛與高的關係密切到何種程度，高對劉發難究竟是秉承毛的意旨還
是高的誤判？毛對黨內高層權力的安排是以高代劉，還是高、劉分
權？從最初的批劉到後來的批高，這種轉變如何發生？這一事件對
中共此後的發展有何影響？等等。由於事涉敏感，官方迄今甚少披
露相關檔案，或許關鍵環節也並無檔案記錄；因此，學者的繼續研
究與探討也就更有意義。

　　林蘊暉先生的新著《重考高崗、饒漱石「反黨」事件》恰是一部
力圖從細節回答上述問題的書稿。作者積多年的研究功力，依據可
靠而豐富的史料，相當詳盡地考評了該事件尚存的諸多史實疑點。
全書敘事順暢，脈絡清晰，或質疑成説提出一些獨到的新見解，或
修正了人們長期被灌輸的某些刻板印象。作為研究該事件的一個新
成果，這部書為中共歷史、中國當代史和政治學的學者，提供了一
個足資借鑒和啟示的研究文本；對於那些對中共歷史有興趣的一般
讀者，特別是大陸的幹部、知識界人士，亦將有相當吸引力。

2016 年 5 月

引言

　　史稱：高崗、饒漱石「反黨」事件，是中國共產黨在全國執政後發生的第一場黨內鬥爭。

　　最早公開發佈的信息是，1954 年 2 月 18 日發表的《中國共產黨第七屆中央委員會第四次全體會議公報》。《公報》闡述了全會通過的「關於增強黨的團結的決議」，文中指出：「現在中國正處在社會主義革命即社會主義改造的階段……，這是一個比反對帝國主義、封建主義和官僚資本主義的革命更深刻更廣泛的革命，包含着極複雜極尖銳的鬥爭。在這場鬥爭中，一方面，外國帝國主義，決不會袖手旁觀；另一方面，國內那些已經被打倒的階級決不會甘心於自己的死亡，那些將被消滅的階級也決不會沒有反抗，他們中的堅決反革命分子必然要和外國帝國主義相互勾結起來，利用每一個機會來破壞我們黨和人民的事業，企圖使中國革命事業歸於失敗，使反動統治在中國復辟。帝國主義和反革命分子破壞我們最重要的方法之一就是首先破壞我們黨的團結，並在我們黨內尋找他們的代理人。我們黨內產生過陳獨秀、張國燾，蘇聯黨內產生過貝利亞，這樣重大的歷史教訓表明，敵人不但一定要在我們黨內尋找他們的代理人，而且曾經找到過，在今後也還可能找到某些不穩定的、不忠實的、

以至別有企圖的分子作為他們的代理人。」[1] 這就暗示中共黨內已經發生了破壞黨的團結的重大事件，出現了類似陳獨秀、張國燾、貝利亞式的人物，即所謂帝國主義和資產階級的代理人。然而，令人不解的是，如此重要的中央全會，《公報》竟然宣稱：「毛澤東同志因在休假期間沒有出席全會。」[2]

正式定性「高崗、饒漱石反黨聯盟」，是 1955 年 3 月召開的中國共產黨全國代表會議。會議通過的《關於高崗、饒漱石反黨聯盟的決議》宣佈：「高崗、饒漱石反黨聯盟的陰謀活動，以及這一活動在我國社會主義建設第一個五年計劃的第一年——一九五三年達到頂點的事實，不是偶然的，而是有深刻的歷史的社會的根源的。高崗、饒漱石反黨聯盟的活動是我國階級鬥爭形勢複雜化和深刻化的反映……。他們的這種反黨活動無疑是適應了帝國主義和資產階級反革命分子的願望。他們實際上已成為資產階級在我們黨內的代理人。」[3]

關於「高崗、饒漱石反黨聯盟」的罪行，鄧小平在向全國代表會議作《關於高崗、饒漱石反黨聯盟的報告》中，列舉了以下事實：

（一）在 1953 年夏季中央召開的全國財經工作會議期間，高崗大大施展他的陰謀活動。他和他的追隨者不但在會上為了有意製造黨內糾紛而發表種種無原則的言論，並且在會外大肆散播各種流言蜚語破壞中央威信，特別是攻擊中央書記處書記劉少奇同志和周恩來同志，想通過這些陰謀活動把這次會議轉變為對黨中央的攻擊。投機分子饒漱石也就在這時間同高崗站在一起反對中央。

1　中國人民解放軍國防大學黨史黨建政工教研室編：《中共黨史參考資料》，第 20 冊（北京：國防大學出版社，1986），頁 265–266。
2　同上，頁 264。
3　同上，頁 537。

　　(二) 高崗的合作者饒漱石在北京以中央組織部和全國組織工作會議為中心進行新的陰謀活動。饒漱石首先在中央組織部內向中央組織部副部長安子文同志發動蠻橫無理的所謂「鬥爭」，然後又在九、十月間舉行的第二次全國組織工作會議上，展開直接反對劉少奇同志和反對黨中央的鬥爭。

　　(三) 當一九五三年十二月毛澤東同志依照前例提出在他休假期間委托劉少奇同志代理中央工作的時候，高崗就出面反對，並且私自活動，要求由他來擔任黨中央的總書記或副主席，要求改換政務院總理的人選，即是說要他來擔任政務院總理。這樣就充分暴露了他的篡奪黨和國家的最高領導權的野心。[4]

　　有關高崗的上述「罪行」，薄一波在《若干重大決策與事件的回顧》中，講述有更具體的情節：(一) 關於高崗在財經會議上的活動。薄說：「高崗利用財經會議批判新稅制錯誤之機，利用黨內存在的分歧和矛盾，在會上進行時而隱蔽時而公開的串連、鼓動，首先把攻擊的矛頭對着我，並採取含沙射影的手法，實施他的『批薄射劉』的詭計，把矛頭進一步指向少奇同志。」(二) 安子文同志未經中央授權，草擬了一份中央政治局委員名單和中央各部主要負責同志的名單。安子文同志將這個名單給高崗看過，也向饒漱石談過。高崗「抓住這件事在高級幹部中大做文章，編造說，政治局委員名單中『有薄無林』(即有薄一波而無林彪)，連朱總司令也沒有了。」(三)「毛主席12月要休假，提議由少奇同志臨時主持中央領導工作……。少奇同志謙遜地提出，還是由書記處同志輪流負責為好。書記處的其他同志都同意由少奇同志主持，不贊成輪流。唯獨高崗表示反對，他一再堅持說：『輪流吧，搞輪流好。』其用意就是要使少奇同志降格。十分清楚，高崗陰謀活動的本質，就是要推倒少奇同

4　《中共黨史參考資料》，第 20 冊，頁 515–516。

志和周總理，而由他擔任黨中央的總書記或第一副主席，同時擔任政務院總理。」[5]

1978年，中共十一屆三中全會以後，在平反建國後諸多冤假錯案的過程中，人們曾對「高崗、饒漱石反黨聯盟」一案有所質疑。1980年，鄧小平在同中央負責同志的談話中說：「揭露高饒的問題沒有錯。」「高饒問題不揭露，不處理是不行的。現在看，處理也是正確的。」[6] 1981年，中共十一屆六中全會通過的《關於建國以來黨的若干歷史問題的決議》中寫道：「一九五五年三月召開的黨的全國代表會議，總結了反對野心家高崗、饒漱石陰謀分裂黨、篡奪黨和國家最高權力的重大鬥爭，增強了黨的團結。」[7]

然而，自上個世紀90年代以來，尤其是進入21世紀以來，先後出版的：《建國以來毛澤東文稿》、《建國以來劉少奇文稿》；毛澤東、劉少奇、周恩來、朱德、陳雲、鄧小平等領導人的年譜、傳記；楊尚昆日記；張明遠、張秀山、趙德尊、高克亭等當事人的回憶錄，等等，漸次披露的史料，使人們對高崗、饒漱石的「反黨罪行」和處理過程產生諸多疑竇。如：

（一）1953年的財經會議「批薄射劉」、組織工作會議「討安伐劉」的由頭究竟來自何方？高崗、饒漱石在這兩個會中到底扮演了怎樣的角色？

（二）劉少奇從財經會議到組織工作會議，再到中共七屆四中全會，一再做自我批評，其原因何在？

---

5 薄一波：《若干重大決策與事件的回顧》（北京：中共中央黨校出版社，1991），頁311、313、315。

6 鄧小平：《鄧小平文選》，第2卷（北京：人民出版社，1994），頁293、294。

7 中共中央文獻研究室：《關於建國以來黨的若干歷史問題的決議‧注釋本》（北京：人民出版社，1983），頁19。

（三）把高崗在討論毛澤東外出休假由誰主持中央工作的中央會議上，贊成「輪流」主持的意見，作為高崗陰謀「篡黨奪權」的罪證，其歷史真相又是如何？

（四）毛澤東在聽到鄧小平、陳雲反映高崗的私下活動後，採取了哪些措施，何以決心拿高崗是問？

（五）高崗為檢討錯誤求見在杭州休假的毛澤東，為何遭到婉拒？

（六）以增強黨的團結為主題的中共七屆四中全會，作為中共中央主席的毛澤東為何以休假名義缺席？

（七）由只作自我批評的四中全會轉向對高、饒面對面揭發批判座談會的決定是怎樣做出的，毛澤東是否知情？

（八）周恩來在高崗問題座談會作的對高崗問題的定性講話，是否事先報毛澤東審閱？

（九）高崗、饒漱石的真實錯誤在哪？

（十）俄羅斯公佈的毛澤東、劉少奇、周恩來向蘇共中央通報關於高饒事件的檔案，又向人們提供了怎樣的不同信息？

（十一）高崗、饒漱石「反黨」事件，為何又株連出東北局和山東分局兩個「反黨集團」？

（十二）由高、饒事件開啟的黨內鬥爭，動輒上綱「反黨」的深層原因何在？

因此，根據現有可見的文獻資料，對當年的結論重作考證，對當年的誤判及不實之詞予以澄清，對長期被作為指導黨內鬥爭的理論重作思考，就十分必要，也是長期關注中共黨史和當代中國史的人們所期待的。顯然，歷史的複雜性並非現有史料能完全展現原貌，這本《重考高崗、饒漱石「反黨」事件》，只能是根據現有條件對上述種種謎團所作的考察，作為本人自上個世紀八十年代中後期以來研究高饒事件的一個小結。

第一編

關於「高、饒事件」的原有結論

　　高崗，中華人民共和國第一屆中央人民政府副主席、國家計劃委員會主席；饒漱石，中共中央組織部部長。所謂高崗、饒漱石「反黨」事件，源於 1953 年夏、秋的全國財經工作會議，和中共第二次全國組織工作會議期間，發生的所謂「批薄射劉」、「討安伐劉」的兩場風波。當年 12 月，毛澤東在中共中央政治局擴大會議上嚴正指出：「北京有兩個司令部」，指高崗、饒漱石私下勾結「陰謀反黨」。經 1954 年 2 月召開的中共七屆四中全會和會後分別召開的高崗問題、饒漱石問題座談

會，於 1955 年 3 月舉行的中共全國代表會議正式作出決議，斷言：「高崗、饒漱石反黨聯盟的活動是我國階級鬥爭形勢複雜化和深刻化的反映。」「高崗、饒漱石等人正是在這種形勢下結成了反黨聯盟，向黨的中央委員會首先是中央政治局舉行進攻，企圖推翻以毛澤東同志為首的久經考驗的黨中央的領導核心，以便奪取黨和國家的領導權力。他們的這種反黨活動無疑是適應了帝國主義和資產階級反革命分子的願望。他們實際上已成為資產階級在我們黨內的代理人。」

第一章

高崗、饒漱石：東北、華東兩方「諸侯」

　　高崗、饒漱石，對現在的年輕人來說完全是陌生的名字，即使
1950年代、1960年代出生的中老年人，知道這兩個名字，但對其人
其事也知曉寥寥，因此，有必要先對這兩個歷史人物的生平作一簡
要介紹。

高崗：西北根據地的代表人物

　　高崗，1905年出生於陝西省橫山縣。1926年加入中國共產黨，
1927年2月進入西安中山軍事學校學習。隨後，在西北地方軍閥部
隊中從事兵運工作。1932年1月，省委決定將現有的三支部隊組
成「西北反帝同盟軍」，謝子長任總指揮，劉志丹任副總指揮兼第二
支隊長，高崗任二支隊政委。1933年，高崗被派往轉戰陝甘邊由謝
子長等領導的中國工農紅軍陝甘游擊總隊。同年8月，中共陝甘邊
特委決定成立陝甘邊紅軍臨時總指揮部，統一指揮紅軍主力、游擊
隊和義勇軍，任命王泰吉為總指揮，高崗為政治委員；11月，陝甘

邊特委和臨時總指揮部聯席會議決定，恢復紅 26 軍 42 師，師長王泰吉，副師長兼參謀長劉志丹，政委高崗，政治部主任黃子文。隨後，紅 42 師在陝甘邊全面展開了創建南梁革命根據地的鬥爭，陝甘、陝北兩塊根據地連成一片。高崗是陝甘邊革命根據地創建人之一。

1935 年 2 月，陝北特委和陝甘邊特委召開聯席會議，決定成立中共西北工作委員會和中國工農紅軍西北軍事委員會，統一領導陝北和陝甘邊兩塊根據地和兩區革命武裝。劉志丹任西北革命軍事委員會主席。5 月，紅 26 軍和紅 27 軍會合後組成西北革命軍事委員會前敵總指揮部，劉志丹任總指揮，高崗任政委。不久，謝子長因病逝世。9 月中旬，由鄂豫皖根據地出發長征的紅 25 軍到達陝北根據地與陝北紅軍會師。中央駐北方局代表派駐西北代表團立即召集中共西北工委和鄂豫陝省委聯席會議，決定組建中共陝甘晉省委，朱理治任書記，郭洪濤任副書記；改組西北軍委，聶洪鈞任軍委主席。為統一紅軍的領導，決定組建中國工農紅軍第 15 軍團：軍團長徐海東，政委程子華，副軍團長兼參謀長劉志丹，政治部主任高崗，副主任郭述申。

同年 10 月，中共北方局派駐的西北代表團在陝北蘇區開展錯誤的肅反鬥爭，在所謂「更加猛烈地反對反革命的右傾取消主義」的口號下，將劉志丹、高崗、習仲勛、馬文瑞、張秀山、楊森、高朗亭等人及紅 26 軍、陝甘邊區一批幹部逮捕扣押，並無辜殺害了兩百多位同志，使西北革命根據地面臨嚴重危機。在此關鍵時刻，正在長征途中的黨中央和中央紅軍於 10 月 19 日到達陝北吳起鎮。當瞭解到劉志丹等一大批同志被錯誤關押的嚴重情況後，黨中央立即派王首道等先赴瓦窯堡，向陝甘晉省委傳達中央關於：「刀下留人，停止捕人」，「所逮捕的幹部交中央處理」的決定。從而使劉志丹、高崗

等人得救。

1936 年 1 月，高崗任陝北騎兵團司令，被派往內蒙開闢工作，頗有建樹。同年 4 月，劉志丹率紅 28 軍東渡黃河，進軍山西，在攻打山西三交鎮戰鬥中不幸犧牲。在創建陝北和陝甘根據地的主要領導人謝子長、劉志丹先後謝世之後，鑒於在西北的歷史地位，高崗自然在黨內成為西北根據地的代表人物。在 1937 年 5 月召開的陝甘寧邊區第一次黨代表會議上，高崗雖未出席，但獲全票當選為邊區黨委委員和黨委書記（因黨中央未提名高崗，故仍由郭洪濤為書記）。不久，高崗被任命為中央少數民族工作委員會書記。同年 9 月以後，高崗先後任陝甘寧邊區政府主席團委員，陝甘寧邊區保安司令、八路軍騎兵司令等職。

1938 年 4 月，中共中央決定高崗任中共陝甘寧邊區委員會書記。1941 年 4 月，中共中央西北局成立，黨中央委任高崗為書記。中共中央在通知中說：為着統一整個西北工作的領導，決定將中共中央西北工作委員會與陝甘寧邊區中央局合併成立西北中央局。以高崗、王世泰、張邦英、林伯渠、謝覺哉、蕭勁光、陳正人等七人為委員，李卓然、賈拓夫為候補委員，高崗任書記。當時，中共中央設有四個中央局，即：北方局（書記楊尚昆）、南方局（書記周恩來）、華中局（書記劉少奇）、西北局（書記高崗）。高崗在黨內的地位可見一斑。

毛澤東對高崗很是器重。1942 年 2 月 1 日，毛澤東在延安中央黨校禮堂作《整頓黨的作風》的報告，在講到外來幹部和本地幹部必須團結的問題時，就曾贊揚過高崗。他說：「外來幹部和本地幹部各有長處，也各有短處，必須互相取長補短，才能有進步。外來幹部比較本地幹部，對於熟悉情況和聯繫群眾方面總要差些。拿我來說，就是這樣。我到陝北已經五六年了，可是對於陝北情況的瞭

解，對於和陝北人民的聯繫，和高崗同志他們比較起來就差得多。」[1]

在 1945 年召開的中共第七次全國代表大會上，高崗被選為中央委員，七屆一中全會又被選為中央政治局委員。從而，成了中共中央政治局 13 個核心領導成員之一。

抗日戰爭勝利後，高崗被派往東北參與領導創建東北根據地的鬥爭。1945 年 11 月任北滿軍區司令員。1946 年 6 月，任中共中央東北局副書記、東北民主聯軍副政治委員。1947 年底任東北軍區、東北人民解放軍第一副司令員兼副政治委員。高崗與林彪、陳雲一起，在歷史上都被認為是建立和鞏固東北根據地鬥爭的正確路線代表。1948 年底，林彪率第四野戰軍入關。高崗於 1949 年起，任中共中央東北局書記、東北人民政府主席、東北軍區司令員兼政治委員，集東北地區黨政軍大權於一身。

中華人民共和國建立時，在中央人民政府委員會第一次會議上，毛澤東被選為中央人民政府主席，高崗與朱德、劉少奇、宋慶齡、李濟深、張瀾一併被選為中央人民政府副主席。高崗還被選為人民革命軍事委員會副主席。

由於東北全境解放較早，有一定工業基礎。1949 年 8 月，劉少奇首訪莫斯科回國時就曾帶來一批蘇聯專家留在東北，得到蘇聯對工業建設的援助，所以東北的土地改革、經濟恢復和工業建設較全國其他地區都開始得早，並取得較好的成績。抗美援朝戰爭開始後，東北作為中國人民志願軍的後方基地，對支援志願軍在朝鮮作戰作出了重要貢獻。1951 年 10 月，中國人民志願軍入朝作戰一周年，朝鮮民主主義人民共和國最高人民會議常任委員會決定授予彭德懷一級國旗勛章，以表彰「他在朝鮮人民反抗美帝國主義武裝侵略的解放戰爭中，以卓越的指揮藝術，指揮英雄的中國人民志願軍給予

1　《毛澤東選集》，第 3 卷（北京：人民出版社，1953），頁 845。

美國侵略者以殲滅性的打擊，給了朝鮮人民軍以莫大的幫助」。10
月25日，朝鮮政府代表團在志願軍司令部駐地，舉行了隆重的有各
軍戰鬥英雄參加的授勛大會。彭德懷對自己被授予這一最高勛章，
始終感到不安。會後，他托着金光閃閃的勛章說：「這勛章授給我不
合適，第一應該授給高麻子（指高崗），第二應該授給洪麻子（指洪
學智），如果沒有他們兩人晝夜想盡辦法支援志願軍的糧彈物資，志
願軍是打不了勝仗的。」[2]

　　基於高崗在東北領導經濟建設的經歷，1952年11月中央決定
調他來中央工作，任命他為中央人民政府國家計劃委員會主席。當
時的國家計劃委員會，與周恩來任總理的政務院平行，直屬中央人
民政府領導，有「經濟內閣」之稱。與同時調京任職的其他四位中央
局書記（鄧小平、饒漱石、鄧子恢、習仲勛）相較，高崗的地位和權
力都高上一層。因此，當時有「五馬進京，一馬當先」[3]之說。

　　從這份簡要的履歷，不難看出建國初年的高崗，可謂是躊躇滿
志。與高崗共事較久的人對高都有這樣的看法，此人能幹，有實際
工作經驗；但為人狹隘、跋扈，好吹噓自己，毫無自我批評，報復
性強。

2　《彭德懷傳》編寫組編：《彭德懷傳》（北京：當代中國出版社，1993），頁
　　476–477。

3　從1952年8月至1953年初，西南局第一書記鄧小平、東北局書記高崗、
　　華東局第一書記饒漱石，中南局第三書記鄧子恢、西北局第二書記習仲勛
　　先後奉調進京擔任黨和國家機關的領導職務。其中鄧小平為政務院副總
　　理，高崗為國家計劃委員會主席，饒漱石為中共中央組織部部長，鄧子恢
　　為中共中央農村工作部部長，習仲勛為中共中央宣傳部部長。高崗的地位
　　明顯在其他幾位之上。

饒漱石：從新四軍政委崛起

　　饒漱石，1903 年出生於江西省臨川縣，1922 年秋進入上海大學學習。「上大」是中共早期創辦的著名幹部學校之一，被譽為「馬克思主義的搖籃」，很多中共早期領導人都曾經在這裏講學、活動。1924 年起，饒漱石逐漸接觸工人運動，積極參加李立三、鄧中夏、項英領導的「工友俱樂部」活動。1925 年五卅運動爆發以後，饒漱石與劉少奇一道組織並參加了上海群眾的大規模集會，聲討帝國主義在中國犯下的暴行。由於饒在運動中表現出來的機智、敏捷，上級黨組織對他比較重視，同年饒漱石加入中國共產黨。蔣介石發動「清黨」後，新桂系軍閥白崇禧積極響應，並派兵查封上海大學。饒漱石離開上海，到東北從事地下工作。

　　1929 年 6 月，中共中央政治局會議決定讓劉少奇擔任中共滿洲省委書記。劉少奇離開東北後，由饒漱石代理滿洲省委書記。此後，饒漱石被送往蘇聯接受共產國際的重點培養。在莫斯科，饒漱石受到了系統的教育和鍛煉，還被指派到西歐、東歐及美國等地開展共產黨的地下秘密工作。1932 年，饒漱石奉派回國，擔任上海工會聯合會黨團書記、中華全國總工會上海執行局黨團書記。因為在領導工人開展鬥爭的方式上與當時佔主導地位的王明「左傾冒險主義」唱了對臺戲，因而被撤銷職務。直到 1933 年春才又擔任了中華全國總工會華北辦事處主任。同年 8 月調任中共河北臨時省委代理書記。1935 年秋再赴蘇聯，任中華全國總工會駐赤色職工國際代表。

　　抗日戰爭爆發後，饒漱石回到延安，擔任中共中央華僑工作委員會負責人。1940 年夏，饒漱石擔任中共中央東南局副書記兼新四軍軍分會委員，在皖南新四軍軍部與項英、曾山一道領導東南局工作。

　　1941 年 1 月，震驚中外的皖南事變爆發。1 月 9 日，新四軍軍長葉挺突然發現項英、袁國平、周子昆等人不見了，馬上去找饒漱石，向他通報了這一情況。饒漱石即召集領導幹部開會，當場亮明了自己的東南局副書記和新四軍軍分會委員的身分，並給中共中央及中原局發電報表態：「我為全體安全計，決維持到底。」中原局書記劉少奇覆電稱：「望你們極力支持，挽救危局。」1 月 12 日，毛澤東電告新四軍：「中央決定一切軍事、政治行動均由葉軍長、饒漱石二人負總責。」1 月 14 日，葉挺下山談判被國民黨軍扣押。1 月 16 日，饒漱石被捕，但很快脫險並與中共中央南方局取得聯繫。[4]

　　1941 年 1 月 20 日，中共中央宣佈重建新四軍軍部，並公佈了新的新四軍領導人員名單：劉少奇為政委、陳毅為代軍長、張雲逸為副軍長、賴傳珠為參謀長、鄧子恢為政治部主任。5 月，經中央書記處決定，原中原局改為華中局，由劉少奇、饒漱石、曾山、陳毅、張雲逸等任常委。軍事委員會新四軍分會常委由劉少奇、陳毅、張雲逸、饒漱石、鄧子恢、賴傳珠等組成。饒漱石還被任命為華中局副書記兼宣傳部部長，不久，他又接替鄧子恢任新四軍政治部主任。

　　1942 年 3 月 29 日，劉少奇奉調回延安，中共中央決定由饒漱石任中共中央華中局代理書記和新四軍代政委。

4　1941 年 3 月 8 日饒漱石向中共中央報告了他和葉挺突圍的情況以及自己脫險的經歷：「子銑日（16 日）深夜派衛士下山收買一連長成功，筱日（17 日）晨由其代辦便衣通行證等，經沿途重重阻難而終脫離虎口。」在這份報告中，饒漱石並沒有完全說實話。事實是，饒漱石在被捕時詭稱自己是美國華僑，投身抗日，在新四軍內部工作僅幾個月。他收買了國民黨軍的一個連長，住了一晚上。這位名叫葉正順的連長還做了一頓飯給饒漱石吃，並且安排由排長陪他辦理路條，護送出警戒線。1955 年公安機關項目調查時找到了葉正順本人，把饒漱石被捕以後的事情搞清楚了。但是，公安機關的調查也證明了一點，即饒漱石在被捕以後沒有叛變或出賣同志。

　　1945年，中共「七大」召開，饒漱石當選中央委員。9月，中共中央決定將山東分局改成華東局，任命饒漱石為華東局書記，陳毅、黎玉為副書記，並把原華中局改成華中分局，也劃歸華東局領導。

　　1948年，決定中國命運的大決戰序幕徐徐拉開，作為華東局書記和華東野戰軍政委的饒漱石與粟裕、譚震林、張震等人一道研究對策，由粟裕綜合大家意見向中央軍委提出進行淮海戰役（俗稱「小淮海」）的主張並被軍委採納。1948年8月，饒漱石召開華東野戰軍前委作戰會議，制訂了濟南戰役的作戰計劃。淮海戰役開始後，中央軍委考慮發動渡江戰役，並決定以鄧小平為中共中央華東局第一書記，饒漱石為第二書記，陳毅為第三書記，饒漱石還兼任中共上海市委書記。為此，饒漱石做了大量接管上海的準備工作，尤其是在針對國民黨潛伏特務的鬥爭中，饒漱石立下過汗馬功勞。

　　饒漱石頗有些能力，對待下屬也有理解、照顧的一面。然而，饒漱石的缺點也是顯而易見的。華東局秘書長魏文伯形容饒「一講權威，二講權術」，楊尚昆也感到饒「權位觀念重」。饒漱石自己就公開宣稱：「和我一起工作，開始你可以欺負我，但是到以後我准得治得你怕我，對不聽話的就要像馴蒙古馬一樣，用套子套住。」[5]

5　黎玉：《黎玉回憶錄》（北京：中共黨史出版社，1992），頁250–251。

第二章

1955 年關於高、饒「反黨聯盟」的結論

揭開高崗、饒漱石「反黨」事件，是 1954 年春的中共七屆四中全會，最後作出的結論和處理決定是 1955 年的中共全國代表會議。當年給高崗、饒漱石定的主要罪名是：

> 高崗，從 1949 年起，就以奪取黨和國家的領導權力為目的而進行陰謀活動；製造和散佈很多污蔑黨中央和吹噓自己的謠言，在同志中挑撥離間，煽動對黨中央領導同志的不滿，進行分裂黨的活動；企圖煽動在軍隊中工作的黨員支持他反對黨中央的陰謀，並為此而鼓吹一種極端荒謬的「理論」，說黨是軍隊創造的，他自認為是所謂「根據地和軍隊的黨」的代表人，他自己在現時應當擔任黨中央總書記或副主席，並擔任國務院總理。

> 饒漱石，在 1943 年至 1953 年的十年間曾多次為了奪取權力而在黨內使用可恥的欺騙手段。1953 年他被調到中央工作以後，認為高崗奪取中央權力的活動將要成功，因此同高崗形成反黨聯盟，利用他的中央組織部部長的職務發動以反對中央領導同志為目的的鬥爭，積極進行分裂黨的活動。

那麼，上述罪名當年是怎樣定下的呢？請看鄧小平、毛澤東對高崗、饒漱石事件，是怎麼說的。

鄧小平在全國黨代表會議上的報告

1955 年 3 月 21 日至 31 日，中國共產黨召開全國代表會議，主要議題有三項：中華人民共和國發展國民經濟第一個五年計劃草案；關於高崗、饒漱石「反黨聯盟」問題；成立中央監察委員會。

《關於高崗、饒漱石反黨聯盟的報告》，中共中央原定由周恩來向代表會議來作，後因周恩來患闌尾炎於 3 月 12 日做手術，於是中央決定改由鄧小平來作。[6]

3 月 21 日，鄧小平代表中共中央向會議作《關於高崗、饒漱石反黨聯盟的報告》（以下簡稱《報告》）[7]。《報告》首先指出：

> 隨着新民主主義革命階段轉入社會主義革命階段，階級

6　《周恩來年譜》記載：1955 年 3 月 5 日，周恩來同有關人員討論修改將以周恩來名義代表中共中央政治局在全國黨代表會議上所作的《關於高饒反黨聯盟的報告（第三次修正稿）》。因周恩來 12 日做闌尾炎手術，到下旬改由鄧小平代表中央委員會作報告。中共中央文獻研究室編：《周恩來年譜（1949–1976）》，上卷（北京：中央文獻出版社，1997），頁 455；《鄧小平年譜》記載：1955 年 3 月 13 日下午，鄧小平出席中共中央政治局擴大會議。會議討論通過周恩來準備在全國代表會議上作的《關於高崗、饒漱石反黨聯盟的報告》。後因周恩來做闌尾炎手術，改為鄧小平作報告。18 日前後，毛澤東將報告的名義由「中央政治局」改為「中央委員會」。中共中央文獻研究室編：《鄧小平年譜（1904–1974）》，中卷（北京：中央文獻出版社，2009），頁 1219。

7　中國人民解放軍國防大學黨史黨建政工教研室編：《中共黨史參考資料》，第 20 冊（北京：國防大學出版社，1986），頁 512–525。

鬥爭不但不會緩和，而只會更加複雜，更加尖銳。社會主義革命是一個比新民主主義革命更深刻、更廣泛的革命。中國共產黨已經成為在全國範圍的執政黨，國內外一切仇視社會主義事業的階級敵人，必然更加集中力量，千方百計地進攻我們的黨。國內外的階級敵人都知道要進攻中國人民，最厲害的辦法莫如首先進攻中國人民和中國工人階級的領導力量——中國共產黨，堡壘是最容易從內部奪取的。因此他們無時無刻不在處心積慮地要利用共產黨內最不堅定最不可靠的分子，要經過他們來分裂我們的黨、腐蝕和瓦解我們的黨，以便最順利地實現他們反革命復辟的陰謀。高崗、饒漱石反黨聯盟發生在這樣的階級鬥爭形勢中，絕不是偶然的。他們是在目前階級鬥爭的特殊環境中在黨內產生的企圖篡奪黨和國家的最高權力的毫無原則的陰謀集團。高崗、饒漱石的反黨活動表明，他們既然適應着帝國主義和資產階級的需要而企圖分裂黨、奪取黨和國家的最高領導權，他們就在實際上成了資產階級在我們黨內的代理人。

關於高崗、饒漱石的「反黨聯盟」活動，《報告》主要列舉了1953年召開的全國財經工作會議、第二次全國組織工作會議、高崗的南方之行、高崗對毛澤東休假期間由書記處書記「輪流」主持中央工作的主張，這四個問題。《報告》說：

中央在一九五三年夏季召開了全國財經工作會議，這次會議按照中央的方針是要提出黨在過渡時期的總路線，並且糾正脫離黨的統一領導的分散主義和財經工作中表現着的某些資產階級觀點。這次會議實現了這些任務。但高崗卻利用這個會議大大施展他的陰謀活動。他和他的追隨者不但在會議上為了有意製造黨內糾紛而發表種種無原則的言論，並

且在會外大肆散播各種流言蜚語破壞中央的威信，特別是攻擊中央書記處書記劉少奇同志和周恩來同志，同時鼓吹他自己。他是想經過這些陰謀活動把這次會議轉變為對黨中央的攻擊。投機分子饒漱石也就在這時同高崗站在一起反對黨中央……

在全國財經工作會議後，高崗以休假為名到華東和中南進行有計劃的和有系統的造謠和挑撥，企圖在一些高級幹部中煽動對中央不滿的情緒，他在這次「周游」中大量地散佈他為了分裂黨和篡奪黨而捏造的所謂「黨是軍隊創造出來的」、「黨的歷史應當重新估計」等等反黨謬論，並且用他所捏造出來的各種材料攻擊黨中央和黨中央領導同志，鼓吹他的「改組」黨中央和國家領導機關的計劃，也就是推翻黨中央的領導而由他來代替的計劃。

在同一時期，高崗的合作者饒漱石在北京以中央組織部和全國組織工作會議為中心進行新的陰謀活動。饒漱石先在中央組織部內向中央組織部副部長安子文[8]同志發動蠻橫無理的所謂「鬥爭」，然後又在九、十月間舉行的第二次全國組織工作會議上，展開了直接反對劉少奇和反對黨中央的鬥爭。在全國組織工作會議上，原東北局組織部長張秀山[9]同志在發言中向中央組織部一九五三年以前的工作進行了惡意的攻擊。後來查明，張秀山的這個發言，是高崗反黨宗派久已準備好了的。他在這個煽惑性的發言中誇大過去中央組織部工作的錯誤，誣衊中央組織部的工作是「敵我不分」、「右傾思

8　安子文，1909 年生，1927 年加入中國共產黨，時任中共中央組織部副部長，1980 年病故。

9　張秀山，1911 年生，1929 年加入中國共產黨，時任中共中央東北局第二副書記，1996 年病故。

想」，並且用了極其惡劣的指桑罵槐的手段把攻擊的鋒芒指向劉少奇同志。原山東分局組織部長賴可可同志在山東分局代理書記向明授意下的發言，也在整黨問題上向中央攻擊。饒漱石因為這些發言起了反對中央的作用，表示極為滿意和興奮。原來他的目的就是要反對劉少奇同志和反對黨中央。

事後，高崗的追隨者張秀山向人表示：「組織會議沒有解決問題，時機尚不成熟，需要等待。」

高崗在南方活動回到北京以後，自以為他的反中央宣傳能夠收效，更積極地更瘋狂地展開了奪取黨和國家最高權力的陰謀活動，以至當一九五三年十二月毛澤東同志依照前例提出在他休假期間委託劉少奇同志代理中央領導工作的時候，高崗就出面反對，並且私自活動，要求由他來擔任黨中央的總書記或副主席，要求改換政務院總理的人選，即是說要由他來擔任政務院總理。這樣就充分暴露了他的篡奪黨和國家的最高領導權的野心……一九五四年二月，黨的七屆四中全會給了這個反黨聯盟以毀滅性的打擊。

在七屆四中全會中，高崗、饒漱石完全沒有悔過的表示。在一九五四年二月中旬，根據中央書記處的決定，分別選舉了有中央委員和候補中央委員三十七人、重要工作人員四十人參加的關於高崗問題和饒漱石問題的兩個座談會。在這兩個座談會上，對證了高崗、饒漱石陰謀活動的各項事實……在無可抵賴的事實面前，高崗不但不低頭認罪，反而對黨表示仇恨。他在座談會還在開始的時候已經用自殺來表示他背叛黨的決心。這次自殺雖未得遂，但是他仍未改變他仇視黨、仇視人民的態度，終於一九五四年八月，以再一次自殺結束了他的叛徒的生命。饒漱石在座談會上做了初步檢討，但對自己所進行的陰謀活動仍不採取徹底承認的態度，

而企圖避重就輕，實行抵賴，在座談會後，在一九五四年三月間，饒漱石雖然作出了書面檢討，承認了一些別人已經揭發的事實，但還有許多重要的關鍵避而未提，並且還不斷地企圖抵賴，向黨進攻。

在中央政治局領導下，一九五四年四月由中央東北局召集的東北地區黨的高級幹部會議進一步揭露了高崗和他的追隨者們的反黨活動，同月召集的中央華東局擴大會議、五月召集的中央山東分局擴大會議、六月召集的上海市黨代表會議和八月召集的山東省黨代表會議進一步揭露了饒漱石和他的追隨者前山東分局代理書記向明的反黨活動。

《報告》斷言：「從以上事實可以看出，高崗、饒漱石反黨聯盟的最大罪惡就是在黨內施用陰謀方法來奪取權力，而這是同黨的生命不能並存的。這只能符合帝國主義者和反革命分子的需要。」[10]

據此，《報告》提出：

中央委員會認為，為了嚴肅黨的紀律，應當開除反黨陰謀的首腦和死不改悔的叛徒高崗的黨籍，應當開除反黨陰謀的另一名首腦饒漱石的黨籍，並撤銷他們的黨內外各項職務。

對於向明[11]和張秀山、張明遠[12]、趙德尊[13]、馬洪[14]、

10　《中共黨史參考資料》，第 20 冊，頁 515–519。

11　向明，1909 年生，1931 年加入中國共產黨，時任中共中央山東分局代理書記，1969 年病故。

12　張明遠，1906 年生，1926 年加入中國共產黨，時任中共中央東北局第三副書記，1998 年病故。

13　趙德尊，1913 年生，1935 年加入中國共產黨，時任中共中央東北局委員、農村工作部部長，2012 年病故。

14　馬洪，1920 年生，1937 年加入中國共產黨，時任中共中央東北局委員、副秘書長，2007 年病故。

郭峰[15]、陳伯村[16]等同志，中央政治局已分別根據山東省黨代表會議和東北地區高級幹部會議的決議撤銷了他們的原有職務。[17]

毛澤東釋疑高、饒「聯盟」

對上述高崗、饒漱石活動的性質，是否應定性為「反黨」，高崗、饒漱石是否結成「聯盟」，當年黨內並非無人質疑。因此，鄧小平和毛澤東分別對此進行解釋。

鄧小平的《報告》對高、饒的錯誤性質是否屬「反黨」作了如下解釋，他說：「還有極少數同志曾以為高崗、饒漱石所犯的錯誤只是一般性質的黨內錯誤，還不能看做是反黨的活動。當然，在我們同錯誤作鬥爭的時候，必須分別清楚兩種不同的情況，採取兩種不同的方針，那就是如同四中全會決議所說的，一種是『對於那種具有在性質上比較不重要的缺點或犯有在性質上比較不重要錯誤的同志，或者對於那種雖然具有嚴重或比較嚴重的缺點，犯有嚴重或比較嚴重的錯誤，但在受到批評教育以後，仍能把黨的利益放在個人利益之上，願意改正並實行改正的同志，應當採取治病救人的方針』；另一種是『對於那種與黨對抗，堅持不改正錯誤，甚至在黨內進行宗派活動、分裂活動和其他危害活動的分子，黨就必須進行無情的鬥

15　郭峰，1915 年生，1936 年加入中國共產黨，時任中共中央東北局委員、組織部部長，2005 年病故。

16　陳伯村，1909 年生，1932 年加入中國共產黨，時任中共旅大市委第二書記，1992 年病故。

17　《中共黨史參考資料》，第 20 冊，頁 524。

爭，給以嚴格的制裁，直至在必要時將他們驅逐出黨。』高崗、饒漱
石的活動是屬那一種情況呢？是屬前一種情況，還是屬後一種情況
呢？既然這個反黨聯盟已經有系統地進行分裂黨、顛覆黨中央的活
動，已經暴露出他們的目的就在於篡奪黨和國家的領導權，從而按
照他們的資產階級個人主義的觀點來改造黨和國家，而且他們的陰
謀如果得逞，前途就是亡黨亡國，既然如此，他們的錯誤的性質還
能算是黨內的一般性質的錯誤嗎？」[18]

　　那麼，怎樣看出高崗和饒漱石結有「聯盟」呢？毛澤東在會議的
結論講話中就此作了如下說明。毛澤東說：

　　　　有人問：究竟有沒有這個聯盟？或者不是聯盟，而是兩
　　個獨立國，兩個單幹戶？有的同志說，沒有看到文件，他們
　　是聯盟總得有一個協定，協定要有文字。文字協定那的確沒
　　有，找不到。我們說，高崗、饒漱石是有一個聯盟的。這是
　　從一些什麼地方看出來的呢？一、是從財經會議期間高崗、
　　饒漱石的共同活動看出來的。二、是從組織會議期間饒漱
　　石同張秀山配合進行反黨活動看出來的。三、是從饒漱石的
　　話裏看出來的。饒漱石說，「今後中央組織部要以郭峰為核
　　心」。組織部是饒漱石為部長，高崗的心腹郭峰為核心。那很
　　好嘛！團結得很密切嘛！四、是從高崗、饒漱石到處散佈安
　　子文私擬的一個政治局委員名單[19]這件事看出來的。在這件
　　事上，安子文是受了警告處分的。高崗、饒漱石等人把這個

18　《中共黨史參考資料》，第 20 冊，頁 523。

19　1953 年 3 月，中央組織部副部長安子文未經中央正式授權，草擬了一份中
　　央政治局委員名單和中央各部主要負責人的名單。高崗認定這個名單是劉
　　少奇授意搞的，便到處散佈政治局委員名單中「有薄無林」(即有薄一波無
　　林彪)，連朱總司令也沒有了。詳見本書第七章。

名單散佈給所有參加組織會議的人，而且散佈到南方各省，到處這麼散佈，居心何在？五、是從高崗兩次向我表示保護饒漱石，饒漱石則到最後還要保護高崗這件事看出來的。高崗說饒漱石現在不得了了，要我來解圍。我說，你為什麼代表饒漱石說話？我在北京，饒漱石也在北京，他為什麼要你代表，不直接來找我呢？在西藏還可以打電報嘛，就在北京嘛，他有腳嘛。第二次是在揭露高崗的前一天，高崗還表示要保護饒漱石。饒漱石直到最後還要保護高崗，他要給高崗申冤……從上面這許多事看來，他們是有一個反黨聯盟的，不是兩個互不相關的獨立國和單幹戶。

至於說，因為沒有明文協定，有同志就發生疑問，說恐怕不是聯盟吧。這是把陰謀分子組成的反黨聯盟同一般公開的正式的政治聯盟和經濟聯盟等同起來了，看作一樣的事情了。他們是搞陰謀嘛！搞陰謀，還要訂個文字協定嗎？如果說，沒有文字協定就不是聯盟，那末高崗、饒漱石兩個反黨集團內部怎麼辦呢？高崗跟張秀山、張明遠、趙德尊、馬洪、郭峰之間，也沒有訂條約嘛！我們也沒有看見他們的文字協定嘛！那末連他們這個反黨集團也否定了！還有饒漱石跟向明、揚帆[20]之間，也沒有看見他們的條約嘛！所以，說沒有明文協定就不能認為是聯盟，這種意見是不對的。[21]

20　揚帆，1912年生，1937年加入中國共產黨，新中國成立後任上海市公安局長，1955年與潘漢年一起被錯定為「反革命案」，1980年獲得平反，2005年病故。

21　中共中央文獻研究室編：《毛澤東文集》，第6卷（北京：人民出版社，1999），頁397–398。

關於高、饒「反黨聯盟」的決議

1955 年 3 月 31 日，全國黨代表會議通過《關於高崗、饒漱石反黨聯盟的決議》[22]，文中稱：中國共產黨全國代表會議聽了鄧小平同志代表中央委員會所作的《關於高崗、饒漱石反黨聯盟的報告》，對中央政治局在中央委員會第七屆第四次全體會議以後關於高崗、饒漱石反黨聯盟問題所採取的措施，一致表示同意。

關於高崗、饒漱石「反黨聯盟」的事實，《決議》列舉的有：

> 高崗的反黨活動已經有相當長久的歷史。根據一九五四年二月召開的黨的七屆四中全會前後揭發出來的事實證明，從一九四九年起，高崗就以奪取黨和國家的領導權力為目的而進行陰謀活動。他在東北和其他地方製造和散佈很多污蔑黨中央和吹噓自己的謠言，在同志中挑撥離間，煽動對於黨中央領導同志的不滿，進行分裂黨的活動，並且在這種活動中形成自己的反黨宗派。高崗的反黨宗派在東北地區的工作中違反黨中央的政策，竭力降低黨的作用，破壞黨的團結和統一，把東北地區當成自己的獨立王國。高崗在一九五三年被調到中央工作以後，他的反黨活動更為猖獗。他甚至企圖煽動在軍隊中工作的黨員支持他反對黨中央的陰謀，並為此而鼓吹一種極端荒謬的「理論」說，我們的黨分為兩個：一個是所謂「根據地和軍隊的黨」，另一個是所謂「白區的黨」，說黨是軍隊創造的，他自認為是所謂「根據地和軍隊的黨」的代表人，並自認為應當掌握主要的權力，因此黨中央和政府都應當按照他的計劃改組，他自己在現時應當擔任黨中央總書記或副主席，並擔任國務院總理。在黨的七屆四中全會向反

---

22 《中共黨史參考資料》，第 20 冊，頁 536–538。

黨分子提出警告以後，高崗不但不向黨低頭認罪，反而以自殺來表示他對黨的最後的背叛[23]。

　　饒漱石是高崗反黨陰謀活動的主要同盟者。現在已經完全查明：饒漱石在一九四三年至一九五三年的十年間曾多次為了奪取權力而在黨內使用可恥的欺騙手段。他在華東工作期間，在城市和農村中竭力採取向資本家、地主、富農投降的右傾政策，並違抗中央鎮壓反革命的政策而竭力保護反革命分子。一九五三年他被調到中央工作以後，認為高崗奪取中央權力的活動將要成功，因此同高崗形成反黨聯盟，利用他的中央組織部部長的職務發動以反對中央領導同志為目的的鬥爭，積極進行分裂黨的活動。從黨的七屆四中全會到現在，饒漱石從無悔改之意，並且仍然繼續採取向黨進攻的態度。

　　對於高、饒「反黨聯盟」何以在這時出現的原因，《決議》斷言：「高崗、饒漱石反黨聯盟的陰謀活動，以及這一活動在我國社會主義建設第一個五年計劃的第一年——一九五三年達到頂點的事實，不是偶然的，而是有深刻的歷史的社會的根源的。高崗、饒漱石反黨聯盟的活動是我國階級鬥爭形勢複雜化和深刻化的反映。在一方面，中華人民共和國的成立和發展引起了帝國主義首先是美帝國主義的極大的仇視……在另一方面，國內的反革命殘餘分子和資產階級中堅決反對社會主義改造的反動分子，隨着我國社會主義事業的進展，也正在加緊他們的反革命復辟的陰謀。但是我們的敵人知道，中國共產黨在中國勞動人民中間享有無限的威信，是我們國家的領導力量……因此敵人就必然要千方百計地破壞我們的黨，並把最大的希望放在中國共產黨的分裂和蛻化上面。這是任何一個具

23　高崗 1954 年 2 月 17 日開槍自殺未遂，8 月 17 日服安眠藥自殺身亡。

有革命政治常識的共產黨員和黨外愛國分子都能認識到的真理。高崗、饒漱石等人正是在這種形勢下面結成了反黨聯盟，向黨的中央委員會首先是中央政治局舉行進攻，企圖推翻以毛澤東同志為首的久經考驗的黨中央的領導核心，以便奪取黨和國家的領導權力。他們的這種反黨活動無疑是適應了帝國主義和資產階級反革命分子的願望。他們實際上已成為資產階級在我們黨內的代理人。」

鑒於上述理由，「中國共產黨全國代表會議一致決議：開除反黨陰謀的首腦和死不悔改的叛徒高崗的黨籍，開除反黨陰謀的另一名首腦饒漱石的黨籍，並撤銷他們的黨內外各項職務」。

《決議》同時申明：「中國共產黨全國代表會議認為黨中央政治局對參加高崗、饒漱石反黨聯盟活動的向明、張秀山、張明遠、趙德尊、馬洪、郭峰、陳伯村等同志的處理是正確的。」[24]

1980年鄧小平談高、饒事件

「文化大革命」結束以後，在對歷史問題撥亂反正期間，諸多歷史冤假錯案得到平反改正的同時，人們對高、饒事件同樣提出了疑問，鄧小平在1980年就起草《關於建國以來黨的若干歷史問題的決議》談及此事時說：

> 揭露高饒的問題沒有錯。至於是不是叫路線鬥爭，還可以研究。這個事情，我知道得很清楚。毛澤東同志在一九五三年底提出中央分一線、二線之後，高崗活動得非常積極。他首先得到林彪的支持，才敢於放手這麼搞。那時

---

24 《中共黨史參考資料》，第 20 冊，頁 536–538。

東北是他自己，中南是林彪，華東是饒漱石。對西南，他用
拉攏的辦法，正式和我談判，說劉少奇同志不成熟，要爭取
我和他一起拱倒劉少奇同志。我明確表示態度，說劉少奇同
志在黨內的地位是歷史形成的，從總的方面講，劉少奇同志
是好的，改變這樣一種歷史形成的地位不適當。高崗也找陳
雲同志談判，他說：搞幾個副主席，你一個，我一個。這樣
一來，陳雲同志和我才覺得問題嚴重，立即向毛澤東同志反
映，引起他的注意。高崗想把少奇同志推倒，採取搞交易、
搞陰謀詭計的辦法，是很不正常的。所以反對高崗的鬥爭還
要肯定。高饒問題的處理比較寬。當時沒有傷害什麼人，還
有意識地保護了一批幹部。總之，高饒問題不揭露、不處理
是不行的。現在看，處理得也是正確的。[25]

　　鑒於以上認識，1981 年 6 月 27 日，中共十一屆六中全會通過
的《關於建國以來黨的若干歷史問題的決議》，對高、饒事件作了如
下表述：「一九五五年三月召開的黨的全國代表會議，總結了反對
野心家高崗、饒漱石陰謀分裂黨、篡奪黨和國家最高權力的重大鬥
爭，增強了黨的團結。」[26]
　　以上的歷史定論，是否經住了歷史的檢驗，下面將逐一加以考
證。

25　《鄧小平文選》，第 2 卷（北京：人民出版社，1994），頁 293–294。
26　《關於建國以來黨的若干歷史問題的決議‧注釋本（修訂）》，頁 19。

第二編

「高饒事件」的歷史真相

　　定性高崗、饒漱石結成「反黨聯盟」，依據的主要
事實有三：

　　一是，1953 年 6 月至 8 月的全國財經工作會議期
間，高崗「大大施展他的陰謀活動。他和他的追隨者
不但在會議上為了有意製造黨內糾紛而發表種種無原
則的言論，並且在會外大肆散播各種流言蜚語破壞中
央的威信，特別是攻擊中央書記處書記劉少奇同志和
周恩來同志，同時鼓吹他自己。他是想經過這些陰謀
活動把這次會議轉變為對黨中央的攻擊。投機分子饒
漱石也就在這時同高崗站在一起反對黨中央」。

　　二是，饒漱石「在九、十月間舉行的第二次全國組
織工作會議上，展開了直接反對劉少奇和反對黨中央
的鬥爭。在全國組織工作會議上，原東北局組織部長

張秀山同志在發言中向中央組織部一九五三年以前的工作進行了惡意的攻擊。後來查明，張秀山的這個發言，是高崗反黨宗派久已準備好了的。饒漱石因為這些發言起了反對中央的作用，表示極為滿意和興奮。原來他的目的就是要反對劉少奇同志和反對黨中央。」

三是，「一九五三年十二月毛澤東同志依照前例提出在他休假期間委託劉少奇同志代理中央領導工作的時候，高崗就出面反對，並且私自活動，要求由他來擔任黨中央的總書記或副主席，要求改換政務院總理的人選，即是說要由他來擔任政務院總理。這樣就充分暴露了他的篡奪黨和國家的最高領導權的野心。」

歷史事實果真是這樣的嗎？高崗、饒漱石的錯誤又究竟在哪？

第三章

兩會「倒劉」風潮的源頭

被定為高崗、饒漱石「反黨」的主要事實依據是指反對劉少奇，這股風潮的突出表現是 1953 年夏季財經會議中的「批薄射劉」，和秋季第二次全國組織工作會議中的「討安伐劉」。那麼，這股「倒劉」風潮的源頭從何而來呢？

如前所述，鄧小平在全國黨代表會議的報告中說：「中央在一九五三年夏季召開了全國財經工作會議，這次會議按照中央的方針是要提出黨在過渡時期的總路線，並且糾正脫離黨的統一領導的分散主義和財經工作中表現着的某些資產階級觀點。這次會議實現了這些任務，但高崗卻利用這個會議大大施展他的陰謀活動。他和他的追隨者不但在會議上為了有意製造黨內糾紛而發表種種無原則的言論，並且在會外大肆散播各種流言蜚語破壞中央威信，特別是攻擊中央書記處書記劉少奇同志和周恩來同志，同時鼓吹他自己。他是想經過這些陰謀活動把這次會議轉變為對黨中央的攻擊。投機分子饒漱石也就在這時同高崗站在一起反對黨中央。」[1]

---

1 中國人民解放軍國防大學黨史黨建政工教研室編：《中共黨史參考資料》，第 20 冊（北京：國防大學出版社，1986），頁 515。

薄一波[2]在回顧這段歷史時說:「高崗向黨發難,進行了一系列篡黨奪權的陰謀活動,時間主要集中在 1953 年下半年。這年夏季召開的全國財經工作會議,是他進行陰謀活動的場所之一。前面已經講過,高崗利用財經會議批判新稅制錯誤之機,利用黨內存在的分歧和矛盾,在會上進行時而隱蔽時而半公開的串連、鼓動,首先把攻擊矛頭對着我,並採取含沙射影的手法,實施他的『批薄射劉』的詭計,把矛頭進一步指向少奇同志。」[3]

以上兩段表述,都斷言財經會議所以刮起「批薄射劉」風潮,主要是高崗搞的陰謀。

值得注意的是,鄧小平那段話首先說的是:「這次會議按照中央的方針是要提出黨在過渡時期的總路線,並且糾正脫離黨的統一領導的分散主義和財經工作中表現着的某些資產階級觀點。」鄧在這裏講的「分散主義和財經工作中表現着的某些資產階級觀點」,究竟指的是什麼問題呢?

可見,財經會議中所以刮起「批薄射劉」的風潮,是否如前面所引兩段話中說的那樣簡單,而高崗在其中的分量到底有多重,這都有待進一步深入探討。

建國之初出現的毛、劉分歧

1949 年 3 月召開的中共七屆二中全會決議,明確寫明:

2　薄一波,1908 年生,1925 年加入中國共產黨,時任中共中央華北局第一書記,政務院財經委員會副主任、財政部部長,2007 年病故。

3　薄一波:《若干重大決策與事件的回顧》,上卷(北京:中共中央黨校出版社,1991),頁 311。

新民主主義共和國，政治上是無產階級領導，工農聯盟
為基礎，聯合小資產階級和民族資產階級的人民民主專政；
經濟上是以社會主義性質的國營經濟為主導，有半社會主義
的合作社經濟、私人資本主義經濟、個體經濟、國家和私人
合作的國家資本主義經濟五種經濟成分構成的新民主主義經
濟。規定：「在革命勝利以後，迅速地恢復和發展生產，對付
國外的帝國主義，使中國穩步地由農業國轉變為工業國，由
新民主主義國家轉變為社會主義國家。」[4]

對新民主主義共和國所以允許私人資本主義經濟的存在和發
展，《決議》解釋說，中國的私人資本主義工業，佔了現代性工業中
的第二位，它是一個不可忽視的力量。由於中國經濟現在還處在落
後狀態，在革命勝利以後一個相當長的時期內，還需要盡可能地利
用城鄉私人資本主義的積極性，以利於國民經濟的向前發展……。
如果認為我們現在不要限制資本主義，認為可以拋棄「節制資本」的
口號，這是完全錯誤的，這是右傾機會主義的觀點。但是反過來，
如果認為應當對私人資本限制得太大太死，或者認為簡直可以很快
地消滅私人資本，這也是完全錯誤的，這就是左傾機會主義或冒險
主義的觀點。

然而，對於中共黨內絕大多數出身農村、又剛在老解放區進行
土地改革鬥爭地主的幹部來說，對中央在城市保護民族工商業的政
策並不甚理解，分不清封建主義剝削和資本主義剝削的界限，天津
解放以後，就出現工人對資本家發動清算鬥爭，民族資本家徘徊觀
望、心存疑懼的狀況。正是在這種複雜的歷史背景下，1949 年 4
月，劉少奇受毛澤東委託去天津視察，就地解決如何正確理解和貫

4　《中共黨史參考資料》，第 19 冊，頁 5。

徹七屆二中全會確定的正確方針和路線問題。

劉少奇到天津與各方人士接觸以後，為糾正當時城市工作中存在的主要傾向 —— 對待民族資產階級的左傾情緒，解除資本家擔心共產黨發動工人對他們的剝削進行清算鬥爭的疑慮，在與天津資本家座談中，着重闡述了資本主義剝削與封建主義剝削在性質上的不同，指出資本主義剝削，在現實的中國不是罪惡，而是有功的。

誠如事後鄧小平所指出的：「對資產階級問題，雖然我沒有見到一九四九年初少奇同志在天津講話的原文，但是據我所聽到的，我認為少奇同志的那個講話對我們當時渡江南下解放全中國的時候不犯錯誤是起了很大很好的作用的。當時的情況怎麼樣呢？那時天下還沒有定，半個中國還未解放。我們剛進城，最怕的是左，而當時又確實已經發生了左的傾向。在這種情況下，中央採取堅決的態度來糾正和防止『左』的傾向，是完全正確的⋯⋯所以，我認為少奇同志的那個講話主要是起了很好的作用的。」[5]

就在劉少奇天津視察後不久（1949 年 5 月 20 日），時任中共中央東北局社會部第二部長的鄒大鵬在聽了劉少奇天津講話的傳達後，給劉少奇寫了一封信[6]。信中說：

> 昨天聽了你報告中的第一個問題，如何對待民族資產階級和勞資關係問題以後，完全解決了我三四年來在城市工作中的一個極大的思想的矛盾；而此種矛盾思想，也是我所能接觸的城市工作幹部中普遍存在着，一直未曾得到肯定的明確的解決的。現在我覺得完全解決了。
>
> 此種矛盾思想是：
>
> 我們根據中央已經發表的有關城市政策，特別是毛主席

5　《鄧小平文選》，第 1 卷（北京：人民出版社，1994），頁 205–206。

6　〈鄒大鵬給劉少奇的信〉（抄件），國防大學黨史黨建政工教研室資料室存。

的「發展生產，繁榮經濟，公私兼顧，勞資兩利」的方針，我們覺得很明確，但我們在城市實際工作中所執行的具體政策和辦法，又往往不或多或少的違反這個方針。否則，便可能被批評為右傾。右傾是大家都怕的，不得不故意左一點。但左一點又覺得不對。矛盾和苦悶即由此產生。

　　在去年夏天的城工會議上大家普遍提出了這個問題，企圖得到解決，並曾說明這是當前城市工作中急待解決的問題，大家在思想上有矛盾，很苦悶，但我們得到的答覆是洛甫同志在結論中所說的：「你們為什麼要去注意私人工商業呢？聽其自生自滅，垮了就垮，我們不能負責。這種右傾思想要不得。」[7] 結果大家垂頭喪氣而返。絕大多數與會的幹部

7　因為鄒大鵬信中直接提到的是張聞天在城工會議上的結論，所以張聞天在6月9日向中央發了一份《兩點聲明》的覆電，電文說：「去年我在城工會議做結論，是因為稼祥同志有病，臨時受到東北局的委託，結論提綱曾經過東北局討論過，並且不久即由我把它寫成了關於東北經濟構成的提綱草案，當時我對於私人資本主義的觀點，也已全部寫進去了。此文件經過討論通過後，曾發給中央並曾在去年九月高幹會及今年二月高幹會二次發到會同志中去討論過，這些會議鄒大鵬同志亦曾參加過，但當時並未聽到過反對的意見……至於鄒大鵬關於去年城工會議及其關於我的所謂結論的反映，我個人覺得還缺少真實性」。見程中原：《張聞天傳》（北京：當代中國出版社，1993），頁 561–566。關於這份電報，1955 年張聞天在全國黨代表會議上發言中曾有過說明。他說：「關於中央轉發鄒大鵬對 1948 年東北城工會議的意見，我曾經過東北局給中央發了一個覆電。現在我知道高崗曾經故意把它分發到下面去，而從中挑撥。現在看來，我關於供銷合作社的意見和在城工會議上的發言都是有缺點錯誤的。關於供銷合作社問題，我在盈利分紅問題的說明上，是有錯誤的。在城工會議上我當時強調了國營企業的重要（這是正確的），對私人工商業的重要雖然也估計到了，但估計不足，這是一個錯誤。事實上，中央要防止對私人資本的『左』傾偏向的指示，我當時在遼東省委是執行了的。為此，遼東省委還曾經給東北局寫過報告。」國防大學黨史黨建政工教研室資料室存（抄件）。

不同意，但沒人提出，因為怕右傾。

　　但問題並沒有解決。第一，大家覺得「垮了就垮」總不如把這部分生產力好好利用起來為好；因為利用它生產，對國計民生有好處。第二，更現實的問題是垮了之後，工人失業，我們怎麼辦？結果變成勞資兩不利，工人也要抱怨我們。

　　以哈爾濱道外一個牙刷工廠為例：

　　去年城工會議以後，兩個工運幹部去和工人講話，結果被工人用木棍趕出來。工人說：你們再來，我們工廠就要垮了，我們要挨餓了。當然，這裏也可能資本家利用工人搞我們，但工人確實害怕工廠關門，自己失業。

　　這個問題，王稼祥同志所起草的城市工作大綱中曾企圖解決；他比較瞭解實際情況，並傾聽了許多實際工作同志的意見。我們許多幹部基本上同意他那個意見。但去年城工會議時他因病未出席。會後，我曾向王稼祥同志說過會議未曾考慮大家所提出的意見和反映的實際情況，他默默未答。今年 1 月，我又問李富春同志，他說：我現在不答覆，將來再談。今年 5 月，我臨離開東北時，又問李富春同志是否可以答覆，他說：快了，你等着吧。直到聽了你報告的第一個問題之後，我得到答覆了，問題解決了。

　　我只談到這一點，至於我們在城市要依靠工人階級，國營企業是主要的。對這些，幹部當中都認為是對的，並無疑問。

　　劉少奇接到信後，經過一番思索，認為有必要以中央名義就對待民族資產階級的政策問題向東北局作出指示。於是，5 月 31 日他為中央草擬了一個電文。文中指出：

　　最近鄒大鵬有一封信給少奇同志，說我們黨在東北對私

人資本主義及民族資產階級的政策，雖然經過長期爭論，至今未能正確解決。我們認為這一個問題是關涉黨的總路線中十分重要的問題，必須完全正確地迅速地解決……最近少奇同志到天津巡視，發現我們在天津的負責同志完全不理資本家，有些幹部則認為和資本家接觸就是立場不穩，貿易公司在原料及市場方面統制，不給資本家的生產給以應有的照顧，稅收機關對私人生產亦未給以應有的照顧，在勞資關係上工人有過高的要求和過左的行動，未用堅決的辦法去糾正，強令資本家開工，但資本家在開工後的各種實際困難未幫助資本家去克服，在報紙上只說資本家壞，不說資本家還有任何好處，在黨內思想上只強調私人資本主義的投機性、搗亂性（具有這種性質的是無益於國計民生的私人資本，例如投機商業等，不是一切資本都有投機性、搗亂性）。強調限制資本主義，而不強調一切有益於國計民生的私人資本主義生產在目前及今後一個長時期內的進步性、建設性與必需性，不強調利用私人資本主義的積極性來發展生產，只強調和資本家鬥爭，而不強調聯合願意和我們合作的資本家。結果就使資本家恐慌消極，陷於半癱瘓狀態，完全沒有生產積極性，許多資本家就準備停工歇業或逃跑。這是一種實際上立即消滅資產階級的傾向，實際工作中的左傾冒險主義的錯誤路線，和黨的方針政策是在根本上相違反的。據說在東北城市工作中也有這種傾向，望東北局立即加以檢討並糾正。因為我們顧慮到在黨內存在的上述偏向，故我們尚未批准印發《東北經濟構成及經濟建設方針提綱》這個文件，我們認為在這個文件中必須加上批駁上述偏向的一段文字之後，才好印發。[8]

8　《中共黨史參考資料》，第 19 冊，頁 70。

這個電報經毛澤東審閱修改後，於當天發出。毛澤東並為中共中央起草了一個給各中央局、山東分局、平、津、濟、滬、寧、漢諸市委、各野戰軍前委的通知。內稱：

> 茲將中央給東北局辰世電及附件發給你們，並請你們轉發各市委、省委、區黨委，據以檢查自己的工作，認真克服對待民族資產階級的左傾機會主義錯誤。如果不克服此種錯誤，就是犯了路線錯誤。[9]

以上表明，毛澤東當時對糾正黨內在資產階級問題上的左的偏向，是贊同的。但正如周恩來所說：「毛主席指導工作有一個原則，當一個任務完成了的時候，就要趕快提出新任務，以免鬆懈下來。」[10] 就在向東北局發出上述指示的同時，毛認為擺在面前的首要任務，已是「解決資產階級的問題」了。

對毛澤東的這個深層思想，時任天津市委書記的黃克誠回憶說：

> 黨的七屆二中全會開過之後，毛澤東等中央領導同志由河北平山進入北平城。5月份，毛澤東把我從天津召到北平，向他彙報天津接管和城市民主改革等情況。我將在天津四個月來的工作情況彙報完了之後，毛澤東留我和他一起吃晚飯。毛澤東仍保持儉樸的生活作風，席間只有四菜一湯，菜做得也極簡單，我們都是湖南人，都喜歡吃辣子，每盤菜多放些辣椒就是了。我們邊吃邊聊。突然間，毛澤東停下筷

---

9   中共中央文獻研究室編：《劉少奇年譜（1898–1969）》，下卷（北京：中央文獻出版社，1996），頁 211–213。中共中央文獻研究室編：《毛澤東年譜（1893–1949）》，下卷（北京：中央文獻出版社，1993），頁 512–513。

10 《周恩來選集》，下卷（北京：人民出版社，1994），頁 106。

子，問我道：「你認為今後工作的主要任務是什麼？」我毫不
猶豫地回答說：「當然是發展生產。」毛澤東很嚴肅地搖了搖
頭說：「不對！主要任務還是階級鬥爭，要解決資產階級的問
題。」我一聽此言，方知自己的想法與毛澤東所考慮的問題
也有很大差距。在這次當面考試中，我在毛澤東的心目裏是
不及格的。現在回想起來，毛澤東在解放以後，仍然以階級
鬥爭為主要矛盾的思想有其一貫性，所以他總是一個接一個
地搞運動。而我當時的思想則認為，解放以後，主要應抓生
產，搞經濟建設；在經濟建設中雖然也會有階級鬥爭，但這
並非主要矛盾。[11]

在對待城市資產階級問題上毛、劉的不同思路，很快在對待農
村富農問題上反映了出來。

1949 年冬，東北局召開的農村工作座談會中，對土地改革後富
裕中農上升為新富農，以及黨員成為富農怎麼辦出現不同意見。張
秀山（時任東北局組織部長，後為東北局第二副書記）說：「一種是
高崗和與會的絕大多數同志認為：黨員不能有剝削行為，農村須走
互助合作，共同富裕的道路。」「第二種是我和少數同志的意見：不
反對農民組織起來發展，但是，應當允許新富農中黨員的存在，這
些人多數是靠勤勞致富發展起來的，在農村，他們對大多數農民有
一種標示作用，如果把他們清退出黨，對農民發展生產的積極性會
產生消極影響。」[12]

1950 年 1 月，東北局組織部專此向中央組織部請示。中組部回
覆的意見指出，要告訴各級幹部：「在今天農村的個體經濟基礎上，

11　黃克誠：《黃克誠自述》（北京：人民出版社，1994），頁 217。

12　張秀山：《我的八十五年——從西北到東北》（北京：中共黨史出版社，
　　2007），頁 247–248。

農村資本主義的一定限度地發展是不可避免的，一部分黨員向富農發展，並不是可怕的事情，黨員變成富農怎麼辦的提法，是過早的，因而也是錯誤的」。[13]

1月23日晚上，劉少奇在簽發了中組部給東北局的意見後，同中組部副部長安子文等談話，對怎樣區分中農與富農，農民能單幹是好還是不好，個體農民走向集體化的條件，如何看待剝削，現階段對富農經濟的政策，黨員發展成富農怎麼辦等問題，談了自己的看法。

劉少奇說：

> 東北土改後農村經濟開始向上發展了。有三匹馬一副犁一掛大車的農民，不是富農，而是中農。在東北，現在這種農戶大概不會超過農民的百分之十。其中真正富農所佔的比例，必然更少。
>
> 這種有三馬一犁一車的較為富裕的農戶，在數年之後，可能與應該發展到百分之八十，其中有百分之十的富農，其餘百分之二十的農戶，是沒有車馬的貧農。
>
> 現在東北，應該使這種中農得到大量的發展。
>
> 今天東北的變工互助是建築在破產、貧苦的個體經濟基礎上的，這是一個不好的基礎。
>
> 據說東北有百分之七十的農戶參加了互助。變工互助之有這樣多，就是因為個體經濟的破產，農民不得不變工。將來的發展，個體經濟都能獨立的生產，變工互助勢必要縮小。
>
> 農民發展生產有了三匹馬，還是可能變工的，也可以單幹。也唯有發展到有三匹馬的農戶，還參加變工時，才真正

13　中共中央文獻研究室編：《建國以來劉少奇文稿》，第1冊（北京：中央文獻出版社，2005），頁398–399。

是自願了。

現在有百分之七十的農戶參加變工互助，將來會縮小。這是好現象，證明經濟發展了，農民成為中農的更多了，他能夠單幹了，這也是好現象。百分之七十的農戶有了三匹馬，將來才好搞集體農莊。因此現在既要宣傳與說明變工互助的好處，但也要允許他單幹。

……

由個體生產到集體農莊，這是一個生產方式上的革命，沒有機器工具的集體農莊是鞏固不了的。蘇聯開始集體化也沒有機器，但是在國家計劃生產之下，各農莊已訂了貨，一兩年內機器工具一定會來，因此集體農莊也能鞏固了。如無此種條件，只有馬和犁，堅持幾年也是不可能的。

我們現在的變工互助，供銷合作社，具有培育農民的集體觀念的作用，將來加上機器工具的條件，才能領導實行集體。

什麼叫做剝削？

現在還必須有剝削，還要歡迎剝削，工人在要求資本家剝削，不剝削就不能生活。今天關裏大批難民到東北去，關外的富農能剝削他，他就會謝天謝地。過去每年有一百多萬勞動力到東北去，若富農不剝削他便不能生活。

富農雇人多，買了馬，不要限制他，現在要讓他發展，沒有壞處，這不是自流。將來我們對富農有辦法，讓他發展到一定的程度，將來再予以限制，三五年之後再予以限制，用國家頒佈勞動法，把雇農組織起來，提高雇農的待遇，徵土地稅，多累進一些；多加公糧等辦法，予以限制。

但事實上那時農村的剩餘勞動力是很少的，雇農不會多，國家還要大量動員農民到工廠去做工人，斯大林曾經寫過信，請求集體農莊動員農民到工廠去。

　　因此現在限制單幹是過早的，現在能夠單幹是很好的，也不可以認為反對單幹的農民便是集體主義，因為他還無力單幹，是不能去單幹的貧農。

　　這不是自流，現在多流出一些富農來也很好。

　　什麼才是放任自流呢？

　　雇工、單幹，應該放任自流，讓農民都有三匹馬一副犂就很好。對於不讓雇工、不讓單幹的，不能放任，對於去干涉有三匹馬的，不能放任。

　　黨員成為富農其黨籍怎麼辦？

　　這個問題提得過早了。有剝削也還是可以做社會主義者的，聖西門是一個資本家，但他也是一個社會主義者，雖然當時是空想的。假如今天東北有個資本家要照聖西門的辦法去做，那麼他可能辦成功，而不會垮臺。

　　現在是私有制的社會，黨員生產發家了，要交公也交不出去，國家也不會要他的油房要他的馬，不得已他只好暫時私有，如果他現在發展了生產，將來在實行集體化時，又能交公，這種富農黨員，也是好黨員。但是，一般的，不會都能這樣。

　　即使東北將來有一萬個富農黨員也不可怕，因為過幾年，東北可能有一百萬黨員，這一萬人若都不好，被開除也不要緊，而且，這一萬人中可能會有五千是願意留在黨內的。

　　因此現在的農民黨員，是可以單幹的。我們的黨規黨法上允許黨員單幹而且也允許雇人，認為黨員便不能有剝削，是一種教條主義思想。但能單幹與應該單幹是兩回事，我們允許黨員單幹，並不是鼓勵他們去單幹。[14]

14　中共中央文獻研究室編：《劉少奇論新中國經濟建設》(北京：中央文獻出版社，1993)，頁 152–155。

　　中央組織部關於富農黨員問題的答覆，以及劉少奇對安子文等人的談話，高崗看後，表示不同意中組部給東北局的覆函和劉少奇的談話精神。薄一波稱：「當年 2 月，高崗來京參加中央政治局會議，將他收到的劉少奇談話記錄送交毛澤東。試探毛的反應。毛澤東將此件批給陳伯達看，明顯對劉少奇談話的不滿，形於顏色。」[15]張秀山說：「高崗對我說，劉少奇的談話和對東北局的批覆我給毛主席看了，主席不同意他們的意見。」[16]

　　對農村出現兩極分化和新富農的擔心，在山西的幹部中也同樣存在。1951 年 2 月，中共山西省第二次代表會議對農村問題經過討論認為，老區農村，在繼續改良生產技術、推廣新式農具的同時，必須穩健、積極地提高互助組織，引導它走向更高級一些的形式。4 月 17 日，山西省委正式向華北局寫了《把老區互助組織提高一步》的專題報告，全面闡述了自己的意見。[17]報告斷言：老區互助組的發展，已經達到了一個轉折點，使得互助組必須提高，否則就要後退。辦法是：在互助組織內部，扶植與增強新的因素，以逐步戰勝農民的自發趨勢，積極地穩健地提高農業生產互助組織，引導它走向更高級一些的形式，以徹底扭轉渙散的趨勢。強調：對於私有基礎，不應該是鞏固的方針，而應當是「逐步地動搖它、削弱它，直至否定它」。

　　由於問題涉及黨的農村工作方針，華北局主要負責人薄一波、劉瀾濤認為有必要請示黨中央分管日常工作的劉少奇。劉少奇明確指出，現在採取動搖私有制的步驟，條件不成熟。沒有拖拉機，沒

15　薄一波：《若干重大決策與事件的回顧》，上卷，頁 198。

16　張秀山：《我的八十五年──從西北到東北》，頁 251。

17　《當代中國農業合作化》編輯室編：《建國以來農業合作化史料彙編》（北京：中共黨史出版社，1992），頁 42–43。

有化肥，不要急於搞農業生產合作社。他認為，農村兩極分化不可怕，農村還要繼續向兩極分化，分化到一定程度要組織貧農向富農鬥爭，待有了機器再實行集體化。目前應當鞏固和確保私有，逐步動搖、削弱直至否定私有基礎的意見是錯誤的。薄一波等與劉少奇的意見本來就是一致的，為了說服山西省委，華北局於4月下旬召集華北五省互助合作會議，以統一思想，統一步調。會上就山西省委提出的意見展開了激烈的爭論。華北局政策研究室的工作人員，將華北局負責人傳達的劉少奇的講話精神，以個人意見作了發言。指出，土地改革以後，應當鞏固私有基礎，現在就開始逐步動搖私有基礎是錯誤的；在沒有機械的情況下，不可能實行集體化和合作化。山西代表作了針鋒相對的發言，指出：農村中發展生產實際上存在着兩條路線，一條是農民曾經千百次走過而失敗了的富農道路，一條是共產黨領導的組織起來發展生產的正確道路。這兩條道路的鬥爭日益明顯，現在的問題是對農民的自發富農路線持何態度的問題，是任其自由發展呢？還是領導組織起來去戰勝它呢？在共產黨人來說，領導農民生產不僅是為了發展生產而發展生產，而且在發展生產中還有其遠大的政治目的，要在發展生產中團結與改造小生產者，逐步地把農民帶向社會主義。

華北局不得已，只得根據自己的意見作了結論，否定了山西的意見。山西代表宣稱，他們保留自己的意見。[18] 5月4日，華北局對4月17日山西省委的報告作了正式批覆。指出，省委提出的用積累公積金和按勞分配的辦法來逐漸動搖、削弱私有基礎直至否定私有基礎的意見，「是和黨的新民主主義時期的政策和共同綱領的精神不相符合的，因而是錯誤的」。目前提高與鞏固互助組的主要問題，是

---

18 《當代中國農業合作化》編輯室編：《中國農業合作史料》（試刊）（河北：廊坊日報印刷廠，1986），頁34–35。

如何充實互助組的生產內容，以滿足農民進一步發展生產的要求，而不是逐漸動搖私有的問題。[19] 華北局除將這個批覆下達山西省委外，同時上報了黨中央。

針對黨內幹部中這種急於消滅個體農民私有制的傾向，7月3日，劉少奇決定將山西省委的報告印發給馬列學院的學員，並發各中委和中央局，為此寫了批評農業社會主義的著名批語（後來，史家稱之為「山西批語」）。劉少奇指出：

> 在土地改革以後的農村中，在經濟發展中，農民的自發勢力和階級分化已開始表現出來了。黨內已經有一些同志對這種自發勢力和階級分化表示害怕，並且企圖去加以阻止或避免。他們幻想用勞動互助組和供銷合作社的辦法去達到阻止或避免此種趨勢的目的。已有人提出了這樣的意見：應該逐步地動搖、削弱直至否定私有基礎，把農業生產互助組織提高到農業生產合作社，以此作為新因素，去「戰勝農民的自發因素」。這是一種錯誤的、危險的、空想的農業社會主義思想。山西省委的這個文件，就是表現這種思想的一個例子，特印發給各負責同志一閱。[20]

山西省委對劉少奇的嚴厲批評並不認同，隨即將有關情況直接寫信向毛澤東反映。陶魯笳[21] 回憶說，山西省委此時專門派人駐京，準備檢查。但省裏的領導幹部，特別是長治地區的幹部從心裏並不認為搞初級社試點是錯誤的，也不認同「空想的農業社會主義」的提

19　《建國以來農業合作化史料彙編》，頁 42。

20　同上。

21　陶魯笳，1917 年生，1936 年加入中國共產黨，時任中共山西省委書記、第一書記，2011 年病故。

法。在這種情況下，感到沒辦法了，王謙[22] 等人就給毛主席寫了一封信。時間是在劉少奇公開批評山西省委以後。這封信還附了 1950 年至 1951 年上半年《中共長治地委關於組織起來的情況與問題》的幾個報告，以及王謙從華北局五省互助會議回來後寫的《關於黨對農業生產的領導問題》，全面介紹了長治地區試辦農業初級社的情況。[23]

　　毛澤東在得知山西省委與華北局、劉少奇的意見分歧後，即要楊尚昆通知劉少奇、薄一波、劉瀾濤到他住處談話。毛明確表示不支持他們，而支持山西省委的意見。並批評了互助組不能生長為農業生產合作社的觀點，以及現階段不能動搖私有基礎的觀點。他認為，既然西方資本主義在其發展過程中有一個工場手工業階段，即尚未採用蒸汽動力機械、而依靠工場分工以形成新生產力的階段，那麼，中國的合作社，依靠統一經營形成新生產力，去動搖私有基礎，也是可行的；這符合七屆二中全會和政協《共同綱領》關於合作社經濟是半社會主義性質經濟的決定。[24]

　　1951 年 9 月，根據毛澤東的建議，陳伯達主持起草第一個農業生產互助合作決議（草案）。決議（草案）指出：看不出發展農業互助合作是黨引導農民從個體經濟逐漸走向大規模使用機器的集體經濟的必經之路，否認現已出現的各種農業生產合作社是農業走向社會主義化的過渡形式，是一種右的傾向。[25]

22　王謙，1917 年生，1936 年加入中國共產黨，時任中共長治地委第一書記，2007 年病故。

23　馬社香：〈山西試辦全國首批農業合作社的前前後後──陶魯笳訪談錄〉，載中共中央文獻研究室中央檔案館主辦：《黨的文獻》，2008 年第 5 期，頁 73。

24　杜潤生主編：《當代中國的農業合作制》，上（北京：當代中國出版社，2002），頁 138；《當代中國農業合作化》編輯室編：《中國農業合作史料》，1989 年第 1 期，頁 9。

25　中華人民共和國國家農業委員會辦公廳編：《農業集體化重要文件彙編》（1949–1957），上（北京：中共中央黨校出版社，1981），頁 40。

薄一波後來回顧這件事情時說：他（指毛）講的道理把我們說服了。這樣，經少奇同志修改的華北局報告當然也就沒有發出了，但原件刊登在華北局內部刊物《建設》上（因事先已排印）。少奇同志還通過范若愚同志向馬列學院一班收回 7 月 5 日下午在春耦齋發給他們的材料。[26]

高崗在毛、劉分歧中的角色

高崗本來對劉少奇在天津有關對資產階級政策的講話，就不予贊同。對 1949 年 5 月 31 日中央就正確對待資產階級政策問題致東北局電，高崗雖未作公開反應，但在與東北局幾個常委的談話中說：「少奇對資產階級的政策是右的，華北局執行這方面政策中有右的傾向，就與這些講話有關係。」[27]

而在農業互助合作問題上，在毛澤東明確表態後，中央關於農業生產互助合作的決議（草案）尚未下達之前，高崗於 10 月 14 日向黨中央上報了《關於東北農村的生產合作互助運動的報告》[28]。高崗在報告中強調，隨着中農已成為農村中的多數和農民自發傾向的發展，指導互助合作工作中，反對和防止的主要偏向已不是侵犯中農，而是農民的自發傾向；農民的主要顧慮也不是「怕發展」、「怕歸大堆」，而是要求迅速擴大再生產。他提出，對農村生產合作互助運動指導的方針，應該是根據群眾的自願與需要，加以積極扶助與發展，並逐步由低級引向較高級的形式。高崗這個報告，意圖無非

26　薄一波：《若干重大決策與事件的回顧》，上卷，頁 191。

27　張明遠：《我的回憶》（北京：中共黨史出版社，2004），頁 334。

28　中共中央文獻研究室編：《建國以來毛澤東文稿》，第 2 冊（北京：中央文獻出版社，1988），頁 478。

是表明：他是緊跟毛澤東的。也是他要與劉少奇劃清界限的表示。

　　毛澤東 17 日看了高崗的報告後，十分贊賞，當即批示給劉少奇、周恩來、朱德、陳雲、彭真、陳伯達、胡喬木、楊尚昆。毛批示說：

> 此件請閱，閱後請尚昆印成一個小冊子，分送各中央分局，各省市區黨委。同時發給中央各部門，中央政府各黨組，此次到中央會議各同志及到全國委員會的各共產黨員。[29]

　　當日，毛澤東代中央起草了一個轉發東北農村生產合作互助運動報告的批語，肯定和介紹了高崗提出的方針。批語說：

> 茲將高崗同志關於東北農村的生產合作互助運動的報告發給你們參考，並可在黨內刊物上發表。中央認為高崗同志在這個報告中所提出的方針是正確的。一切已經完成了土地改革任務的地區的黨委都應研究這個問題，領導農民群眾逐步地組成和發展各種以私有財產為基礎的農業生產互助合作組織，同時不要輕視和排斥不願參加這個運動的個體農民，每個省區都要建立生產新式農具的國營工廠，以便農民購用此種農具。省、專區和縣都要建立至少一個公營農場，以為示範之用。中央已經起草了一個關於發展農業生產互助合作運動的指示（草案），不久即可發給你們。[30]

　　高崗在這場黨內高層的紛爭中，顯然得了一分。同年，在有關工會工作方針的爭論中，高崗又與毛澤東保持了一致。

　　建國後，國營企業的工會工作，應如何正確處理國家利益和工

29　《建國以來毛澤東文稿》，第 2 冊，頁 476。
30　同上，頁 476–477。

人個人利益之間的矛盾，成了擺在共產黨人面前的新課題。1950年7月，鄧子恢[31] 在中南地區總工會籌委會擴大會議上報告[32] 說，工會工作應明確站在工人階級的立場上，工人利益：有經濟利益、政治利益、文化利益；有當前利益、長遠利益；有局部利益、整體利益。因此，工會在處理與行政的關係上，在基本立場上是一致的（要工人服從國家的整體利益、長遠利益）；但在具體立場上又有所不同（又要維護工人的局部利益、當前利益）。

　　鄧子恢將報告上報中央後，分管全國總工會工作的中央書記處書記劉少奇，於8月4日為中央草擬批語說：「這個報告很好」，望「照鄧子恢同志的做法，在最近三個月內認真地檢討一次工會工作並向中央作一次報告」。經毛澤東圈閱，鄧子恢的報告轉發至各級黨委和工會。隨後，鄧的報告由《人民日報》全文發表。但是，鄧子恢的觀點並不完全為黨內所接受，在8月下旬召開的東北局城市工作會議上，就有人批評鄧的觀點是宣傳「機會主義的原則與理論」。高崗在會議結論講話中批評鄧的報告「欠妥」、「混淆思想」。為全面批評鄧子恢的觀點，高崗於1951年4月主持寫了《論公營工廠中行政與工會的一致性》的文章，準備以《東北日報》社論的名義發表。

　　李立三（全國總工會常務副主席、黨組書記），在建國前夕就曾明確提出，公營企業在處理企業與工人的公私關係上應貫徹「公私兼顧」的方針。並且提出：「工會是工人自己的組織，應該工人自己辦。可是在目前還有很多工會不是工人自己辦的，而是由黨、行政上辦的，成為官辦的。這個問題很嚴重。」[33] 1951年10月，李立三

31　鄧子恢，1896年生，1926年加入中國共產黨，時任中共中央中南局第三書記、中南軍政委員會副主席，1972年病故。

32　《鄧子恢傳》編輯委員會：《鄧子恢傳》（北京：人民出版社，1996），頁427–432。

33　中共中央黨史研究室第一研究部編：《李立三百年誕辰紀念集》（北京：中共黨史出版社，1999），頁154。

就工會工作方針不同意見的爭論，向毛澤東報告説：有同志認為在國營企業中公私利益是完全一致的，無所矛盾，甚至否認「公私兼顧」政策可以適用國營企業。另一種意見認為在國營企業中公私利益是基本一致的，但在有關工人生活的勞動條件等問題上是存在有矛盾的，但這種矛盾的性質是工人階級內部的矛盾，因而是可以而且應當用協調的方法，即用公私兼顧的方法來求得解決的。李立三明確表示：「我個人是同意後一種意見的。我覺得公私關係問題，不僅在目前國營企業中，而且在將來社會主義時期各種對內政策問題上也還是一個主要問題，否認『公私兼顧』的原則可以運用到國營企業中的意見，可能是不妥當的。」[34]。

不久，毛澤東在中央的一個文件上批示：「工會工作中有嚴重錯誤。」[35]11月，中共中央批准成立由劉少奇、李富春、彭真、賴若愚、李立三、劉寧一組成中華全國總工會黨組幹事會，負責指導全總黨組工作。在隨後由李富春主持的全總黨組第一次擴大會議上，李立三被戴上了三頂帽子：犯了「狹隘的經濟主義」、「嚴重的工團主義」和領導方法的「主觀主義」錯誤，撤銷了全總常務副主席和黨組書記職務。劉少奇因支持鄧子恢和李立三的觀點，以外出休假為由，未參加批判李立三的會議。高崗明顯又得了一分。

由此種種，高崗認為，劉少奇的意見，是「資本主義」的，是「不願走社會主義道路」的。1952年1月，高崗組織人寫了題為〈克服資產階級思想對黨的侵蝕，反對黨內右傾思想〉的文章，並在作報告時，不點名地批評劉少奇的「資產階級右傾思想」。對這篇文

---

34 李桂才主編：《中國工會四十年（1948–1988）資料選編》（瀋陽：遼寧人民出版社，1990），頁213–216。

35 趙家梁、張曉霽：《半截墓碑下的往事：高崗在北京》（香港：大風出版社，2008），頁389。

章，毛澤東十分讚賞，他批示説：「很好。請喬木同志作文字修改，以能公開發表為度。」這篇文章後來在《東北日報》和《人民日報》上發表，並印成「活頁文選」發行全國。

從上述事例中不難發現，在建國之初的毛、劉分歧中，高崗不只與毛澤東保持了高度一致，而且將劉少奇的不同意見，上綱為「資產階級右傾思想」，正是毛澤東所持的基本觀點。

「新税制」提供了批判的靶子

正當毛澤東在醖釀和提出十至十五年使資本主義絕種的過渡時期總路線的過程，因税制改革引起各地強烈反響。

1952 年 12 月 31 日，中央人民政府政務院財政經濟委員會根據政務會議的決定，發佈了《關於税制若干修正及實行日期的通告》。《通告》指出：「根據全國財政經濟情況的發展與國家經濟建設的需要，本委報經政務院第 164 次政務會議核准，在保證税收，簡化納税手續的原則下，將現行税制加以若干修正，決定自 1953 年 1 月 1 日起實行。」同時公佈了《商品流通税試行辦法》、《商品流通税税目、税率表》、《貨物税税目、税率表》和《合併計徵後營業税分級税率對照表》。同日，財政部依據《商品流通税試行辦法》的規定，公佈了《商品流通税試行辦法施行細則》。税務總局還根據《通告》的精神，向所屬各級税務機關陸續發出了一系列貫徹實施的具體規定。

為配合宣傳，《人民日報》發表了《努力推行修正了的税制》的社論。闡明修正税制的目的是「保證税收，簡化納税手續」。指出：過去在税制中採取的「多種税，多次徵」的辦法，已經不適合於現在的情況了。隨着經濟的恢復與發展，公私經濟比重的變化，新的商

業網的建立及經營方法的改善，國內市場上的商品流轉規律已經起了很大的變化。主要的表現在國營商業及合作社大量採取加工、調撥及代購、代銷或包銷的方式，私營商業則趨向於組織聯合採購、深購遠銷，各地城鄉物資交流蓬勃發展，產銷直接溝通，這種變化是經濟上的重要進步，是對舊中國經濟改造的必然結果。為了適應於這種變化，繼續保護與培養稅源，修正了的稅制規定，加工收益稅率統一調整為 5%，代購、代銷或包銷一律按進銷貨計稅，並規定工業的總分支機構從產製、批發到零售，交納三道營業稅；商業的總分支機構，則從批發到零售只交納兩道營業稅。《社論》強調說明：「修正了的稅制繼續保持公私一律平等納稅的原則。」指出，這次修訂稅制主要增加了國營商業及合作社的稅收負擔，並取消合作社成立第一年免納所得稅及對合作社減徵營業稅 20%的優待，使國營商業、合作社與私商完全處在同等待遇之下。這樣做的目的，「一方面照顧私營企業，一方面促使國營商業和合作社努力改善經營，推行經濟核算制，降低成本，加速資金周轉，降低流轉費用」。[36]

「修正稅制」趕在 1953 年元旦開始執行，目的是為了在新年的生產和購銷旺季多徵稅。由於倉促出臺執行，事先未作宣傳解釋。而將原有的產製、批發到零售的三道營業稅，集中到商品第一次批發或調撥環節徵收，實際上就將稅收加進了工廠的產品出廠價格，進而導致零售商品提價，以維持零售商原有的利潤水平。這一方面引發搶購商品，另一方面導致私商觀望。加上調整商業中適當擴大批零差價和地區差價又同時出臺，致使商店和企業趁機搭車漲價。因而，市場物價一時出現劇烈波動。

這時，中共中央山東分局、中共北京市委、西南財委、河南財委、天津財委紛紛向中央報告「新稅制」引起的混亂，以及執行中遇

---

36 《人民日報》社論：〈努力推行修正了的稅制〉，1952 年 12 月 31 日。

到的問題和困難。

　　山東分局的報告稱：「在執行新税制當中物價的調整過於倉促草率，因而造成了嚴重的市場混亂，群眾不滿……加之增速幅度較大，變更多端，造成了人為的市場極度混亂，為幾年來所未有，各地意見很多」。由此引發：「私商疑為物價波動，發生搶購現象」；「奸商投機有空即鑽」；「市場恐慌私商觀望」；「內部思想混亂，外部群眾不滿」等等。報告強調指出：「以上情況我們認為是嚴重的，政治上損失是大的」。[37]

　　北京市委《關於調整物價後的情況及反映》致毛澤東、中共中央並中財委、華北局的電報稱：

　　　　從去年十二月四日開始調整商業時提高了四千四百七十九種商品零售價格，今年一月三日因改變税制又調整了一千三百七十種商品價格，幾種牽涉人民生活很大的商品零售價都有變動，其中麵粉漲價百分之六點三，大米漲百分之八點八，小米漲百分之二點三，玉米麵漲百分之三點七。市場一度很亂，群眾怨言和議論很多。建議：（一）調價時應適當照顧到勞動人民生活。現在陰曆年快到了，勞動人民需要多買點白麵、大米過節，而小米、玉米麵則是他們平日的主要食糧。這幾種商品應否像現在這麼漲價（特別是在陰曆年前）請中財委考慮。如確實漲得過多時，最好將已漲的零售價格降低一點，並請中財委對此次價格調整作統一解釋，以便向群眾説明。（二）事關全國性問題，應有全盤計劃，事前

37　〈山東分局向明同志等關於在執行新税制中物價調整草率造成市場混亂的情況的電報〉，1953 年 1 月 9 日。中國社會科學院、中央檔案館編：《1953–1957 中華人民共和國經濟檔案資料選編・財政卷》（北京：中國物價出版社，2000），頁 430–432。

通知下級部門。此次調價，上海已經漲了，北京還不知道，
結果很被動。[38]

華北財委也報告說：「根據新稅法與中商部調價的指示，我區國
營商業提高批發及零售牌價的商品共 1500 種左右，其中尤以麵粉、
糧食上提最多。」[39]

各地的報告，引起了毛澤東的極大關注和強烈反應。1953 年 1
月 15 日，毛澤東寫信給周恩來、鄧小平、陳雲、薄一波，指出：

> 新稅制事，中央既未討論，對各中央局、分局、省市委
> 亦未下達通知，匆卒發表，毫無準備，此事似已在全國引起
> 波動，不但上海、北京兩處而已，究應如何處理，請你們研
> 究告我。
> 此事我看報始知，我看了亦不大懂，無怪向明等人不大
> 懂。究竟新稅制與舊稅制比較利害各如何？何以因稅制引起
> 物價如此波動？請令主管機關條舉告我。[40]

薄一波回憶說：周總理收信後，連夜給毛主席回信，談了處理
辦法。可見他把毛主席這封信的分量是看得很重的，而且周總理一
向辦事勤敏精細，這是他的過人之處。我看信後，也立即通知中財
委有關人員開會，彙報各地執行新稅制的情況，我當時的心情半是
沉重，半是茫然。信是批評出臺剛半月的新稅制，而且詞鋒甚嚴，

38　《彭真傳》編寫組編：《彭真年譜》，第 2 卷（北京：中央文獻出版社，
　　2013），頁 323。

39　《1953–1957 中華人民共和國經濟檔案資料選編・財政卷》（北京：中國物價
　　出版社，2000），頁 435。

40　毛澤東：〈關於新稅制問題給周恩來等的信〉，1953 年 1 月 15 日。《建國以
　　來毛澤東文稿》，第 4 冊，頁 27。

顯然事出有因。我很注意信中兩句話:「此事我看報始知,我看了亦不大懂」,已預感到事情有些嚴重了。[41]

於是,財政部和稅務總局派出若干個小組分赴各大中城市檢查,並每天與各主要城市通話聯繫,解決發生的問題。經過努力,執行新稅制中所發生的較大問題,很快採取了補救措施,得到妥善解決。

2月10日,財政部副部長吳波、商業部副部長姚依林、糧食部副部長陳希雲三人聯名寫信給毛澤東和中共中央,就修正稅制的目的、新稅制對物價的影響和在執行過程中發生的問題作了說明。接着,財政部又向毛澤東和中央政治局作了彙報,由吳波把稅制修正了哪些地方,實行中出現了哪些問題,如何解決的,一一作了說明。會上,毛澤東尖銳批評說:

> 「公私一律平等納稅」的口號違背了七屆二中全會的決議;修正稅制事先沒有報告中央,可是找資本家商量了,把資本家看得比黨中央還重;這個新稅制得到資本家叫好[42],是「右傾機會主義」的錯誤。[43]

薄一波說:「毛主席這些批評的話,比信中又進了一步,語氣更為嚴厲,批評重點仍側重於『事先沒有報告中央』,而且把錯誤提到了『右傾機會主義』的高度,當時聽起來,不免感到震驚。」[44]

對毛澤東在會上批評一節,吳波回憶說:在中央會議討論時,

41　薄一波:《若干重大決策與事件的回顧》,上卷,頁 234–235。

42　指財政部事先曾徵求了全國工商聯籌備委員會的意見。全國工商聯籌委會於 12 月 16 日至 20 日專門召開常委臨時擴大會議討論此事(財政部副部長吳波到會做了問題解答),並於會後發表了擁護修正稅制的聲明。

43　薄一波:《若干重大決策與事件的回顧》,上卷,頁 235。

44　同上,頁 235。

受到主席指責，違反了黨的路線。主席問：要處分誰？是一波，是子和，還是吳波？我說，主要的由我負責，我應受處分。一波同志未講話。主席又問：是誰擬定要在 12 月 26 日，逼着總理放在政務會議上通過？我講了，我想爭取早一點順利通過。主席說：你（指一波）怎麼解釋？一波也未講話。主席問：《人民日報》社論是誰拿的？我答，是我拿的，經過一波同志的手改的。一波同志坐在我身旁也未作答。[45]

　　四十年後，薄一波回顧說：修正稅制本身雖然是一項業務工作，但檢討起來，確實存在着一些嚴重缺點。主要表現在：

　　（1）在修正稅制的過程中，確有操之過急、工作過粗的毛病。新稅制從 9 月財經會議醞釀到年底出臺，僅用了三個多月時間。為了趕在元旦前一天公佈實施，為了搶在春節前一個半月的旺季多收點稅，許多該做的工作沒有去做，或雖然做了但做得很粗。比如，方案提出來以後，沒有發到地方財政、稅務部門去徵求意見，更沒有同地方黨政領導打招呼；在有的中央部門負責同志對某些具體條文明確表示反對意見之後，我們主管的同志特別是我自己也未予認真考慮。關於變更納稅環節，財政部是在中財委黨組會議討論通過方案後才確定這樣做的。到起草通告時，有關同志向我報告後，我沒有進一步去研究，也沒有再提交中財委黨組會議討論，就倉促把方案報送周總理和政務院了。新稅制方案公佈前，我們主管的同志特別是我自己沒有向毛主席進行彙報，聽取他的意見，以致他「看報始知」，這更是不應有的疏失和錯誤。

　　（2）修正後的稅制，有些具體條文修改得不適當。意見最多的是，把在流通環節難以收上來的工業品的批發營業稅

45　〈吳波談新稅制問題〉（抄件），國防大學黨史黨建政工教研室資料室存。

移到工廠去徵。由於擔心物價引起波動，未能及時調整出廠價格，以及其他一些相應的措施沒有跟上，致使 2,000 多戶被合理批准免繳批發營業稅的專營批發商，得到了一些便宜，工廠稅負相應增加，這樣乍一看來，新稅制就給人一種似乎偏袒了資本家的印象。還由於取消了對供銷社的一些優待條件，使得供銷部門的意見也很大。新稅制公佈時正趕上商業系統貫徹中央關於調整商業的指示，正在調整一些商品的價格。個別商品確實因為實行新稅制的緣故而提了價。宣傳解釋工作又沒有跟上，因而使人產生了誤解，以為修正稅制是又要漲一次物價。人民對國民黨統治下的物價飛漲吃夠了苦頭，記憶猶新，十分珍惜解放後經過幾年努力贏得的市場繁榮、物價平穩。當時正值年關，人們在心理上十分害怕物價上漲。由於這種種原因，新稅制公佈後，在很短的時間裏確曾引起過一些混亂。

（3）關於「公私一律平等納稅」。當時發表的《人民日報》社論，為了説明修改稅制的必要性和目的，原稿上有這樣一句話：「國營企業和私營企業都要按照修改的稅制納稅。」我在修改時，把這句話簡化為「公私一律平等納稅」。看來，這是多餘的，以不改為好。這次修正稅制主要是對流通環節的，貨物一上市，就只能對物不對人了，商品按照一定稅率平等納稅是應該的。它不同於所得稅，可以根據收入區別不同對象去納稅。

我作為中財委副主任兼財政部長，應當承擔這次修正稅制工作中所犯錯誤的責任。好在新稅制執行的時間僅半年，許多問題一暴露出來就採取了措施加以糾正，直至停止執行。當然，也應當看到，新稅制確曾起到過保稅、增稅的作用。[46]

46　薄一波：《若干重大決策與事件的回顧》，上卷，頁 235–237。

毛澤東異乎尋常的重大舉措

從 1953 年初對新稅制作出嚴厲批評以後，毛澤東在組織上採取了幾項重大措施：周恩來的地位受到削弱，劉少奇受到指責，使高崗掌握了更多的權力。

其一，撤銷以周恩來為書記的政府黨組幹事會。

對毛澤東因新稅制批評政府工作犯了分散主義錯誤，周恩來不敢怠慢。2 月 19 日，他召集鄧小平、李維漢、董必武、彭真、劉景范、薄一波、曾山、賈拓夫、安子文、習仲勛、錢俊瑞、齊燕銘、孫志遠等座談，討論關於加強政府各部門向黨中央請示報告和做好分工的意見。隨後，根據會議確定的原則，為中央主持起草了一個決定，這就是 1953 年 3 月 10 日下達的《中共中央關於加強中央人民政府系統各部門向中央請示報告制度及加強中央對於政府工作領導的決定（草案）》。[47] 主要內容是：

> 一、今後政府工作中一切主要和重要的方針、政策、計劃和重大事項，均須事先請示中央，並經過中央討論和決定或批准以後，始得執行。
>
> 二、今後政府各部門的黨組工作必須加強，並應直接接受中央的領導。因此，現在的中央人民政府黨組幹事會 [48] 已無存在的必要，應即撤銷。

---

47 《中共黨史參考資料》，第 20 冊，頁 58–60。

48 政務院黨組幹事會成立於 1950 年 1 月 9 日，成員共 11 人，周恩來為書記，董必武、陳雲為副書記，羅瑞卿、薄一波、陸定一、胡喬木、劉景范、李克農、李維漢、齊燕銘為幹事。領導各分黨組幹事會和各部黨組小組。參見：中共中央文獻研究室編：《周恩來年譜（1949–1976）》，上卷（北京：中央文獻出版社，1998），頁 21。

　　三、重新規定了現在政府工作領導同志的分工：國家計
劃工作，由高崗負責；政法工作（包括公安、檢察和法院工
作），由董必武等負責；財經工作，由陳雲等負責；文教工
作，由習仲勛負責；外交工作（包括對外貿易、對外經濟、
文化聯絡和僑務工作），由周恩來負責；其他不屬前述五個範
圍的工作（包括監察、民族、人事工作等），由鄧小平負責。

　　這樣，周恩來事實上就只管一個外事口了。根據中央的決定，
周恩來於 3 月 24 日簽發了撤銷以他為書記的政府黨組幹事會的通
知：(一) 政府黨組幹事會自即日起正式撤銷，今後各黨組及黨組小
組均由中央直接領導。(二) 凡有關各委及部門黨組的人員變動及其
他有關組織問題的各項事宜，自即日起應直接向中央組織部請示和
報告。[49]

　　此後，又對政務院所屬各財經部門的領導關係重新作了分工。5
月 15 日，政務院發出《關於中央人民政府所屬各財經部門的工作領
導的通知》，規定：

　　(1) 所屬的重工業部、一機部、二機部、燃料工業部、
建築工程部、地質部、輕工業部和紡織部，劃歸國家計委主
席高崗領導。
　　(2) 所屬的鐵道、交通和郵電部，劃歸政務院副總理鄧
小平領導；
　　(3) 所屬的農業、林業和水利部，劃歸財委副主任鄧子恢
領導；
　　(4) 所屬的勞動部，劃歸計委委員饒漱石領導；
　　(5) 所屬的財政、糧食、商業、對外貿易和人民銀行，

49　《周恩來年譜（1949–1976）》，上卷，頁 290–291。

仍屬財委主任陳雲領導；在陳雲養病期間，由副主任薄一波
代理。[50]

以上表明，在撤銷了中央人民政府黨組幹事會之後，一方面政
務院總理要對政府全面工作負總責，但周恩來只能具體管涉外的幾
個部門，其他各部均直接對中央負責。另一方面又把政務院所屬八
個工業部的財經大權劃歸了高崗領導，這不能不被認為是對周恩來
權力的極大削弱，而對高崗權力的加強。

其二，指責未經他看，擅自簽發中央文件是破壞紀律，並指示
暗查劉少奇的歷史。

5 月 19 日，毛澤東寫信給中央辦公廳主任楊尚昆，命楊尚昆檢
查未經他看過即發出的電報和文件。毛在信中說：嗣後，凡用中央
名義發出的文件、電報，均須經我看過方能發出，否則無效。請注
意。[51]

楊尚昆於當日將情況向毛作了書面報告，毛又作了如下批語：

> （一）請負責檢查自去年 8 月 1 日（以前的有過檢查）至
> 今年 5 月 5 日用中央和軍委名義發出的電報和文件，是否
> 有及有多少未經我看過的（我出巡及患病請假時間內者不算
> 在內），以其結果告我；（二）過去數次中央會議決議不經我
> 看，擅自發出，是錯誤的，是破壞紀律的。[52]

由於中央日常工作，本由劉少奇負責，毛在這裏所作的指責，
其矛頭無疑是指向劉少奇的。[53]

50　《周恩來年譜（1949–1976）》，上卷，頁 300。

51　《建國以來毛澤東文稿》，第 4 冊，頁 229。

52　同上，頁 229。

53　1977 年出版的《毛澤東選集》第五卷在收入毛澤東批評「擅自發出文件」的

更為嚴重的是：1953 年春天，毛澤東要高崗親自查看瀋陽敵偽檔案中有關劉少奇 1929 年在奉天（瀋陽）被捕的情況。對這一重大事件的經過，張秀山（時任東北局第二副書記）有過一段詳細說明：「1953 年初，高崗對我說，毛主席讓看一下東北敵偽檔案中有關劉少奇 1929 年在奉天被捕的情況，要我去組織落實。我當時問高崗這件事跟其他人說過沒有，他說跟陳雲說過。我又問他，東北呢？他說沒有。我說，這件事不能擴大，傳開不好。說這事時，高崗的秘書在場。之後，我在東北局組織部佈置工作時，將審查幹部工作分成兩個組，一個組查現實表現；一個組查閱敵偽檔案，查閱的對象不做特別限定，避免給人留下是專門查看某個人的印象。這件

批示時，編者加了《對劉少奇、楊尚昆破壞紀律擅自以中央名義發出文件的批評》。王光美對此曾有如下說明：「毛主席的批評，我認為肯定是誤解了。當時中央領導同志，少奇同志也好，恩來同志也好，朱德同志也好，尚昆同志也好，絕對沒有要背着毛主席擅自發出中央文件的想法和做法……。1952 年 11 月，少奇同志在蘇聯黑海邊索契休養時，江青也在那裏。有一天她到我們住的地方來看望，很認真地對少奇同志說：『主席身體不好，以後中央會議上已經原則決定的事，你們幾位領導同志可以辦的，就不要事事請示主席，讓主席多活幾天。』少奇回來以後，把這個情況同周恩來、朱德等幾位領導同志講了。當時大家認為，這可能也是主席本人的意思，因為主席曾幾次說過類似意思的話。這樣，有些具體小事的文件就不送主席了。可能毛主席發現報他的文件減少，引起他不高興……。毛主席讓檢查的這段時間，共 9 個月多一點。這中間少奇有一半時間沒有批發文件：1952 年 9 月 30 日至 1953 年 1 月 11 日，少奇去蘇聯參加蘇共十九大和在蘇聯休養，三個半月不在國內；1953 年 3 月上旬至 4 月初，少奇因治盲腸炎，手術住院，出院後在新六所休息，將近一個月沒有工作。另外，這期間毛主席 1952 年 11 月至 12 月視察黃河，1953 年春幾次因病休息。當然，不論檢查文件的結果如何，少奇、恩來、尚昆同志他們都會主動承擔責任。從我接觸到的情況來看，我認為，毛主席的批評不是針對少奇同志的。《毛澤東選集》第五卷收入這一篇，加上的那個標題，是沒有根據的。」黃崢：《王光美訪談錄》（北京：中央文獻出版社，2006），頁144–146。

事即使是後來任組織部長的郭峰，和具體承辦這項工作的同志也不知道查閱敵偽檔案的目的，查閱結果是按敵偽檔案的原本情況上報的。」[54]

由「新稅制」問題引起權力的重新分配，組織上對劉少奇不信任的表示，這是一個嚴重的信號。而「新稅制」的錯誤，又為批判黨內的「資產階級右傾思想」提供了靶子。

至此，以「糾正脫離黨的統一領導的分散主義和財經工作中表現着的某些資產階級觀點」為財經會議指導思想所針對的對象，就不言自明了。劉少奇有關城鄉資本主義政策的主張受到批評，無疑成了題中應有之義，它預示着劉少奇在黨內第二把交椅的地位可能發生動搖。

由此可見，建國初年這場所謂高崗、饒漱石「反黨」事件，是由毛澤東、劉少奇在建設新民主主義問題上的分歧所引發，而以批判「黨內的資產階級思想」和「分散主義」這種不正常的黨內鬥爭方式導出的悲劇。

值得提及的是，對毛澤東要高崗密查劉少奇奉天被捕一事，2013年，《高崗傳》作者戴茂林發表〈「毛澤東讓高崗查劉少奇檔案」一說辨析〉[55]提出質疑。2016年初，戴又出了一本專著《「毛澤東查劉少奇檔案」真相調查》[56]辨析此事。對於《真相調查》列舉的事實和結論是否「真相」，筆者另寫一篇長文〈評：戴茂林《「毛澤東查劉少奇檔案」真相調查》〉作為回應（詳見本書附五）。

---

54 張秀山：《我的八十五年 —— 從西北到東北》，頁 321。
55 《當代中國史研究》，2013 年第 1 期。
56 戴茂林：《「毛澤東查劉少奇檔案」真相調查》（北京：中共中央黨校出版社，2016）。

第四章

「批薄射劉」的真實場景

對 1953 年的全國財經會議上出現「批薄射劉」的局面，薄一波說「是高崗、饒漱石在會上的串連造成的」。[57] 當年參加會議的張明遠則認為，「毛澤東關於過渡時期總路線的講話，對離開總路線的『右傾』思想的批評，隨即導致人們對薄一波的批評升級，並聯繫到黨內在對待城鄉資本主義經濟問題上的分歧」。[58] 那麼，真實情況究竟如何呢？

點燃「批薄射劉」的「引信」

從現在開始向社會主義過渡的總路線，一般史書都說是 1952 年 9 月，毛澤東在一次中央書記處會議上提出的。實際上這個基本思路，在 1951 年的第一個農業生產互助合作決議草案中就已明顯體現出來了，這就是從現在開始通過互助合作的組織形式，引導農民走

57　薄一波：《若干重大決策與事件的回顧》，上卷，頁 241。
58　張明遠回憶手稿。

向社會主義的集體化道路，逐步消滅農民的個體私有制經濟。決議草案對劉少奇的不同意見，含蓄地作了批評。過渡時期總路線的完整提出，則是 1953 年的事，時機就是全國財經會議期間。

關於全國財經工作會議，薄一波說：「主要是討論關於五年計劃、財政、民族資產階級三個方面的問題，以及財經方面的其他一些具體問題。」會議進行到「第五周星期一 (7 月 13 日)，領導小組舉行擴大會議，有 131 人參加，由我作第一次檢討。從此會議中心轉為批評我的錯誤 …… 這可以說是這次財經會議的一個轉折點。」「討論和批評新稅制，實際上成了會議的中心問題。」[59]

情況果真如此嗎？請看會前對此次會議的準備過程。

這次會議原本是中央財經委員會的例會。對會議要討論的問題，毛澤東在 5 月 6 日給陳雲、薄一波、李富春的信中指示：

> 五月二十日開始的財政會議，應討論些什麼問題，請你們考慮一下，並在發開會通知中寫進去，使各地有所準備。似乎預算問題，增薪問題，縣區鄉財政統一問題，地方財政和大城市財政問題，稅收問題，五年計劃問題，今年下半年經濟安排問題，軍費問題 (楊立三應參加)，均應有所討論，除由你們對每項問題準備方案外，各大區財委最好能在本月中旬召開一次財政會議，收集意見帶來 (已開者如西南當然不要再開)。是否可行，請酌定。[60]

1953 年 6 月 1 日，毛澤東主持召開中央政治局會議，聽取並討論吳波關於修正稅制執行情況及今後稅制修訂的方向的報告。毛澤東批評說：「1952 年 12 月 31 日社論說到公私完全平等，是絕對錯

59 薄一波：《若干重大決策與事件的回顧》，上卷，頁 238–239。

60 毛澤東：〈關於全國財政會議的議題和準備工作給陳雲等的信〉，1953 年 5 月 6 日，載《建國以來毛澤東文稿》，第 4 冊，頁 216。

誤的，落後於孫中山。現暫不批准報告，先聽各地意見。報告可作
為財政部的意見，提交全國財經工作會議。」會議認為：「1952 年
12 月 31 日政務院財經委員會公佈的對稅制的若干修正（政務會議核
准的），在政治上有原則性的錯誤。同時，這一問題事前未向中央請
示，也未提交中央討論，在組織上也是錯誤的。」會議決定：「6 月
11 日召開的全國財政會議前已決定由薄一波同志準備，現決定由周
恩來同志主持。」[61] 6 月 5 日，毛澤東指示楊尚昆：「此五件請印發各
同志。總題目為：一九五三年一月至二月間關於新稅制問題的幾個
文件。」[62] 這五個文件是：中共中央山東分局第二書記向明等關於在
執行新稅制過程中物價調整草率造成市場混亂的情況的電報；北京
市委關於新稅制施行的反映；毛澤東關於新稅制問題給周恩來、陳
雲、薄一波的信；政務院財政經濟委員會副主任薄一波的回信；中
央人民政府財政部副部長吳波等關於新舊稅制的利弊及此次物價波
動的原因的報告。這就明確表明，把「新稅制」作為會議中心交付討
論，就毛澤東而言，不只會前已成定局，而且對「新稅制」的錯誤性
質，中央政治局會議已有定論。薄一波也曾回憶說：「這次全國財
經會議，起初是按照中財委的例會進行準備的，後來改由周總理主
持，實際上變成了中央召開的全黨性質的重要會議。」[63]

那麼，財經會議究竟要解決什麼問題呢？

應該說，前引鄧小平的那段話已經說明白了，即會議的方針是
以黨在過渡時期的總路線，糾正脫離黨的統一領導的分散主義和財
經工作中表現着的某些資產階級觀點。

61　中共中央文獻研究室編：《毛澤東年譜（1949–1976）》，第 2 卷，頁 107–
　　108；中共中央辦公廳通知（抄件），1953 年 6 月 2 日。國防大學黨史黨建政
　　工教研室資料室存。

62　《建國以來毛澤東文稿》，第 4 冊，頁 245。

63　薄一波：《若干重大決策與事件的回顧》，上卷，頁 238。

　　所以，6 月 13 日，全國財經會議開幕，會議的第三天（15 日），
毛澤東主持召開中央政治局會議，作黨在過渡時期的總路線的報
告[64]，顯然不是偶然的。毛澤東說：「從中華人民共和國成立，到社會
主義改造基本完成，這是一個過渡時期。黨在過渡時期的總路線和
總任務是要在十年到十五年或者更多一些時間內，基本上完成國家
工業化和對農業、手工業、資本主義工商業的社會主義改造。」

　　在這之前，毛澤東曾說過，過渡的起點是 1953 年。但在這裏，
明確提出是從中華人民共和國成立時起。關於完成的時限，毛說：
「考慮來考慮去，講十年到十五年或者更多一些時間比較合適。根據
幾年來的經驗，大概十年到十五年是一定需要的。」

　　接着，毛強調了：「黨在過渡時期的總路線是照耀我們各項工
作的燈塔。不要脫離這條總路線，脫離了就要發生左傾和右傾的錯
誤。」毛批評説：

　　　　有人認為過渡時期太長了，發生急躁情緒。這就要犯
　　「左」傾的錯誤。現在基本建設、農業、手工業、資本主義工
　　商業方面都有急躁情緒，比如急於要多搞合作社，「五反」後
　　對資本家進攻沒有停止，使工人階級自己處於進退兩難地位。
　　　　有人在民主革命成功以後，仍然停留在原來的地方。他
　　們沒有懂得革命性質的轉變，還在繼續搞他們的「新民主主
　　義」，不去搞社會主義改造。這就要犯右傾的錯誤。就農業來
　　説，社會主義道路是我國農業唯一的道路。發展互助合作運
　　動，不斷地提高農業生產力，這是黨在農村中工作的中心。

　　在這所謂的兩種傾向中，毛澤東着重批評的是「右傾」。他認
為，「右傾的表現有這樣三句話」：

64　毛澤東：〈在中共中央政治局會議上的講話〉，1953 年 6 月 15 日，載中共
　　中央文獻研究室、中央檔案館主辦：《黨的文獻》，2003 年第 4 期。

一是「確立新民主主義社會秩序」。這句話最初寫在周恩來 1953 年 2 月 4 日向全國政協一屆四次會議的政治報告裏。原文是：「以上這些成就〔指建國三年來取得的成就 —— 引者注〕，説明我國的新民主主義社會秩序已經確立。」毛澤東審閲時刪去了這句話。

毛澤東批評説：

> 「確立新民主主義社會秩序」。這種提法是有害的。過渡時期每天都在變動，每天都在發生社會主義因素。所謂「新民主主義社會秩序」，怎樣「確立」？要「確立」是很難的哩！比如私營工商業，正在改造，今年下半年要「立」一種秩序，明年就不「確」了。農業互助合作也年年在變。過渡時期充滿着矛盾和鬥爭，是變動很劇烈很深刻的時期。我們現在的革命鬥爭，甚至比過去的武裝革命鬥爭還要深刻，要在十年到十五年使資本主義絕種。「確立新民主主義社會秩序」的想法，是不符合實際鬥爭情況的，是妨礙社會主義事業的發展的。[65]

二是「由新民主主義走向社會主義」。這句話是 1952 年 1 月 5

---

65 有的學者認為：毛澤東批評「確立新民主主義社會秩序」，不等於也批評了劉少奇的「鞏固新民主主義制度」。見：范守信、許廣亮：〈對劉少奇「鞏固新民主主義制度」的考證與分析〉，載《中共中央黨校學報》，1998 年第 4 期；黃崢：〈論劉少奇的新民主主義階段論〉，載《上海黨史與黨建》，2001 年第 6 期。《毛澤東年譜（1949–1976）》，第 2 卷，頁 109 載有如下文字：1953 年 6 月 5 日晚，在中南海西樓會議室主持召開中共中央政治局擴大會議。會議談到民族問題（綏遠與內蒙古）、過渡時期與所謂鞏固新民主主義秩序問題。這段文字顯然是對「鞏固新民主主義秩序」的否定。事實上 1953 年 2 月，毛澤東南下視察在武漢的談話，根據王任重的記錄談話要點，第一個問題就説：有人説「要鞏固新民主主義秩序」，還有人主張「四大自由」，我看都是不對的，新民主主義是向社會主義過渡的階段。見傅大章：〈關於毛澤東同志 1953 年 2 月視察安慶時講話的回憶〉，載中共安徽省委黨校編：《理論戰線》（內部刊物），第 96 期。可見，認為毛澤東並未批評「鞏固新民主主義社會秩序」的論證是沒有根據的。

日，周恩來在全國政協第 34 次常委會講到對私人資本主義經濟實行
利用、限制政策時說：

> ……私人資本主義經濟的存在和發展，是要在國家經濟
> 領導之下的。因之他們在國家、社會和經濟生活中是有可為
> 的方面亦有不可為的方面；有被允許發展的方面亦有被禁止
> 發展的方面的。凡有利於國計民生的私人經濟事業，就容許
> 發展；凡不利或者有害於國計民生的私人經濟事業，就不容
> 許發展；凡能操縱國計民生的經濟事業，就應由國家統一經
> 營。這是《共同綱領》規定了的。只有這樣，中國經濟的發展
> 道路才能由新民主主義走向社會主義。[66]

毛澤東批評說：

> 「由新民主主義走向社會主義」。這種提法不明確。走向
> 而已，年年走向，一直到十五年還叫走向？走向就是沒有達
> 到。這種提法，看起來可以，過細分析，是不妥當的。

　　三是「確保私有財產」。這句話出自 1951 年 2 月 1 日和 3 月 11
日，華東軍政委員會和中南軍政委員會頒佈的關於春耕生產十大政
策的佈告。核心是保護農民在土地改革中獲得的果實。佈告規定：
「凡在土地改革地區農民分得之土地財產，非土改區農民在清匪反
霸減租退押中退得之所有財物，政府一律予以保護，佃權予以保
證，如有不法地主非法倒算勝利果實，藉故奪佃者，依懲治不法地
主條例嚴懲不貸。」1951 年 11 月 12 日，鄧子恢在中南軍政委員會
第四次會議上做工作報告，當談到 1951 年農業取得全面豐收的原

66　周恩來：〈「三反」運動與民族資產階級〉，1952 年 1 月 5 日，載《周恩來選
　　集》，下卷，頁 82。

因時說：首先是由於進行清匪、反霸、減租退押、土地改革等正確政策，削弱與消滅了封建土地所有制，解放了農業生產力；其次是人民政府及時頒佈了春耕生產十大政策確保了農民土地所有制，安定了他們的生產情緒……1952年3月22日，中南軍政委員會頒佈《關於1952年農業生產十大政策的佈告》[67]，進一步完善了對保護農民私有財產的規定，即：「農民在土地改革中所分得的土地、房屋、農具、糧食等鬥爭果實，一律歸新得戶所有，產權財權已定，不再變動，並允許各人自由經營，自由處理」。以上表明，「確保私有財產」，是出於保護農民獲得的土改成果不受侵犯提出來的。

毛澤東批評：

> 「確保私有財產」。因為中農怕「冒尖」，怕「共產」，就有
> 人提出這一口號去安定他們。其實，這是不對的。

以上被批評為「右傾」的三句話，其實都是在毛澤東提出從現在開始向社會主義過渡的設想以前說的和做的。這幾句話的思想，與中共七屆二中全會確定建設新民主主義的建國綱領，和此後經全國政協第一次會議通過的《共同綱領》的精神是完全一致的，因而是正確的。毛澤東所作的批評，實際上是把建設新民主主義同向社會主義過渡對立起來，是對自己創立的新民主主義理論的批判，並對此後中國經濟社會的發展造成了長遠的影響。

對如何用逐步改造的方法，完成對生產資料私有制的社會主義改造，毛澤東說：這對農業、手工業的集體化、合作化，比較好懂。如何將資本主義工商業逐步改造過渡到社會主義好多人不懂。因此，毛著重講了對資本主義工商業的改造問題。他說：

---

67 〈粵中區專員公署農建科翻印〉（複印件），國防大學黨史黨建政工教研室資料室存。

　　我們根據過去四年的經驗，資本主義企業中社會主義因素是逐年增長的。私營商業，可以逐年擠掉……向兩邊擠：(一) 商業資本向工業擠，他們剩下的錢可以搞工業；(二) 店員我們接受過來，先救濟後就業。私營工業，社會主義因素也可以逐年增長。兩種國家資本主義，都有社會主義因素。高級是公私合營，是半社會主義性質，或者社會主義因素更多一點。低級的是加工訂貨，兩頭和中間都卡住了……不要認為資本主義經濟十五年原封不動，社會主義因素在資本主義企業中是逐年增長的。不要總把資本主義經濟看成一塊鐵板，看成是不變化的。

　　幾年來經驗證明，資產階級的基本部分，或者說多數，是可以教育的。他們是民主人士，可以教育。榮毅仁說，資本家分三種人，一是自願進社會主義的，二是被拉進社會主義的，三是被社會主義掃掉的。他希望頭兩種人多些。

　　資本主義企業的數量不可忽視，其作用是不小的。它有工人和店員三百八十萬，而國營企業也只有工人和店員四百二十萬，超過它不多。資本主義企業數量很多，目前少不了它，而我們又有辦法逐年把它改造為社會主義企業。目前一腳踢開資本主義企業是不行的，我們也沒有資格……統籌兼顧完全必要，以便我們集中主要精力做國營企業的工作，集中力量搞國防，搞重工業。對資本主義企業不是置之不管，而是做教育工作，使資產階級削尖腦袋要來找我們可以逐步改造。

　　要把資產階級看成是一個敵對階級，不這樣看就要犯錯誤。另方面，要看到資產階級分子是可以改造的。不要忘記一個政治條件，就是政權在我們手裏，因而我們有本領有能力來改造他們。我們已經有了半社會主義的公私合營的經

驗,這給了資本家一個榜樣。過去我們是漢文帝的辦法,西
向讓三,南向讓再,不得已做了皇帝。今後公私合營每年都
要發展。國營企業和公私合營企業在經濟上大為優勝,就有
可能吸引大批資本家要求合營。現在有了政治條件和經濟優
勢這兩條,使得資本家不能不服我們,不能不接受我們的領
導,願意同我們合作,願意接受合營。現在有許多問題需要
解決,需要統一領導,免得政出多門。[68]

毛澤東的長篇講話,概括起來,核心是「要在十年到十五年使
資本主義絕種」。那種繼續搞新民主主義的主張,所以被批評為「右
傾」,恰恰是不符「使資本主義絕種」這個總路線的基本思想。這顯
然是對包括劉少奇 1951 年在第一次全國組織工作會議中提出的「現
在為鞏固新民主主義制度而鬥爭」、新稅制講公私一律平等納稅的錯
誤在內的定性。

逄先知、金沖及在《毛澤東傳(1949-1976)》中指出:「全國財
經會議一開始,毛澤東就在政治局會議上發表一篇系統闡述過渡時
期總路線的講話,很顯然,他是要以這條總路線為指導,通過對財
經工作中存在的某些缺點和錯誤的批評和討論,把大家的思想統一
到這條總路線上來。」[69]

可見,在毛澤東看來,「新稅制」的問題反映了黨內相當多數
的高級幹部,思想仍停留在民主革命階段,在繼續搞什麼新民主主
義,與他從現在開始向社會主義過渡的思想相去甚遠。因此,他決
心在全國財經會議上,以「新稅制」為靶子,展開一次對「黨內資產

---

[68] 毛澤東:〈在中共中央政治局會議上的講話〉,1953 年 6 月 15 日,載《黨的
文獻》,2003 年第 4 期。

[69] 逄先知、金沖及主編:《毛澤東傳(1949-1976)》,上(北京:中央文獻出
版社,2003),頁 256。

階級思想」的批判，以喚起黨內高級幹部的社會主義覺悟。

以上表明，會中所以出現「批薄射劉」的局面，並不像薄一波說的那樣簡單，只是「高崗利用財經會議批判新稅制錯誤之機，利用黨內存在的分歧和矛盾，在會上進行時而隱蔽時而半公開的串連、鼓動，首先把攻擊矛頭對着我，並採用含沙射影的手法，實施他的『批薄射劉』的詭計，把矛頭進一步指向少奇同志。」[70] 實質上，這是毛澤東關於過渡時期總路線報告的題中應有之義。

會議氛圍和高崗的發言

參加這次全國財經工作會議的有：中央各部門負責人，各大區、各省市委和財委的負責人，加上列席會議的共 163 人。會議的議程是：第一，財政問題；第二，第一個五年計劃問題；第三，利用、限制、改造資本主義工商業問題。

6 月 12 日，周恩來在預備會議上作報告，介紹國際形勢、建設新中國的基本情況和會議所要進行的工作上政策上的檢查。周恩來指出：搞經濟建設，就必須把財經工作搞好。這次會議的中心議題是財政問題，準備解決中央提出的以及各地有意見並且能夠解決的一些問題。解決的方針是開展批評與自我批評，充分聽取各地的意見，然後加以集中寫成決議。強調：我們新民主主義的制度是一個過渡的制度。這個社會是一個過渡的社會，這個過渡時期的每時每刻都在增長社會主義成分，國家的經濟發展就是增加社會主義成分，走完了這個過渡階段就到達了社會主義社會。現在，能不能勝利的問題已經解決了，我們已經取得了全國的勝利，而且已經把帝

70　薄一波：《若干重大決策與事件的回顧》，上卷，頁 311。

國主義加來的壓力打退了。能不能恢復經濟的問題亦已解決了，三年的經驗證明，我們能恢復。目前擺在我們面前要解決的問題是能不能在政治上鞏固我們已得的勝利，能不能建設新中國，並逐步過渡到社會主義。[71]

需要指出的是，周恩來這段講話值得注意的是：第一，「這次會議的中心議題是財政問題，準備解決中央提出的以及各地有意見並且能夠解決的一些問題。解決的方針是開展批評與自我批評，充分聽取各地的意見」；第二，「我們新民主主義的制度是一個過渡的制度」。這裏透露出的重要信息，一是對中央提出的以及各地有意見的財政問題，要開展批評與自我批評；二是在毛澤東關於過渡時期總路線報告之前，就已明確無誤地否定了劉少奇「鞏固新民主主義制度」的提法。

所以，會議雖有三項議程，實際上一開始就集中到「新稅制」的討論和批評，其他兩項議程（第一個五年計劃和對資本主義工商業的利用、限制、改造問題），基本上沒有展開討論。原定半個月的會，足足開了兩個月（從 6 月 13 日到 8 月 13 日）。

對會議出現「批薄射劉」的情況，當事人薄一波的回憶說，在分組討論中，高崗等人看到對新稅制意見較多，就鼓動一些同志「放炮」，進行不適當的責難。[72]

據參加會議的張明遠回憶，真實情況是，起初，從大會發言來看，只是針對中財委的工作提出批評，如中央對地方照顧不夠，統得過多、過死等。李先念在發言中舉例說，下邊連針頭線腦都沒權掌握，困難很多。重工業部部長王鶴壽發言批評薄一波不支持東北建設。高崗事先對東北代表交代說，東北代表不要先發言，要謙虛

71　《周恩來年譜（1949–1976）》，上卷，頁 307。

72　薄一波：《若干重大決策與事件的回顧》，上卷，頁 239。

謹慎、提意見時不要太尖銳。[73]「毛主席關於總路線的講話在財經會議作了全面傳達。」「財經會議按照總路線的精神，批評薄一波的錯誤，重點是批評新稅制，同時也批判資產階級右傾思想。」[74] 於是就有毛澤東要薄一波在會上做檢查的指示。

　　7 月 12 日夜，周恩來寫信給薄一波，傳達了毛澤東的意圖。信中說：

> 　　昨夜向主席彙報開會情形，他指示領導小組會議應該擴大舉行，使各方面有關同志都能聽到你的發言，同時要展開桌面上的鬥爭，解決問題，不要採取庸俗態度，當面不說背後說，不直說而繞着彎子說，不指名說而暗示式說，都是不對的。各方面的批評既然集中在財委的領導和你，你應該更深一層進行檢討自己，從思想、政策、組織和作風上說明問題，並把問題提出來，以便公開討論。此點望你在發言中加以注意。[75]

　　7 月 13 日，薄一波在擴大的第 13 次領導小組會議上作第一次檢討。會議氣氛立刻變得緊張起來，原來只在領導小組範圍對薄一波進行批評，一下變成在大會上進行，其聲勢自然就大不一樣了，薄一波成了「桌面上鬥爭」的集中目標。

　　張明遠回憶說：「印象中，對薄一波的批評持續了大約兩個多星期，由對新稅制的批判，到對『確立新民主主義秩序』等觀點的批判，聯繫到劉少奇在天津對資本家的講話及關於東北富農問題的講話，到七月中旬，出現了『批薄射劉』的局面。這段時間，有些人的

73　張明遠：《我的回憶》，頁 379。

74　張明遠回憶手稿。

75　薄一波：《若干重大決策與事件的回顧》，上卷，頁 240。

發言相當尖銳，如黃克誠[76]批評薄一波有圈子；李先念說薄一波是
『季諾維也夫』[77]；譚震林[78]拍着桌子說他是『布哈林[79]式的人物』；饒漱
石的發言也很激烈。」[80]

　　談及 8 月 10 日高崗在會上的發言，張明遠回憶說：

　　　　相比之下，高崗的發言還是比較緩和的。他認為會議
　　期間東北很突出（意思是東北成就受到各大區重視），今後
　　東北的工作要更謹慎，防止薄一波他們抓辮子，打擊報復。
　　認為黃克誠發言中說薄一波有圈子，擊中了要害，希望有人
　　在會上進一步揭發薄一波的問題；劉瀾濤發言平淡、軟弱無
　　力，明批實保。譚震林發言尖銳。高崗對薄一波的檢討很不
　　滿意，曾對我說，他的發言要挖薄一波的老底。我提醒他，
　　發言要謹慎，涉及到少奇的問題要請示毛主席。高崗的發言

76　黃克誠，1902 年生，1925 年加入中國共產黨，時任人民解放軍副總參謀長
　　兼總後勤部部長、政委，1986 年病故。
77　季諾維也夫（Grigory Zinoviev，1883–1936），共產國際執行委員會首任主
　　席，蘇聯共產黨早期領導人，聯共（布）黨內新反對派的主要代表之一。
　　1936 年和加米涅夫一起被處決。蘇聯最高法院於 1988 年 6 月 13 日宣佈撤
　　消了 1936 年對格里戈里‧季諾維也夫的判決，並為其恢復名譽。
78　譚震林，1902 年生，1926 年加入中國共產黨，時任中共中央華東局第三書
　　記、華東軍政委員會副主席，中共浙江省委書記，省人民政府主席，1983
　　年病故。
79　尼古拉‧伊萬諾維奇‧布哈林（Nikolai Bukharin，1888–1938），聯共（布）
　　黨和共產國際的領導人之一，馬克思主義理論家和經濟學家。曾任聯共
　　（布）黨中央委員會委員和政治局委員，共產國際執行委員會委員、主席團
　　委員、政治書記處書記。《真理報》主編。曾經被譽為蘇共「黨內頭號思想
　　家」。列寧逝世後，他同斯大林站在一起，在戰勝「新反對派」和托季聯盟
　　的鬥爭中起了重要作用。後由於和斯大林的政見分歧於 1929 年被解職和開
　　除蘇共。大清洗時被處決。
80　張明遠回憶手稿。

稿是他找幾個人研究後，由馬洪起草的，經過張聞天修改，
事先徵求我的意見，言詞並不尖銳。據高崗説，他的發言
稿不但請周總理看過，還經過毛主席審閱修改，也給少奇看
過，他還同少奇當面交換了意見，他向少奇表示，為了弄清
是非，即使因此受處分，去當縣委書記，也要堅持原則鬥爭
到底。還説這一次少奇同意了他的意見和發言。這些話給我
的印象是，他與少奇的爭論，毛主席是知道的；因為不便在
會上公開批評少奇，所以借批薄一波來間接批評少奇，這也
是毛主席同意了的。[81]

　　高崗秘書趙家梁回憶説：「高崗在財經會議上的發言稿，是我們
幾個人參加起草的。高崗説，我的發言要站得高些，要從思想上、
理論上批判薄一波。財經會議的第二天，毛主席在報告中講了過渡
時期總路線，講了要批判資產階級右傾思想。我們在起草高崗的
講話時，注意到了與毛主席講話的一致性，有的話確實不是單純批
薄，而是批劉少奇右傾。這個稿子拿出來後，毛主席、周總理看後
都是同意的，毛主席還在『右傾』之前添了『資產階級』四個字。」[82]
其中涉及「批薄射劉」的內容是：

　　　　在農村的經濟政策上，一波抵制黨中央和毛主席歷來主
　　張的「由個體逐步地向着集體方向發展」的合作互助運動的方
　　針，認為這是一種空想，而把農村經濟的發展，實際上指望
　　於富農經濟的發展。

　　　　薄在 1950–1951 年時，曾宣傳説：中國主要是貧農，黨
　　在農村的主要任務是發展農業生產，這當然是對的。但他對

81　張明遠回憶手稿。

82　戴茂林、趙曉光：《高崗傳》（西安：陝西人民出版社，2011），頁 304。

農業發展道路的看法則是錯誤的。薄說，要發展農業生產，就要提高農民的積極性，而現在農村障礙農民積極性的是怕冒尖的思想，要使農民不怕冒尖，就要發展富農，這樣農民才有奔頭；如果農民對當富農還有顧慮，共產黨員就可以雇工。並說，有十萬八萬黨員當了富農，有什麼可怕！到社會主義時，他們願意跟着黨走，那自然好，不願跟着黨走，還可以開除出去。在 1950 年 4 月的政治局會議上，他也宣傳過這種觀點，在座的參加會議的同志還記得，我就起來不同意這個意見，主席批評說這是走法國的道路。

　　薄在 1951 年黨的生日寫的紀念文章中，把合作化的道路說成「是一種完全的空想」。因為目前的互助組，是以個體經濟為基礎的，它不能在這樣的基礎上逐漸發展到集體農場，更不能由這樣的道路在全體規模上使農業集體化。有很多人說，現在土地沒有國有化，又沒有拖拉機，因此就不能搞合作化。李立三也有這種觀點。那麼農民在推翻地主之後，實現集體化之前究竟走什麼道路呢？薄避而不談，農民把地主鬥倒了，取得了土地以後，是有冒尖的思想，幾千年的個體經濟是農民走的老路。我們能不能引導農民經過合作的道路而達到集體化呢？是不是一定要富農雇工呢？農民就是知道「穀物滿倉、牛羊滿圈、黃金萬兩」。他們總是想由貧農變成中農，由中農變成富農。他們不知道新的方向，而我們則應該引導他們向這個新的道路上走。

　　高崗發言以後，薄一波曾去找他交換意見，認為有些問題提得太高了。高崗拿出發言稿給他看，上面有多處毛主席批改的地方，提到薄一波的錯誤是資產階級右傾思想。[83]

83　張明遠回憶手稿。

　　有關饒漱石在財經會議上的發言，迄今未見有具體文字披露。饒漱石在財經會議期間的活動，饒在後來寫的檢討材料中說：

> 　　在財經會議期間，高崗同志在會議休息時間內，不止一次地同我談到安子文「用人不當，敵我不分」。7 月中旬，財經會議轉入對薄一波同志展開批評後，陳正人同志發現安子文同志有幾天未到會，也向我談起安子文同志有用人不當的錯誤，並說：「我和計劃委員會都懷疑如果組織部的工作不加改進，能否從黨的組織上保證國家計劃的執行。」本來，我自去年 3 月後，對安子文同志提出的某種名單已有錯覺，聽了高、陳等人這些話後，更增加了我對安子文同志的錯誤認識。因而，我就在 7 月 22 日組織部的部務會議上，對安子文同志表示極為不滿，並且不問情由和不擇手段地加以嚴厲指責。其目的一方面是促使安子文同志對財經會議表明他對薄一波同志的態度，一方面也是借此在高、陳等同志面前表明，我與安子文同志並不一致，以求得他們對我的諒解。[84]

　　在 7 月 24 日晚間召開的財經會議領導小組會議上，饒漱石突然質問高崗，「三月名單」（指安子文草擬的中央政治局委員名單）究竟是怎樣一回事？[85]

　　在 8 月 11 日的總結會議上，劉少奇作了自我批評，除檢查「鞏固新民主主義制度」等錯誤觀點外，還檢查了關於土改、和平民主新階段、天津講話等問題上的錯誤。[86]

　　由上可見，把財經會議上掀起「批薄射劉」風潮，說是高崗挑

84　戴茂林、趙曉光：《高崗傳》，頁 313–314。

85　同上，頁 315。

86　毛澤東在 8 月 12 日的講話中說：「在這次會議上，劉少奇說有那麼一點錯誤。」《毛澤東選集》，第 5 卷（北京：人民出版社，1977），頁 96。

撥、煽動而起，並不是歷史的真實。劉少奇所以在會上作自我批評，顯然並不是來自高崗的壓力。

周恩來的結論和毛澤東的定性

有關財經會議的過程，有一個「搬兵」說的插曲。薄一波回憶說：

> 由於高、饒的干擾，會議後期走偏了方向，與毛主席的原意大相徑庭。毛主席希望早點結束會議，要周總理儘快做結論。但是，會上批評我的調子一直居高不下。我既然已意識到高、饒絕不僅僅是攻擊我，而且進而攻擊劉、周，為了不使事態擴大到中央領導核心，我決定再不多說一句話。當時會上要我作第三次檢討，我拒絕了。
>
> 在這種情況下，周總理確實是很難作結論的。他是會議主持者，話說輕了，會上已是那種氣氛，不大好通過，且有開脫、庇護之嫌；話說重了，就會為高、饒利用。最後還是毛主席出了個主意，他對周總理說：結論做不下來，可以「搬兵」嘛！把陳雲、鄧小平同志請回來，讓他們參加會議嘛！[87]

時任中央辦公廳主任的楊尚昆也說：「毛主席看到會議偏離了方向，就交代我打電話到北戴河『搬兵』，請正在那裏休息的陳雲、鄧小平火速回來參加會議。」[88]

87 薄一波：《若干重大決策與事件的回顧》，上卷，頁 243。
88 楊尚昆：《追憶領袖戰友同志》（北京：中央文獻出版社，2001），頁 290。

　　以上兩位的「搬兵」說與周恩來、陳雲、鄧小平、毛澤東四位領導人的《年譜》比照來看，有很多矛盾。其一，楊尚昆說，毛澤東「交代我打電話到北戴河『搬兵』」；周《年譜》記載：「毛澤東指示周恩來『搬兵』。把陳雲、鄧小平從外地請回來參加會議」。其二，具體時間，薄一波說「會議後期」；周《年譜》寫「7月下旬」，並說「七月二十七日陳雲回京」。乍看起來，此說與薄一波的說法大體相符，但陳《年譜》記載陳雲回京的時間是7月23日，按此推算「搬兵」的指示應在7月20日左右，這時距離7月13日薄一波按毛澤東指示在大會作檢查才一周，距離8月13日會議結束還有20多天，說「會議後期」很勉強。其三，鄧《年譜》記的是：「8月3日提前結束休養，返回北京，參加全國財經會議。」未寫「搬兵」字樣。其四，毛《年譜》既無「指示」的確切日期，也無「指示」的具體內容，寫的是：7月25日「上午，同陳雲談話。陳雲提前結束在北戴河休假，二十三日返回北京。八月三日，鄧小平提前結束在北戴河的休假返回北京。他們是根據毛澤東的『搬兵』指示回京出席全國財經工作會議的。」[89]看來，為會議降溫，請陳雲、鄧小平到會發言是事實，但毛澤東是否有「搬兵」之說，以上四人年譜均未寫有毛澤東的指示原文。

　　《高崗傳》的作者戴茂林和魏子楊寫有專文，〈一九五三年全國財經會議「搬兵」之我見〉提出質疑，文中指出：「陳雲早在7月23日就由北戴河返回北京，24日就參加了會議，而不是8月初發生『搬兵』問題後才參加會議的。」[90]據《陳雲年譜》記載，陳雲返回北京後，

89　《周恩來年譜（1949–1976）》，上卷，頁316；中共中央文獻研究室編：《陳雲年譜（1905–1995）》，中卷（北京：中央文獻出版社，2000），頁170；中共中央文獻研究室編：《鄧小平年譜（1904–1974）》，中卷（北京：中央文獻出版社，2009），頁1126；《毛澤東年譜（1949–1976）》，第2卷，頁137。

90　戴茂林、魏子楊：〈一九五三年全國財經會議「搬兵」之我見〉，載《中共黨史研究》，2012年第11期。

「7 月 24 日晚，出席全國財經會議領導小組會議。」「7 月 25 日上午，去毛澤東住所談話。」「7 月 28 日晚，與周恩來同薄一波談話。」「7 月 29 日、30 日，先後兩次參加周恩來、朱德同高崗、李富春等人的談話。」[91] 據張明遠回憶，陳雲在北戴河休養期間，高崗曾去北戴河探望陳雲。張說：「7 月 20 日左右，休會三天，高崗和一些同志去北戴河看望陳雲，向陳雲談了會議的情況，希望他能發言。陳雲表示，中財委的問題，不全是薄一波的責任，他也有責任。」[92]

而「鄧小平是在 7 月 17 日離開北京前往北戴河修養，8 月 3 日返回北京參加全國財經會議」。「陳雲和鄧小平的發言並不是在高崗 8 月 7 日『批薄射劉』發言之後，而是在此之前的 8 月 6 日。」[93]

可見，把陳雲、鄧小平在會上的講話和高崗聯繫在一起，確實牽強。

陳、鄧二位的講話，就對薄一波的錯誤性質而言，確實比較低調。如，陳雲說：「同志們在會議上提出中財委內部是否有兩條路線的問題。我以為在工作中間個別不同的意見是不會沒有的，在一起做了四年工作，如果說沒有一點不同的意見，當然不行，這些意見，也不能說他的都是錯誤的，我的都是對的，也不能說他的都是對的，我的都是錯。總的說起來，我在今天這樣的會議上不能說中財委有兩條路線。」[94] 鄧小平說：薄一波同志的錯誤是很多的，可能不是一斤兩斤，而是一噸兩噸。但是，他犯的錯誤再多，也不能說成是路線錯誤。把他這幾年在工作中的這樣那樣過錯說成是路線錯誤是不對的，我不贊成。[95]

91 《陳雲年譜（1905–1995）》，中卷，頁 170–171。
92 張明遠：《我的回憶》，頁 382。
93 戴茂林、魏子楊：〈一九五三年全國財經會議「搬兵」之我見〉，《中共黨史研究》，2012 年第 11 期。
94 薄一波：《若干重大決策與事件的回顧》，上卷，頁 243–244。
95 同上，頁 244。

　　但是，從會議對新稅制問題的基調來說，有沒有如「搬兵」說那樣，真的降低下來呢？請看周恩來的結論和毛澤東的講話是怎樣說的。

　　8 月 11 日，周恩來在會上所作的結論，是經毛澤東審閱改定的。結論承擔了修正稅制犯了分散主義錯誤的責任；違反了黨的二中全會決議規定的原則，是在經濟戰線上一種右傾機會主義思想的表現，是資產階級思想在黨內的反映。周恩來說：

> 黨的統一領導的原則，在任何時候都必須堅持，黨中央和毛澤東同志歷來總是強調黨的統一領導，反對各個黨的組織和黨員個人向黨鬧獨立性，反對無政府無紀律的錯誤傾向，反對分散主義，這決不是偶然的。這次稅收、商業、財政、金融工作中所犯的許多錯誤，是與向黨鬧獨立性、與無政府無紀律的錯誤傾向、與分散主義離不開的，修正稅制及其他許多違反黨的原則的措施，不向黨中央請示，不與地方黨委商量，亦不考慮有關部門的不同意見就獨斷專行地加以實施，而修正稅制竟反與資產階級代表人物事先取得協議，離開了黨的立場，這都是分散主義發展起來的必然惡果。

　　進而指出：「修正稅制的錯誤，是違反黨的二中全會決議在這個方面所規定的原則的錯誤。」「這正是在經濟戰線上一種右傾機會主義思想的表現，正是資產階級思想在黨內的反映。」[96]

　　8 月 12 日，毛澤東到會講話，重點有兩個方面：一是強調「要在黨內開展反對資產階級思想的鬥爭」；二是要「反對分散主義」。毛澤東說：

96　《中共黨史參考資料》，第 20 冊，頁 136、137、139。

對於財經工作中的錯誤，從去年十二月薄一波同志提出「公私一律平等」的新稅制開始，到這次會議都給了嚴肅的批評，新稅制發展下去，勢必離開馬克思列寧主義，離開黨在過渡時期的總路線，向資本主義發展。

過渡時期，是向社會主義發展，還是向資本主義發展？按照黨的總路線，是要過渡到社會主義。這是要經過相當長期的鬥爭的。新稅制的錯誤跟張子善的問題不同，是思想問題，是離開了黨的總路線的問題。要在黨內開展反對資產階級思想的鬥爭……

薄一波的錯誤，並不是孤立的，不僅在中央有，在大區和省市兩級也有。各大區和省市要開一次會，根據七屆二中全會的決議和這次會議的結論，檢查自己的工作，藉以教育幹部。

薄一波的錯誤，是資產階級思想的反映。它有利於資本主義，不利於社會主義和半社會主義，違背了七屆二中全會的決議。

毛澤東在列舉了二中全會決議關於依靠工人階級，利用、限制資本主義經濟，關於個體農業經濟和手工業經濟實行合作化的規定後，指出：「這是一九四九年三月的決議，但是相當多的同志不注意，當作新聞，其實是舊聞。薄一波寫了〈加強黨在農村中的政治工作〉的文章，他說：個體農民經過互助合作到集體化的道路，『是一種完全的空想，因為目前的互助組是以個體經濟為基礎的，它不能在這樣的基礎上逐漸發展到集體農場，更不能經由這樣的道路在全體規模上使農業集體化。』這是違反黨的決議的。」

毛澤東號召：

為了保證社會主義事業的成功，必須在全黨，首先在中

央、大區和省市這三級黨政軍民領導機關中，反對右傾機會
主義的錯誤傾向，即反對黨內的資產階級思想。各大區和省
市要在適當時機召集有地委書記、專員參加的會議，展開批
評討論，講清楚社會主義道路和資本主義道路的問題。

　　為了保證社會主義事業的成功，必須實行集體領導，反
對分散主義，反對主觀主義。[97]

　　毛澤東這個講話，不只嚴厲批評了薄一波在「新稅制」問題上的
錯誤，還點了他在農業互助合作問題上的錯誤，並要在全黨展開對
黨內資產階級思想的批判。無疑是要在黨內的高級幹部中作一次全
面的思想清理，以掃除與總路線不合拍的思想障礙。這顯然不只點
了薄一波，而且是點了劉少奇，只不過沒有直呼其名罷了。

　　據張明遠回憶，財經會議期間，會內會外曾出現一些流言：
「批薄另有後臺」，「財經會議有兩個司令部」等。毛澤東在一次中
央政治局擴大會議上講話說：這次會開得不錯，各大區能把意見擺
出來，對今後的工作有很大的幫助。有人說這次批評薄一波另有後
臺，說財經會議有兩個司令部，這話不對。如果說有後臺的話，這
個後臺是誰呢？那就是我。只有一個司令部，我就是司令。我雖然
沒有參加會議，但對會議上的事情我都知道，總理的總結代表了我
的意見。[98]

　　對這次全國財經會議，在統一黨內思想起到的作用，毛澤東

97　毛澤東在 1953 年夏季全國財經會議上的講話，1953 年 8 月 12 日。《毛澤
　　東選集》，第 5 卷，頁 90–94。

98　張明遠回憶手稿。趙家梁、張曉霽：《半截墓碑下的往事：高崗在北京》，
　　頁 136 引用的文字是：在會議期間召開的一次會上，毛澤東說：「有人說，
　　這次會議有兩個司令部，說批薄一波另有後臺。這種說法是錯誤的！我雖
　　然沒有參加會議，但對會議的情況完全清楚。如果說有後臺的話，這個後
　　臺是誰呢？那就是我！沒有兩個司令部，只有一個司令部，我就是司令！」

在 8 月 12 日前寫的講話提綱中寫道:「檢查中央的工作,獲得了一致的意見,決定了問題,七大以來的首次,是代表會議性質的會議。」[99]

11 月,在一次講話中更明確說過:「總路線的問題,沒有七、八月間的財經會議,許多同志是沒有解決的。七、八月的財經會議主要就是解決這個問題。」[100] 一語道出了毛澤東的初衷。

上述財經會議的全過程表明,「批薄射劉」場景的出現,是以總路線統一高層思想的必然,且高崗發言的時間已接近會議尾聲,一定要說高崗是挑動「批薄射劉」的禍首,顯然與史實不符。

那麼,高崗在財經會議期間,在「批薄射劉」中有沒有起什麼作用呢?張明遠回憶說:

> 就我所知,在會議期間,高崗確有一些活動對「批薄射劉」起了推波助瀾的作用,但我認為他沒有那麼大的能力足以操縱會議的進程。實際上,真正引導批評薄一波並涉及到劉少奇的,正是毛主席在 6 月 15 日的那篇關於總路線的講話。我認為,高崗的錯誤並不在於他借批薄來批劉,而在於他「跳得高」,可是,既然是毛主席的號召,誰能不跟着「跳」呢?[101]

高崗所以「跳得高」,還在於在毛、劉分歧中,他與毛保持了高度一致,受到毛的多次肯定和讚揚。李銳[102] 在一次與筆者談毛澤東

99 《毛澤東年譜(1949–1976)》,第 2 卷,頁 150。

100 毛澤東:〈關於農業互助合作的兩次談話〉,1953 年 10 月 15 日、11 月 4 日,載《毛澤東文集》,第 5 卷(北京:人民出版社,1996),頁 120。

101 張明遠回憶手稿。

102 李銳,1917 年生,1937 年加入中國共產黨,1949 年至 1952 年任新湖南報社社長、中共湖南省委宣傳部部長;1952 年,到京任國家能源局水電總局

與高崗時說：

> 習仲勛跟我説過，1949 年進城後誰接班？就是高（崗）。
> 那已經很明顯了嘛！高是國家副主席，又是國家計委主席。
> 國家計委與政務院平行，實際是經濟內閣。高很得意。有
> 一次，他見到我，對我説：李鋭啊！你看，我這個人管經濟
> 啊，啊唷！非常得意。[103]

局長；1958 年，任中華人民共和國水利電力部副部長兼毛澤東的秘書；
1959 年 7 月廬山會議上受到嚴厲批判，撤銷一切職務，開除黨籍。 1979
年，復任中華人民共和國水利電力部副部長、國家能源委員會副主任；
1982 年，任中共中央組織部常務副部長。後任中共組織史資料編纂領導小
組組長。中共 12 屆中央委員，12、13 屆中顧委委員。

103 李鋭談毛澤東與高崗，2004 年 11 月 28 日，林藴暉訪問李鋭的談話記錄。

第五章

「討安伐劉」的直接誘因

1953 年 9 月，中共中央召開的第二次全國組織工作會議，曾被認為是高崗與饒漱石相互勾結繼當年夏季的財經會議之後，又一次大搞陰謀活動的會議。證據是饒漱石同張秀山在組工會議相互配合，搞「討安伐劉」的反黨活動。毛澤東說，高崗與饒漱石有一個「反黨聯盟」，證據之一「是從組織會議期間饒漱石同張秀山配合進行反黨活動看出來的。」[104]

值得研究的是，第二次全國組工會議要解決的問題是什麼？當時已不再擔任東北局組織部長的張秀山 (時任東北局第二副書記) 何以到會發言？張的發言究竟講了些什麼，是否是高、饒事先的預謀？釐清這些事實，對這次組工會議何以發生「討安伐劉」的風潮，以及高崗、饒漱石到底扮演了怎樣的角色，才能得出符合歷史實際的結論。

104《毛澤東選集》，第 5 卷，頁 146。

會議重點：檢查中組部工作

1951 年召開的第一次全國組織工作會議，是以整頓黨的基層組織和發展新黨員為主題的。根據當年 2 月中共中央政治局擴大會議作出的「三年準備，十年建設」的戰略決策，劉少奇在會上的報告向全黨提出，黨現在的任務是「為鞏固新民主主義制度而鬥爭」，並寫進了會議通過的《關於整頓黨的基層組織的決議》。

第二次全國組工會議，是以適應第一個五年計劃工業化建設的需要，加強黨的幹部工作而召開的。會議的主要議題是：關於抽調幹部到新建、改建和擴建的重要廠、礦工作的問題；關於加強對幹部的管理問題；關於審查幹部問題；關於整頓黨的基層組織和發展新黨員的問題，以及關於幹部培養訓練問題。

毛澤東抓問題歷來強調「綱舉目張」。「拿起綱，目才能張，綱就是主題。」[105] 1953 年 6 月 15 日，毛澤東在中央政治局擴大會議上提出黨在過渡時期的總路線，批評繼續搞新民主主義為右傾。11 月，關於農業互助合作的兩次談話，再次批評「確保私有」、「四大自由」是資產階級觀念。重申：「要搞社會主義。」這就是要使全黨明確什麼是「綱」。

因此，搞新民主主義還是搞社會主義，也就不能不是這次組工會議首先要解決的問題。毛澤東在會前明確指示，這次會議，中組部要檢查過去的工作，聽取大區的意見。[106] 顯然是要會議首先端正指導思想。

全國組織工作會議，從召開預備會議起，就明確提出檢查中組

---

105 毛澤東：〈關於農業互助合作的兩次談話〉。

106 張秀山：《我的八十五年——從西北到東北》，頁 302：「安子文又打電話給我，說毛主席有指示，這次會議，中組部要檢查過去的工作，要聽取大區的意見。」

部的工作是毛澤東的指示，並一再動員各地代表認真準備對中組部的意見。參加會議的東北局組織部長郭峰回憶說：

> 9 月 12 日預備會議上，安子文同志提出主席指示，他個人也要求檢查一下中央組織部的工作，並要各地醞釀準備。會後，安子文同志曾個別問我：張秀山帶來什麼意見沒有？……他要我打電話徵求張秀山、陳伯村同志的意見。
>
> 9 月 13 日上午，少奇同志召集會議明確會議內容，並指出第一次組織會議是基本正確的，有某些不妥當的提法已糾正，或在此次會上加以改正。也談到要檢查工作問題。在這之後，我給張秀山同志寫過一封信，主要內容是談調幹部及安子文同志要張秀山、陳伯村提供意見。
>
> 9 月 23 日領導小組會上，饒漱石表示，主席一再指示，對中組部工作上有何問題都應坦誠提出，擺在桌子上，要展開批評與自我批評。安子文同志也再次着重說明要大區認真醞釀，準備對中組部的檢查意見，並說到已告郭峰，徵求張秀山、陳伯村同志意見。[107]

以上說明，第二次全國組工會議，是以檢查中組部工作為突破口的，這才是引發「討安伐劉」的導火索。

劉少奇電邀張秀山到會發言

對本來不打算參加組工會議的張秀山，何以到會發言，張本人

---

[107] 郭峰：〈關於我與張秀山同志在第二次組織工作會議發言的經過情況〉（複印件），1954 年 4 月 25 日。國防大學黨史黨建政工教研室資料室存。

為澄清事實，專門寫有詳細經過。張回憶説：

　　在第二次全國組織工作會議召開之前，中央組織部副部長安子文幾次打電話給我，徵求我對組織部工作的意見，我在電話中對安説，郭峰去參加會議，有什麼意見，他會代表東北局講的，我就不説什麼了。

　　安子文又打電話給我，説毛主席有指示，這次會議，中組部要檢查過去的工作，要聽取大區的意見。他一再説，你多年做黨的組織工作，一定要對組織工作提出意見。我聽説是毛主席讓提意見，就認真考慮了。之後給安子文寫了封信，信中講了八條意見。因為是安子文徵求我個人的意見，所以這八條意見沒有經過東北局討論，我只是將書面材料給東北局常委張明遠和東北局委員、瀋陽市委書記凱豐看了，他們提了點意見。

　　大概是在 9 月末，這時組織工作會議早已召開了。我把寫給安子文的信轉給在北京開會的郭峰，讓他先給高崗看一看，再轉給安子文。後來郭峰和王鶴壽分別向我轉達説：高崗看後，認為提的都是一些大問題，説不要提了。信也就沒有轉給安子文。[108]

　　恰在這時，中央決定召開全國糧食工作會議。

　　……華東局譚震林、中南局李先念、西南局李井泉，以及西北局、華北局、東北局負責同志參加會議，東北局是我去參加的。

　　全國糧食會議是 10 月 10 日召開的 (對外未用「緊急」二字)。我臨走前，東北局又接到中央電報，要我參加第二次全國組織工作會議。

---

108 張秀山：《我的八十五年 —— 從西北到東北》，頁 302。

　　因為接到中央這份電報，在中央糧食工作會議期間，我專門去組織工作會議上向安子文談了我對組織工作的意見。並對饒漱石說，我的意見已同安部長說過了，我是來參加糧食會議的，還要趕回去佈置工作，就不到會上發言了。饒表示同意。

　　10 月 13 日晚，組織工作會議領導小組開會，討論 14 日大會發言問題。當劉少奇提到要我發言時，饒漱石說，秀山已找安子文談過，不準備在大會上發言了。

　　少奇同志說：我聽安子文講，張秀山同志的意見基本上是正確的，可以讓他在大會上講講。

　　饒漱石說：張秀山是來開糧食會議的，要趕着回去佈置。

　　少奇同志說：不要緊，他來講一個鐘頭就可以，不會誤了什麼。

　　當即，饒漱石要郭峰轉告我準備發言。但會議結束時，饒又向郭峰說，還是他親自去通知，並問了我的電話和住址。

　　當晚 7 時，郭峰將領導小組會決定讓我在 14 日大會上發言的事情告訴了我。並說，是否先找少奇同志談談。這時秘書接到電話，說饒漱石要到這裏來。郭即離去。

　　饒漱石來到我的住處，說：少奇同志還是要你到會講一講對中央組織工作的意見，會議領導小組也安排了。

　　因為我還要到毛主席那裏開會，饒說完就走了。

　　13 日，是全國糧食工作會議的最後一天。晚上，毛主席召集參加會議的各大區負責同志開會，進一步強調糧食和農村發展等問題。會議結束後，毛主席問我，聽說你要到組織會議上發言，講些什麼？我把安子文和劉少奇同志要我去發言的情況，和我已同安子文談的五點意見（原來是八點，後改為五點）作了彙報：一、認為中央組織部在對於共產黨員

可否剝削這樣一個重大問題上，曾發生過動搖；二、在關於黨的無產階級性質問題上，也曾發生過動搖；三、認為中央組織部對檢查執行七屆二中全會的決議抓得不緊；四、對保障黨的嚴肅性、純潔性重視不夠；五、關於安子文同志的思想方法問題。並簡要說明這幾個問題的內容。毛主席聽後沒有提出不同意見。我問主席，這些意見可不可以拿到組織工作會議上去講？主席說：「我支持你的意見，你可以去講，但有些問題是屬少奇同志的，你可以先找少奇同志談談。少奇同志會作自我批評的。」[109]

　　10 月 14 日上午，我給少奇同志處打電話，秘書告訴我少奇同志正在休息，故未見到。下午開會時，我見到少奇同志，說：主席讓我先給你彙報一下，是否把我的發言往後推一下。少奇說，就先講吧。[110]

　　就這樣，張秀山被推上了第二次全國組織工作會議的講臺。

　　張秀山說，他在離開瀋陽赴京參加糧食會議前夕，「東北局又接到中央電報，要我參加第二次全國組織工作會議」。那麼，這是一份什麼樣的電報呢？《建國以來劉少奇文稿》第 5 冊有一篇《中央關於請張秀山參加第二次全國組工會議的通知》，時間是 1953 年 10 月 4 日，全文如下：

　　　　東北局並轉張秀山同志：第二次全國組織工作會議現尚在開小組會議，預定在十月八日以後開全體會議，出席者百餘人，除討論若干具體工作問題外，並擬檢查最近時期中央

109　張秀山：《我的八十五年——從西北到東北》，頁 302–303。《毛澤東年譜（1949–1976）》，第 2 卷，頁 176 記載：1953 年 10 月 13 日，晚 8 時，毛澤東同出席全國糧食緊急會議的劉瀾濤、張秀山、李井泉、馬明方談話。
110　張秀山：《我的八十五年——從西北到東北》，頁 304。

組織部的工作，望張秀山同志於十月八日以前來北京參加組織工作會議。

中央十月四日 [111]

這份電報是由劉少奇親自起草簽發的。

由上可見，張秀山所以到組工會議上發言，第一，由劉少奇直接電邀在先，又由劉少奇主持的組工會議領導小組的決定在後；第二，張秀山的發言事先得到了毛澤東的認可；第三，饒漱石只是根據組工會議領導小組的決定當面通知了張秀山。因此，把這一歷史事實說成饒漱石和張秀山的相互「配合」，是對歷史的顛倒。

高崗的真實態度

這裏需要交代的是，高崗對組工會議及張秀山準備的意見所持的態度。郭峰曾有過如下說明：

> 九月九日〔指 1953 年——引者注〕到京住翠明莊，十日上午開預備會。乘車去會計司開會途中，臨時繞道到高崗處，他見到我問「你來幹什麼？」我說來開組織工作會議，談調幹部問題，他哼了一聲未說什麼。我問如果這次要進行檢查工作，我準備對調幹部到工業晚了些，農村整黨中過分強調副作用問題提提意見，他說「不要提吧，我看還是不要提吧」。因當時時間倉促未來得及多談即辭出，去開會。會後，我在返回翠明莊途中又繞道到林楓同志處（翠花灣）將此會議內容講了一下。並也提到如果檢查工作需要注意什麼？林楓

111《建國以來劉少奇文稿》，第 5 冊，頁 279。

同志也說要慎重。

　　在這個期間，我約李正亭同志一起去高崗處（日子記不清了），主要是談幾個主要幹部調動，並請示一下他對此次組織會議上檢查工作問題有何指示。到後，我把會議情況簡單講了一下，並談到饒、安均強調要檢查工作。高崗接着談起，中央開了會，主席指示要徹底檢查批判中央組織部的工作，一切都拿到桌面上來，不要有任何顧慮，一切從黨和人民利益出發，只要堅持原則任何風浪也不要怕；……最後說，你們的發言要認真準備，有把握地就說，沒有把握的不說，要有根據不要被人抓辮子。……當時，見他很忙，等打電話，遂即辭出。

　　九月底，在我接到張秀山同志及陳伯村同志對中組部的書面意見（張秀山同志提了八條，陳伯村同志提了四條），張秀山同志並要我在轉給安子文同志前先送高崗看一下。於是，我於十月二日又去高崗處，當時，他正在準備去杭州休養，我把張秀山同志意見內容向他談了一下，並提出有些已經改正的問題（如工人階級問題半工人階級問題）似乎不應再提，我並談到安子文同志說將要張秀山同志來京參加組織會議時。當時，他即把書面意見拿去翻閱，這時王鶴壽同志為了工業計劃問題去談，他即將張秀山的書面意見給王鶴壽同志看，並說秀山盡提些大問題。王鶴壽看過也提到有關紀律……等問題，不應談。於是，高崗即向我說，告訴秀山他最好不談，我看這次會議展不開，可用大區與會同志名義談，要把這些材料深刻加工，有把握的就說，沒有把握的不說，不要亂扣帽子，要實事求是，一切從黨和人民的利益出發，就會立於不敗之地。談到這，他向王鶴壽說，你到鞍山路過瀋陽與秀山談談，若是他談，在富農黨員問題上也要作自我

批評才有説服力。[112]

直到張秀山在發言前一天的晚上，張秀山對將去杭州的趙德尊
説：「你到杭州見到高崗時，向他彙報一下，説我那幾條意見給毛主
席彙報了，主席同意我講。」[113]

以上表明，高崗的真實態度是不主張張秀山去提這些意見的，
原因不是不同意張秀山提的這些內容，而是認為這些問題在組工會
議上提解決不了什麼問題。可見，把張秀山在組工會議上的發言，
説成是高崗與饒漱石的合謀，也是沒有任何根據的。

張秀山究竟講了什麼

如前所述，張秀山事先準備了八點意見，向毛澤東彙報時概括
成五點。後來被作為「饒漱石同張秀山配合進行反黨活動」的證據，
正是這五點意見。原稿全文如下：

> 我這次是來參加中央召開的糧食工作會議的，在來以前
> 接到安子文同志的電話，要我和陳伯村同志給中央組織部的
> 工作提批評意見，後來接到中央電報，要我參加組織工作會

---

112 郭峰：〈關於我與張秀山同志在第二次組織工作會議發言的經過情況〉（複印
　　件）。

113 張秀山：《我的八十五年——從西北到東北》，頁 304。趙德尊後來説：「我
　　到上海，正碰上馬洪休假在上海，共同參觀了幾個工廠，以後一起到杭州
　　休假，自然都要去看望仍兼東北局書記的高崗。到住處就吃飯，同桌的還
　　有華東局的譚震林。毛主席對張秀山的話，我也遵囑向高崗傳達了。按照
　　黨的組織觀念，我不能不照樣傳達。也因此，我就成了高崗在東北的『五虎
　　上將』之一。」趙德尊：《趙德尊回憶錄》（北京：中央文獻出版社，1998），
　　頁 116。

議。前幾天因開糧食會議，未來參加，對這次會上所討論的
問題不瞭解，因此不能針對會議的情況來講，只能簡單地提
點意見。

　　幾年來，中央組織部做了很多工作，進行了整黨建黨、
調配幹部，取得了很多成績。尤其是安子文同志積極努力地
工作，成績是很大的。當然，由於我們的國家是一個大國，
我們的黨是一個大黨，各地的工作發展的不平衡，情況很複
雜，工作中的缺點也是難免的。因為安子文同志要我提批評
意見，所以對工作成績不多講，只提出五點意見──這些意
見，已和安子文同志面談過，本來不想講了，後來主席和少
奇同志還要我講一下，因此提出來，請大家研究。也許這些
意見是不對的，請大家批評。

　　一、1950 年前後，曾經有一個時期，中央組織部對於
黨員可否剝削這一個重大的原則問題曾發生過動搖。把在目
前階段上，社會上一般允許剝削，與黨員不允許剝削混同起
來。特別是對農村黨員可否當富農，及農村黨員對執行黨的
決議，對農村經濟的發展方向（土改後的農業互助合作）應
起的作用發生動搖。1949 年發生這問題後，我的政策水平很
低，不瞭解，就請示了中央組織部。現在看來當時中央組織
部的答覆是錯誤的。我當時是同意安子文同志的意見的，回
去之後作過傳達。「三反」整黨階段，我在東北局組織部對此
作過檢討。現在當作經驗教訓提出來，請安子文同志考慮。

　　1950 年 1 月間，中央組織部組織赴蘇參觀團，在北京集
中時期，中央各部委負責同志都作過報告，安子文同志也作
過，他在報告中講到黨員雇工問題時說：「黨員生產發展了，
要雇人應允許。最近我在答覆東北局的信中說：『這種黨員
應暫仍保留黨籍的說法有毛病，是應該保留，而不是暫仍保

留。』這點過去不明確，今後明確了。」又説：「不允許剝削與允許剝削不矛盾。不允許剝削，抽象原則是對了，但今天實際情況需要允許。今天剝削比不剝削好。」又説：「允許剝削與應該剝削是兩回事，應允許黨員開工廠雇用工人（即剝削），應該教育開工廠的黨員對工人應有正確的態度，得了利不要吃喝完了，要擴大再生產，將來實行社會主義時再交公。這樣經過幾年，生產就發展起來了。」又説：「農村強調組織起來，黨員生產情緒就不高。」「應允許所有的人（包括黨員在內）都有單幹雇工的自由。現在的變工互助不可能發展為將來的集體農莊，是兩個不同的階段──即新民主主義和社會主義的階段。」講到黨員雇工時又説：「黨員不幹的事，群眾也不敢幹。」「現在應該讓農民儘量發展為富農。」講話的精神是：黨員不雇工，群眾也不敢雇工，生產就不能發展。也就是説，農村黨員可以當富農，城市黨員可以開工廠。報告中偏重於講發展私人資本主義性質的生產。這實際上是引導黨員發展成為富農和資本家，而忽視或輕視組織起來。對發展資本主義經濟很熱心，發展社會主義、半社會主義經濟卻很冷淡。這種觀點與二中全會決議的精神是不相符的。這是一種右傾思想。這種右傾思想，如果發生在山溝裏打游擊時，問題還不大，但在全國勝利以後，按這種思想發展下去，就是非常危險的。

由於安子文同志的這些話，以及我給各省市委組織部長的傳達曾經在東北地區部分幹部中引起了思想混亂。1950 年3 月，在東北局第一次黨代表會上發生了爭論，後來由高崗同志做結論批評了這種意見。再在 1949 年東北局召開的農村工作座談會上即研究農村經濟發展方向問題，會上認識是明確的，會後給中央作了報告，安子文同志的信和講話是不同

意那個報告的。

　　二、關於黨的無產階級性質問題，這樣根本性的問題，中央組織部也曾發生過動搖。

　　在第一次全國組織工作會議上，關於黨員八條標準的第一條，曾提出「中國革命過去是城市工人階級和鄉村半工人階級領導的」。在這次會議後，各地區及軍隊中都提出了不同的意見，只是在毛主席親自批示後，才解決了這一爭論。

　　1950 年 1 月，安子文同志給赴蘇組織工作參觀團作報告，講到我們黨的成分時說：「無產階級與半無產階級合起來佔三分之二，因此，我們黨是無產階級與半無產階級的黨。」這樣就模糊了黨的性質。把黨的性質與黨員成分混為一談。這也是與黨章相違背的。在未修改黨章之前，組織部門隨便對黨章作改變和不同解釋是不應該的。

　　以上兩項，經毛主席批評批示，均已正確解決，現在只作為經驗教訓提出，就是說組織部門的同志必須堅持黨的原則、黨的決議和黨章，否則就會犯錯誤。

　　三、中央組織部對檢查執行二中全會的決議抓得不緊。二中全會曾決定領導中心由農村轉入城市，搞生產建設。這是全黨的政治任務，也是組織任務。在這方面我覺得中央組織部抓得不緊，甚至沒有以二中全會決議黨的總路線檢查各部門、各級黨委的工作。這也是與上述右傾觀點有關係的。因為有右傾思想，也就不會以二中全會決議去檢查工作，因而也就必然使組織工作與政治任務結合得不好，甚至發生脫節的現象。比如黨的基層組織在工廠企業內應當如何工作，雖然各地都創造了不少經驗，但中央組織部卻沒有很好的加以研究總結，以加強對這一工作的指導。如對廠長制與黨委制的爭論早就應該做結論的而未做結論。其次，組織工作沒

有很好地保證黨的正確的政治路線的執行，也表現在幹部的配備、培養和管理上。這幾年來，及時地逐步地統一幹部管理做得很不夠，也未及時地有計劃地大批地抽調幹部到工廠企業及其他財經部門中去 (當然也抽調過一些)。這樣的調動在新解放區是困難的，但在老區則應該有更多一些的幹部轉入經濟建設部門，以適應國家經濟建設的需要。中央組織部在這方面是做得不夠的。從全國範圍看，幹部的配備使用有很多不適當的地方，而中央組織部也未能及時作合理的調整。

四、對保障黨的組織的嚴肅性、純潔性重視不夠。對於一些曾經在革命嚴重關頭脫黨、退黨、叛黨，而在革命高潮時又回到黨內來的分子，以及對中央一級機關和各地的某些高級機關任用這些人時，處理得不嚴肅。如內戰時期在黃河岸上殺過紅軍幹部的、做過「雙料」特務的以及做過反共活動的分子，現在卻擔任了我們國家的重要職務，甚至混進了黨內。當然，並不是說所有使用的壞分子都要中央組織部負責，也不是說所有有歷史問題和政治問題的人，都不可以工作，有的是可以給以一定的適當的工作的。但是，這種人和黨的經過考驗的領導骨幹是應該有根本區別的。這些人也不能和民主人士相比，因為民主人士是代表一定的階級和黨派並有一定的社會地位的，其中有些人曾在黨最困難的時期團結在黨的周圍，並支持過黨。而這些叛徒、自首分子或做過反共活動的人，則有不少是投機的、鑽空子的、吹牛拍馬的。對這些問題是否中央組織部一點也未注意呢？不是的。在整黨中，也提出了清除八類壞分子，但只注意了下層而沒有注意在高級機關中審查八類壞分子。如果中央機關有八類壞分子的人存在，則其危害性當然比下面有這些壞分子就更大了。另外在發展黨員的指示中也沒有關死剝削分子不能入

黨的門。

　　所以產生以上問題，主要是由於中央組織部對革命勝利後，投機分子、脫黨、退黨、叛黨分子侵入革命隊伍，沒有足夠的警惕，有時反而輕易地信任這些人。這就是說，有些敵我不分或者是對敵我界限劃分得不夠嚴格，這也是右傾思想。因此，也就不能保持黨的特別是領導機關的純潔性、嚴肅性。

　　五、關於安子文同志的思想方法方面，我覺得也是有缺點的。

　　這裏講的不是一般的主觀性、片面性的問題，而只講安子文同志對接受新事物的遲鈍，對黨內問題是非不清，即馬列主義與非馬列主義的界限不清，甚至顛倒。對黨內的情況、幹部情況的瞭解是用一種靜止的觀點，而沒有以變動的觀點來看問題。這種印象是什麼時候產生的？不是今年也不是前年，而是從去年。去年夏天我來中央開會，安子文同志同我談中央建立哪些機構，由哪些同志擔任工作的方案。從那時起，我就覺得安子文同志對某些問題的認識還停留在延安整風和七大的階段。七大以來的八年當中，情勢已有很大變化了，國際情況變化了，國內情況變化了，黨內情況變化了。黨內情況的變化，不僅是數量上增長了，質量上也提高了，而且在偉大的革命運動中考驗了領導幹部。有些同志在戰爭中、土地改革中、經濟恢復和建設中，犯了嚴重的路線性錯誤。對這些問題安子文同志是看得不明確的。在八年前延安整風時，大家對某些同志的希望很高，希望他們能成為有很好的馬列主義和毛澤東思想的領導者，然而實際鬥爭中證明了有些同志經不起考驗，辜負了同志們的希望。這是重大的新事物，但安子文同志沒有瞭解或沒有正確的瞭解。

當然我不是説某些同志在財經問題上的一切大小錯誤在財經
會議之前，安子文同志都應該知道，這是不可能的。但是有
些問題是應該預先看到的。比如在幹部政策上的錯誤，中央
組織部應該是早一些發現的，但是沒有看到，所以我覺得是
是非不清的。小的問題看不到是可以的，但發生已久的事情
則應該知道。現在看來，整風以後是出現了一些自稱馬克思
主義的人物，這些同志在整風中背上了包袱，覺得教條主義
的人不行，經驗主義的人也不行，覺得自己差不多，就自以
為是，不採納別人意見，不和人商量問題，因此在革命鬥爭
中經不起考驗，陸續翻了船。黨的組織部門應該看到這些問
題，應該從運動中來看幹部，看組織。如果停留在八年前的
觀點上看問題，則必然要犯錯誤。總之，在這些重大問題
上，安子文同志是不夠明確的，存在着右傾思想，表現在對
內是非不清，對外敵我不分或者叫做敵我界限模糊。

　　我所想到的就是這些。其他關於整黨方面和組織業務方
面的缺點，大家研究的比我詳細，我就不講了。我的這些意
見，可能是不對，請大家批評。[114]

　　張秀山説：「我講完之後，在小會議室休息的時候，少奇同志對
我説：『你在會上講的這些問題，有的不是安子文的問題，而是我的
錯誤。這在以後適當的會議上，我要作自我批評。』安子文同志也説
我講的這些問題基本正確。」[115]

---

114 張秀山回憶手稿。張秀山：《我的八十五年——從西北到東北》，頁 304–
　　308 作了概括的敘述。
115 張秀山回憶手稿。同上，頁 309。

劉少奇作自我批評的壓力來自何方

10 月 27 日，第二次組織工作會議閉幕，劉少奇在會上講話，主要內容是作了較財經會議期間更為詳細和全面的自我批評。這是為什麼呢？是因為張秀山等人的發言對安子文的批評涉及了劉少奇嗎？劉少奇所以作自我批評的壓力究竟來自何方？

這裏首先要提到的是，10 月 22 日，毛澤東寫信給中共中央辦公廳主任楊尚昆，要他把《聯共（布）黨史簡明教程》結束語印發到會人員閱讀、研究。毛寫道：

> 請將聯共黨史六條結束語印成單張，於今晚或明天發給到組織會議的各同志，請他們利用停會的兩三天時間，加以閱讀、研究，可能時還加以討論，使他們在劉少奇同志及別的同志在大會上講話講到這個問題時，已經有所瞭解。此事（印發結束語）在今日下午領導小組開會時，請告訴劉、饒及胡喬木同志一聲。同時可多印一點（可印一二千份），發給北京的幹部，並由總黨委通知各部門、各黨組要他們閱讀和討論。[116]

毛澤東何以要參加組工會議的高級幹部閱讀和討論《聯共（布）黨史簡明教程》六條結束語，我們就得先看看這六條結束語的內容是什麼？由斯大林親自審定的《聯共（布）黨史簡明教程》寫道：

> （一）首先，黨的歷史教導說，沒有一個革命的無產階級政黨，沒有一個消除了機會主義、對妥協主義者和投降主義者毫不調和、對資產階級及其國家政權採取革命態度的黨，

---

[116] 毛澤東：〈給楊尚昆的信〉，1953 年 10 月 22 日，載《建國以來毛澤東文稿》，第 4 冊，頁 371。

無產階級革命的勝利，無產階級專政的勝利是不可能的。

（二）其次，黨的歷史教導說，工人階級的黨如果不掌握工人運動的先進理論，不掌握馬克思列寧主義理論，就當不了本階級的領導者，就當不了無產階級革命的組織者和領導者。

（三）其次，黨的歷史教導說，如果不打垮那些在工人階級隊伍中進行活動、把工人階級的落後階層推進資產階級懷抱、從而破壞工人階級的統一的小資產階級黨派，那末無產階級革命就不能獲得勝利。

（四）其次，黨的歷史教導說，工人階級的黨不同自己隊伍中的機會主義者作不調和的鬥爭，不打垮自己隊伍中的投降主義者，就不能保持自己隊伍的統一和紀律，就擔當不了無產階級革命的組織者和領導者，就擔當不了社會主義新社會的建設者。

（五）其次，黨的歷史教導說，如果黨陶醉於勝利而開始驕傲起來，如果它不再注意自己工作中的缺點，如果它害怕承認自己的錯誤、害怕公開地老實地及時改正這些錯誤，那它就當不了工人階級的領導者。

（六）最後，黨的歷史教導說，工人階級的黨如果不同群眾保持廣泛的聯繫，不經常鞏固這種聯繫，不善於傾聽群眾的呼聲和瞭解他們的疾苦，沒有不僅教導群眾而且向群眾學習的決心，那它就不能成為能夠領導千百萬工人階級群眾和全體勞動群眾的真正群眾性的黨。[117]

我們用這六條內容，對照毛澤東批評薄一波新稅制的錯誤，是

---

117 聯共（布）中央特設委員會編：《聯共（布）黨史簡明教程》（北京：人民出版社，1975），頁 388、390、394、395、397、398。

違反七屆二中全會決議的，是「在路線問題上反映出來的資產階級思想」，批評「確立新民主主義社會秩序」，是右傾思想的表現；對照毛澤東支持張秀山在第二次全國組工會議上的發言，毛澤東的用意是否要人們着重領會：要保持黨的無產階級的先進性，就必須「同自己隊伍中的機會主義者作不調和的鬥爭」；「要能公開地老實地承認自己的錯誤並及時改正這些錯誤」；進而掌握黨在過渡時期總路線這個馬克思列寧主義的先進理論，否則「就當不了本階級的領導者，就當不了無產階級革命的組織者和領導者」。

10 月 23 日，毛澤東分別在劉少奇和饒漱石在領導小組會上的講話稿上各加了一段話。在劉少奇講話稿加的一段文字是：

> 現在是全黨團結起來認真執行黨在過渡時期總路線的時候，我們要將一個落後的農業國，改變為一個工業國，我們要對現存的農業、手工業和資本主義工商業實行社會主義的改造，我們要在大約十五年左右的時間內基本上完成這個偉大的任務，我們的組織工作就要好好地為這個總路線而服務，我相信同志們是高興並且能夠擔負這個任務的。[118]

在饒漱石的講話稿上加的一段文字是：

> 目前在全黨執行黨在過渡時期總路線，即變農業國為社會主義工業國、改造各種非社會主義的經濟成份為社會主義的經濟成份這樣一個歷史的時機，我們做組織工作的人，必須全神貫注為保證這個黨的總路線而奮鬥。我相信，全黨組

---

118 毛澤東：〈對劉少奇等在全國組織工作會議領導小組會上的講話稿的批語和修改〉，1953 年 10 月 23 日，載《建國以來毛澤東文稿》，第 4 冊，頁 373–374。

織部門工作的同志們是能夠擔負這個偉大光榮的任務的。[119]

批判離開總路線的右傾思想，為黨在過渡時期的總路線而奮鬥。這就是1953年從財經會議、組工會議到此後的農村工作會議毛澤東的一貫指導思想。第二次組工會議的進程，正是圍繞這一指導思想進行的，這就是劉少奇不得不在組工會議上表明自己態度的原因所在。

10月27日，劉少奇在第二次組織工作會議閉幕會上講話。指出：會議「認真地檢查了過去中央組織部的工作，並且着重地指出了過去中央組織部在過去的工作中對於政治任務研究不夠、注意不夠的缺點。」

對會上發言對中組部過去工作提出的批評，劉少奇表示：「中央組織部過去幾年的工作是有成績的，是執行了黨中央的正確路線的，但是有缺點和個別的錯誤，這次會議許多同志對此提出了批評，這些批評大部分是正確的，對工作是有益的，特別是指出要從政治方面來研究幹部管理工作，考查主要的幹部，以及根據黨的總路線和各個時期的中心任務來部署和檢查黨的組織工作，應當在以後的工作中注意改進。」

在談到缺點錯誤時，劉少奇對會議提到的幾個問題，如農業生產互助組、「半工人階級」的提法、黨員發展成富農如何處理等問題，比較系統地作了自我批評和情況說明，再次主動承擔了責任。劉少奇說：

> 我們的工作中難免有許多錯誤，雖然我們應當盡力避免
> 一切可以避免的錯誤。有了錯誤，就應當用批評和自我批評

---

119 毛澤東：〈對劉少奇等在全國組織工作會議領導小組會上的講話稿的批語和修改〉。

的方法來加以糾正。

　　例如我對於農業生產互助合作問題，也曾經有過一種想法是不正確的。就是我以為還要等一個時期才能在我國農村中大量地和普遍地實行農業生產集體化，而沒有想到立即可以大量地組織農業生產合作社，同時認為目前的勞動互助組織是不能直接轉變為集體農場的，而沒有抓住以土地入股的農業生產合作社這個形式作為互助組過渡到集體農場的重要的中間過渡形式，因而就以為互助組不能過渡到集體農場，而把二者看成是在組織上沒有什麼聯繫的兩回事。因此，我在一九五一年七月五日對山西省委「把老區的互助組織提高一步」這個文件加批簽發給各負責同志，批評了山西省委的意見。我這個批評在基本上是不正確的，而山西省委的意見則基本上是正確的。

　　會議中提到的「半工人階級」這個提法，是指 1951 年第一次全國組織工作會議形成的《關於整頓黨的基層組織的決議 (草案)》中關於黨的性質的一句話：「中國革命在過去是城市工人階級和鄉村半工人階級領導的」。從理論上講，把「鄉村半工人階級」作為領導階級確實很不妥當，但以前黨的文件上也使用過。經劉少奇修改審定的第一次組織工作會議決議草案沿用了這個提法。後來中央發覺這個問題，在當年 12 月 23 日發出的《關於中國革命領導階級問題的修正指示》中作了糾正。劉少奇在講話中說明了情況，並承擔了責任，說：「這件事情主要由我負責，應該放在我的賬上，而不應放在安子文同志或其他同志賬上。」

　　在談到黨員發展成富農如何處理的問題時，劉少奇明確表示：「中央組織部對於這個問題的處理是經過我的。」同時作了長篇說明。劉說：

　　還有黨員發展成為富農者如何處理的問題，我也要在這裏加以說明，因為中央組織部處理這個問題是經過我的。我們黨從來就在原則上不允許黨員去剝削別人，但在實際上，很早以來在農村中就有個別的富農黨員，在城市中也有個別黨員一方面在工廠工作，另一方面又和另外幾個人合夥開了小工廠，據上海市委組織部長趙明新同志說，現在上海還有兩百多個黨員在私營工商業中佔有股份沒有處理。在過去，這些個別的現象都沒有成為問題，但在華北和東北土地改革完成以後，新的問題就產生了。一九四八年華北很多地方提出黨員發展成為富農者如何處理的問題，以後東北也提出了同樣的問題，中央組織部也幾次草擬了答覆這個問題的電報，但我主張暫時不答覆這個問題，只在一九四九年七月我不在家時答覆了東北一個電報，說「黨員發展成為富農暫仍保留黨籍」。我為什麼主張暫時不答覆這個問題呢？因為當時土地改革剛剛完成，須要一個短時期安定農民生產情緒，當時實際上幾乎還沒有黨員新富農產生，如果要答覆這個問題的話，就只能說黨員發展成富農者，如果不放棄富農剝削就要無條件地開除黨籍，而不能有另外的答覆。而這樣的答覆是可以等一個短時期發出的，並不緊急的。到一九五二年六月，土地改革後的農村情況已經大致穩定了，農業生產互助合作運動也有了新的初步的開展，中央就發出了無條件地開除不願放棄富農剝削的黨員的黨籍的指示。我以為中央發出這個指示的時間還不算太遲。這是我處理這個問題的思想和經過。這個問題和前面關於農業生產互助合作問題在我是分為兩個問題處理的，但在我關於農業生產互助合作問題的思想情況下，在和若干個別同志談話時可能說過一些不妥當的或錯誤的話。應該說，我在這個問題上所有說得不妥當或錯

誤的話，都應該取消或修正。我們的自我批評應當是實事求
是的，縮小和擴大錯誤缺點都不好。

最後，劉少奇強調了開展批評，是為了增強團結。他說：

> 希望這一次到會的各地區黨委的組織部長同志到處提倡
> 全黨團結一致的精神和為鞏固全黨的團結而努力。要鞏固全
> 黨的團結，是要努力的，要做工作的。鄧小平同志講了，
> 全黨過去是團結的，今天也是團結的，那麼是不是高枕無憂
> 了，就看不到缺點了，或者看到有些缺點而把它掩蓋起來
> 呢？不是的，要努力，要消除我們的缺點，要做工作，要為
> 鞏固全黨的團結而努力！[120]

　　會議通過決議，對第一次全國組織工作會議的兩項決議作了修
改和補充。一是將「關於黨的基層組織的決議」中一句「中國革命過
去是城市工人階級和鄉村半工人階級領導的」，改為「中國人民革命
是由中國工人階級領導取得勝利的」。二是將「整頓黨的基層組織的
決議」中「中國共產黨的最終目的，是要在中國實現共產主義制度。
它現在為鞏固新民主主義制度而鬥爭」，改為「中國共產黨的最終目
的，是要在中國實現共產主義社會，從中華人民共和國成立以後，
我們的國家就開始進入一個新的歷史時期，即為逐步過渡到社會主
義社會而奮鬥的時期」。三是對「關於發展新黨員的決議」作了補充
規定，即規定非經黨中央批准，不得接受資本家、富農和其他剝削
分子入黨。[121]

---

120 《建國以來劉少奇文稿》，第 5 冊，頁 299–306；金沖及主編：《劉少奇
傳》，下（北京：中央文獻出版社，1998），頁 748–750。

121 〈中央關於修改第一次全國組織工作會議兩項決議的通知〉，1953 年 12
月，載《中共黨史參考資料》，第 20 冊，頁 218–219。

這無疑是為糾正上述劉少奇所檢討錯誤的一個正式結論。

饒漱石的錯誤在哪

統觀第二次全國組織工作會議的過程，既然說饒漱石與張秀山相勾結「討安伐劉」不能成立，就再找不出饒犯了哪條錯誤？曾經是第二次全國組工會議領導小組成員的楊尚昆在談「高饒事件」的文中說：

> 饒漱石到北京後深夜請見毛主席，已經暴露了他患得患失的心態。當了中央組織部部長後，他還心神不定。那時他誤以為高崗權勢日盛，劉少奇可能「失勢」，於是不擇手段地「通過與安子文劃清界限，來表明自己不是劉少奇的幹部，以取得高崗的同情和信任」。[122]

關於饒漱石要與安子文劃清界限，楊尚昆舉了如下事例：

其一，饒漱石「剛到中央組織部，就同劉少奇、安子文鬧彆扭。1953年2月底，饒漱石將整理成文的《蘇聯工廠考察報告》稿送請劉少奇同志審查。少奇同志讓他拿給安子文去看和決定分發名單，並交由中央組織部付印。饒大為不滿，只讓鉛印幾十本，藉口未經中央審定，扣壓在手裏不讓分發；幾個月後，少奇同志向他索取，才勉強給了兩本」。

其二，「1953年春，中央組織部由王甫（當時任黨員管理處處長）、趙漢（當時任辦公廳主任）帶幾個同志去山東考察『新三反』運

---

122 蘇維民：《楊尚昆談新中國若干歷史問題》（成都：四川人民出版社，2010），頁57。

動和農村整黨情況，受到當地黨組織的阻撓。他們找到當時主持山東分局工作的向明，也談不攏，只得返回北京。安子文聽過他們的彙報，隨即向少奇同志和周總理反映。饒漱石小題大做，借機向安子文發起突然襲擊。在 5 月間的一次部務會議上，他聲色俱厲地指責安『膽大妄為』! 為什麼有問題不向他反映，先向劉、周反映？說什麼『王甫、趙漢是新兵，他們聽到槍聲，不免有些緊張，你安子文是老兵，你不該聽到一點槍聲就……』過後，饒又召開幾次會，毫無根據地給安扣上『界限不清，嗅覺不靈』、『支持條條，反對塊塊』等帽子，甚至把王甫、趙漢被迫離開山東歪曲為『向中央局、分局提抗議』。尤其惡劣的是他竟然向中央謊報情況，說什麼安子文接受了他的『批評』。這樣一鬧，中央組織部的正常工作秩序被打亂了。後來毛主席在批評饒漱石時說：『你不要認為你作過大區第一書記，你還沒有在中央工作過呢，為什麼你鬥爭一個「吏部尚書」(指安子文) 不給中央打招呼！？』」

其三，「在 1953 年夏季的全國財經會議期間，饒漱石夥同高崗一道鬥爭薄一波，指責安子文有幾天未到會是『消極抵制』，一再逼安在會上發言，說什麼『在這樣大的黨內鬥爭面前，你不應該不表示態度』(安子文頂住了，沒跟他走)。而且在會議快結束的時候，不顧毛主席要加強團結的指示，在財經會議核心領導小組會上把所謂『圈圈』問題和『名單』問題抖落出來，『火上加油』。安子文明明早已就『名單』問題向中央作了書面檢討，並請求處分，饒卻抓住不放，並散佈說，財經會議上鬥爭薄一波，會後還要鬥『圈圈』中的安子文。實際上，沒等到財經會議結束，饒就在中央組織部內鬥爭安子文了。他說『中央組織部是一潭死水，要把它震動一下』。7 月 22 日，他召開部務會議，強詞奪理地搬出一堆似是而非的材料，如『支持條條、反對塊塊』問題、『整黨建黨規定問題』、『中央組織部對華東局和山東分局表示抗議問題』等等，對安子文橫加指責，而

且態度蠻橫，不容申辯。7 月 25 日，他又召開部務會議，把安子文
將 7 月 22 日部務會議上發生的事向少奇同志反映，斥為『有意挑撥
是非，製造分裂』；並借題發揮，以中央組織部檢查官僚主義不徹底
為由，要求重新開會專門檢討部裏的工作，實際上就是要逼安子文
作檢討。這個會在 8 月中旬接連開了兩天，安誠懇地作了自我批評
饒卻一味吹毛求疵，無理取鬧，有些本來是饒漱石冤枉安子文的事
情，安提出證明，要求派人查實更正，饒卻蠻橫地拒絕調查。更為
荒謬的是，饒本來已同安子文商定，安作檢討時，對『名單』問題只
作一般交代（說明 3 月間他在組織上犯了一個錯誤，已向中央作檢
討並請示處分）而不談『名單』的具體內容；在安檢討過程中，饒還
插話說過：『這個問題不便在這裏講。』但當第二天會上有人對安進
行批評後，饒卻對大家沒有追問『名單問題』加以指責，說：『安子
文千對萬對，但在這件事情上犯了嚴重錯誤。你們應當首先追問安
子文：你犯了什麼嚴重錯誤？』與會同志指出是他自己交代不要談
這個問題，饒又強辯說：『是，我是那麼說了，但你們應當追問，你
們問了以後，我再出來解釋。這應當是黨內鬥爭的教訓！』但是沒
有人響應，他自己孤立無援，不得不暫且收場。」

其四，「1953 年 9 月，中央召開第二次全國組織工作會議，少
奇同志受毛主席委託，主持會議領導小組的工作。參加這個領導
小組的有：朱德、李富春、胡喬木、習仲勛、錢瑛和我，還有饒漱
石、安子文和 6 個中央局的組織部長。我隨時將會議進展情況給毛
主席寫書面彙報。這次會議，原定主要是總結經驗，研究如何加強
幹部工作，以保證經濟建設順利進行。饒漱石卻在會議內外興風作
浪，煽惑一些不明真相的地方組織部長跟他一起攻擊安子文。但仍
沒有掀起多大的波瀾……。」[123]

---

123 蘇維民：《楊尚昆談新中國若干歷史問題》，頁 58–59。

綜合楊尚昆所列四條，給人印象，前兩條反映的是饒漱石到任中組部部長崗位以後，中組部有關事務，劉少奇要饒找安子文處理；安子文有問題又都直通劉少奇，這對曾是一方「諸侯」、「心胸狹窄，權欲很重」[124] 的饒漱石來說是絕對無法容忍的，饒在中組部內發動攻擊安子文，其誘因是否在此。第四條，作為第二次全國組工會議領導小組成員的楊尚昆，並未揭發出饒漱石對「討安伐劉」搞了什麼陰謀，甚至認為會上「仍沒有掀起多大的波瀾」。這應該是否定饒漱石與張秀山「相互配合」、饒漱石與高崗「合謀」「討安伐劉」的有力旁證。

1954 年 2 月，饒漱石在鄧小平、陳毅、譚震林主持的座談會上的檢討，對此也有明確說明，饒說：

> 據安子文同志最近對我說，張秀山在組織工作會議上的發言，其內容多數是針對劉少奇同志，而以批評安子文同志的形式出現的。對於這一點，我在事先確無所知。反之，他發言中列舉若干具體事例批評安子文、薄一波兩同志，則恰與我的宗派主義情緒相投。加以他的發言中首先聲明，他的發言內容事先已同毛主席、少奇同志談過，故他的發言稿印出之後，我未再行閱讀過（因為我的眼睛不好，不能寫，不能多看，因此，這些東西拿到我秘書那裏我都沒有看）。反之，在當天張秀山及其他各大區同志發言之後，我還感覺這些發言有事實，有分析，有建議，不像財經會議上那樣亂套大帽子，因而感覺滿意，並認為這個會議比財經會議有進步……所以，我對張秀山的發言，始終未加批駁，客觀上形成我是支持張秀山來反對劉少奇同志，這是我意想不到的事，

---

124 李一氓評價饒漱石，參見：蘇維民：《楊尚昆談新中國若干歷史問題》，頁49。

使我感到極為痛心。

在此次座談會上，有的同志以為我是全面的反對劉少奇同志；以為我是反安為名，反劉是實；以為我對待少奇同志的態度與高崗同志的反劉宗派活動必然有其密切聯繫；以為我為先鋒，高崗在幕後；甚至有個別同志以為我在這個問題上存在有什麼重大政治野心。同志們對我的這種猜測，我現在無法申辯。我只有請求黨中央在這一點上據實考察，查明真相，再作結論。[125]

以上就是第二次全國組織工作會議的真實文本，把會上出現「討安伐劉」的實況，説成是高崗、饒漱石搞的陰謀，顯然與事實不符。

至於，毛澤東歷數高、饒「聯盟」的證據之一，稱：「饒漱石説，『今後中央組織部要以郭峰為核心』。組織部是饒漱石為部長，高崗的心腹郭峰為核心。那很好嘛！團結得很密切嘛！」這又是怎麼一回事呢？

對這個問題，張秀山説：

郭峰同志（吉林人），是 1953 年某月由遼西省委書記調任東北局組織部部長。1953 年，中央根據解放後全國形勢發展，決定撤銷各中央局，六大區中央局的組織部長都要調中組部任副部長。饒漱石在中組部的會議上，談到六個人的工作分工時説，農村方面的幹部管理工作，今後以某某某同志（西北局組織部長）為主；組織方面的幹部管理工作，今後以某某某同志（華東局組織部長）為主；宣教方面的幹部管理工作，今後以某某某同志（華北局組織部長）為主；工業方面的幹部管理工作，今後以郭峰同志為主，因為東北是我們國

125 張秀山：《我的八十五年——從西北到東北》，頁 314。

家的工業基地，他熟悉這方面的情況。組織上雖然這樣安排
了，但郭沒有到任。後來這段話被簡略、歪曲為「中組部要
以郭峰為核心」。[126]

總之，所謂「高、饒聯盟」完全是子虛烏有。

---

126 張秀山回憶手稿。

第六章

高崗「輪流」説真相

當年定高崗妄圖篡奪黨和國家最高權力的主要「罪證」之三,是
1953 年 12 月,毛澤東去杭州休假前的中央會議上,是否由劉少奇
代理主持中央工作一事。長期以來,都説毛澤東在會上提出由劉少
奇代理,而高崗出面反對,主張由中央書記處成員「輪流」主持。

最早公開披露這一歷史情節的是薄一波,他在《若干重大決策
與事件的回顧》中説:高崗明目張膽地要取劉少奇而代之,是 1953
年 12 月。當時毛澤東準備去外地休假,依照先例,毛澤東在中央
政治局會議上提出,在他休假期間委託劉少奇代理中央領導工作。
這時,少奇謙遜地提出,還是由書記處同志輪流負責為好。正當
大多數同志表示還是由少奇同志主持,不贊成搞輪流時,高崗立即
出面反對,主張要「輪流做莊」。他一再堅持説:「輪流吧,搞輪流
好。」[127]

從中共黨章規定的內容來看,在黨內商討問題的會議上,提出
不同意見,純屬正常情況;如果在會議已經做出決定,再私下活動

---

127 薄一波:《若干重大決策與事件的回顧》,上卷,頁 315。

反對，就為黨的紀律不容了。那麼，高崗究竟是在什麼情況下提出「輪流」的呢？

由誰代理主持中央工作問題的提出

關於 1953 年 12 月，毛澤東是明確交代在他外出期間由劉少奇主持中央日常工作，還是徵詢由誰代理他主持中央工作？目前所能見到正式出版物，所說的情節均甚模糊，極不一致。現就本人所見的幾種說法列舉如下：

逢先知、金沖及主編的《毛澤東傳（1949–1976）》中說：

> 大約就在這個時候〔指 12 月中旬——引者注〕，毛澤東決定外出休息。在一次中央書記處會議上，他依照前例，提議在他外出休假期間，由劉少奇代理主持中央工作。劉少奇謙遜地提出，還是由書記處的同志輪流負責為好。與會同志同意由劉少奇主持，不輪流；高崗反對，說「輪流吧，搞輪流好」。高崗反對劉少奇的面目又進一步暴露。[128]

彭德懷在 1962 年向中央遞交的「八萬言」申訴書中，專就 1953 年 12 月毛澤東主持中央會議討論由誰代理他主持中央工作一事，對會議討論的具體情景作如下敘述。彭說：

> 1953 年 12 月，正在召開軍隊系統的高幹會議期間，我參加了由主席在頤年堂召開的一次會議。主席在會上提出，他外出後誰人主持日常工作？少奇同志首先提出：「主席外出

---

128 逢先知、金沖及主編：《毛澤東傳（1949–1976）》，上卷，頁 279–280。

後的日常工作由書記處同志輪流主持。」並提議由周恩來同志
主持。周恩來同志再三推辭。高崗贊成「由書記處同志輪流
主持。」朱德同志也説「由書記處同志輪流主持。」我第五個
發言，當時我很激動，心裏想：就是輪流的話，輪到你朱總
司令或高崗時，就敢肯定不出問題嗎？所以我當時説：我不
贊成日常工作輪流主持，因為日常工作事情多，如果沒有一
個同志認真來研究是不行的，日常工作仍應由少奇同志來主
持。主席當時説：「怎麼樣？還是少奇同志主持吧。」當時少
奇同志仍在推辭。我説，這又不是寫文章有稿費，還有什麼
推辭的呢？最後，少奇同志同意自己來主持了。[129]

馬雲飛在〈劉少奇曾被確定為「接班人」嗎？〉一文中寫道：

> 在 1953 年年底。這年年底，毛澤東外出到杭州主持新
> 憲法的起草工作。在 12 月 24 日毛澤東臨行前主持的中共中
> 央政治局擴大會議上，特別作出決定：在毛澤東外出休假期
> 間，由劉少奇代理主持中央工作。之所以把這個決定稱之為
> 「特別」，是有特定原因的。就在這次的中央政治局擴大會議
> 上，毛澤東徵詢在他外出休假期間由誰主持工作時，高崗堅
> 決反對由劉少奇主持中央工作，提出「輪流吧，搞輪流好」，
> 劉少奇也表示「輪流負責為好」，最後是毛澤東毅然拍板作出
> 決定：由劉少奇代理主持中央工作。[130]

楊尚昆在談「高饒事件」一文中説：

129〈彭德懷 1962 年給黨中央和毛主席的信〉(八萬言書複印件)，國防大學黨
　　史黨建政工教研室資料室存。
130《黨的文獻》，2011 年第 2 期。

1953 年秋後，高崗竟去鄧小平、陳雲處「煽風點火」。……小平和陳雲同志都感到這個問題很嚴重，及時報告了毛主席。毛主席有意親自「測試」一下，在同年 12 月 24 日向政治局提出：他要外出休假，擬請少奇同志臨時代為主持中央工作，問大家有什麼意見？本來，這已是近幾年的慣例，高崗卻表示反對，主張由幾個書記「輪流坐莊」。這一試，果然使他露了底。[131]

以上（包括薄一波的説法在內）提供了這樣三種版本：一是《毛澤東傳（1949–1976）》和薄一波説：他（指毛澤東——引者注）依照前例，提議在他外出休假期間，由劉少奇代理主持中央工作；二是彭德懷説：主席在會上提出，他外出後誰人主持日常工作？馬雲飛同此説：毛澤東徵詢在他外出休假期間由誰主持工作；三是楊尚昆説：他要外出休假，擬請少奇同志臨時代為主持中央工作，問大家有什麼意見？這三種版本實際上反映出兩種語境，一是如《毛傳》所説，毛明確提議由劉少奇代理主持；二是如彭德懷所説，毛以徵詢意見的口吻提出，他外出後誰人主持日常工作？

鑑於歷史上毛澤東多次外出，均由劉少奇代理主持中央工作的慣例，這時，如果毛澤東不是在會上提出問題徵詢大家意見，劉少奇沒有必要立即表示：「主席外出後的日常工作由書記處同志輪流主持」。可見，毛澤東依照前例，提議在他外出休假期間，由劉少奇代理主持中央工作一説，與當時的場景並不吻合。

---

131 蘇為民：《楊尚昆談新中國若干歷史問題》，頁 57。

為什麼沒有依照慣例指定劉少奇

劉少奇在中共黨內的地位，在延安整風中就上升為僅次於毛澤東的第二位。1943 年 3 月 20 日，由中央政治局會議通過的《中共中央關於中央機構調整及精簡決定》，重新組成的三人中央書記處，劉少奇就是三位書記 (毛澤東、劉少奇、任弼時) 之一，排名在毛澤東之後。[132] 1945 年中共七大閉幕後召開的七屆一中全會選出的五人中央書記處，劉少奇儘管排名在毛澤東、朱德之後的第三位 (後兩位是周恩來、任弼時)，但在 1945 年 8 月 27 日，毛澤東離延安赴重慶與蔣介石談判前夕，由毛澤東親自起草的中共中央致各中央局、分局，各區黨委通知：

> 在毛離延期間，劉少奇同志代理主席職務，並增選陳雲、彭真二同志為候補書記。[133]

1947 年中共中央撤離延安，中央一分為二，由毛澤東領導中共中央留在陝北，由劉少奇領導組成中央工作委員會移至山西；1949 年毛澤東去蘇聯訪問，仍由劉少奇代理主持中央工作。可見，當毛澤東外出，由劉少奇代理主持中央工作，已屬常態，處於毛澤東接班人的地位。

1953 年，毛澤東所以沒有依照慣例指定由劉少奇在他外出期間主持中央日常工作，而以徵詢意見的方式提出問題，顯然是有深層原因的。這就是在建國之初，在建設新民主主義社會問題上，毛澤東與劉少奇出現分歧。從 1953 年 5 月，毛澤東批評：「過去數次中

132《劉少奇年譜 (1898–1969)》，上卷，頁 415。
133《毛澤東年譜 (1893–1949)》，下卷，頁 15–16。

央會議決議不經我看，擅自發出，是錯誤的，是破壞紀律的」。[134]
6 月，在關於黨在過渡時期總路線的報告中，批評「確立新民主主義
社會秩序」、「由新民主主義走向社會主義」、「確保私有財產」均為
「右傾」的表現。[135] 進而又讓高崗私下查閱 1929 年劉少奇奉天被捕的
敵檔。這一切表明，在 1953 年這個時候，劉少奇不僅在政治上，甚
至在組織上，已在一定程度上失去了毛澤東的信任。而高崗在中共
黨內的地位，從延安整風到共和國建立之初，一直是步步高升的。
可見這時，在毛澤東心目中有關接班人的問題正在重新考慮。據李
銳說：「習仲勛跟我說過，1949 年進城後誰接班？就是高（崗）。」[136]
此說並不意味着 1949 年進城以後毛澤東就要換接班人，而是看出毛
澤東是把高崗作為未來的接班人而加以重用，這是明擺的事實。

　　但劉少奇終究是中共七大以來僅次於毛澤東的第二號人物，毛
澤東還必須觀察一下其他中央領導人對劉的態度，這或許就是毛澤
東何以不直接指定由劉少奇代理，而用徵詢意見的口吻提出問題的
真實原因。

　　劉少奇正是在這種大背景下，在毛澤東提出徵詢意見時，立
即表示由書記處同志輪流主持為好。「朱德表示同意劉少奇的意
見」。[137] 高崗顯然瞭解毛澤東的意圖，故而說出：「輪流吧，搞輪流
好。」朱德與毛澤東並肩戰鬥二十餘年，對毛澤東更有瞭解，不然也
不會輕易表態贊同「輪流」。

134《建國以來毛澤東文稿》，第 4 冊，頁 230。

135《毛澤東選集》，第 5 卷，頁 81–82。

136 李銳談毛澤東與高崗，2004 年 11 月 28 日，林蘊暉訪問李銳的談話記錄。

137 中共中央文獻研究室編：《朱德年譜（1886–1976）》（新編本）（北京：中央
　　文獻出版社，2006），頁 1462。

12 月 15 日作出了怎樣的決定

馬雲飛的文章説：「在 12 月 24 日毛澤東臨行前主持的中共中央政治局擴大會議上，特別作出決定：在毛澤東外出休假期間，由劉少奇代理主持中央工作。」

事實上，最初討論問題的會議，是 12 月 15 日的中央書記處擴大會議，高崗的「輪流」說正是出自這次會議，而非 12 月 24 日的中央政治局擴大會議。15 日會議討論的結果並未決定由劉少奇代理主持。請看《鄧小平年譜》中的記載：

> 1953 年 12 月 15 日下午，出席毛澤東主持召開的中共中央書記處擴大會議。會議通過《中國共產黨中央委員會關於發展農業生產合作社的決議》、《為動員一切力量把我國建設成為一個偉大的社會主義國家而鬥爭 —— 關於黨在過渡時期總路線的學習和宣傳提綱》，討論中華人民共和國憲法起草問題。會議決定毛澤東外出期間中央書記處會議由劉少奇、周恩來、朱德、陳雲、鄧小平、高崗、彭德懷參加，集體討論解決問題。[138]

《毛澤東年譜》也有同樣的記載：12 月 15 日下午，（毛澤東）在中南海頤年堂主持召開中共中央書記處擴大會議。會議討論的事項有：(一) 通過《中國共產黨中央委員會關於發展農業生產合作社的決議》，決定在報上公開發表；通過《為動員一切力量把我國建設成為一個偉大的社會主義國家而鬥爭 —— 關於黨在過渡時期總路線的學習和宣傳提綱》。(二) 決定增加劉伯承、賀龍、陳毅、羅榮桓、徐向前、聶榮臻、葉劍英為人民革命軍事委員會副主席。(三) 討論

138《鄧小平年譜（1904–1974）》，中卷，頁 1149–1150。

了中華人民共和國憲法的起草問題。(四) 決定毛澤東外出期間中央書記處會議由劉少奇、周恩來、朱德、陳雲、鄧小平、高崗、彭德懷參加，集體討論解決問題。(五) 王震任鐵道兵團司令員。劉少奇、周恩來、朱德、陳雲、高崗、彭德懷、鄧小平、楊尚昆、胡喬木出席會議。[139]

上述表明：第一次討論毛澤東外出休假，由誰主持中央工作的會議日期是 1953 年 12 月 15 日，會議性質是中央書記處擴大會議，會議的決定是「毛澤東外出期間中央書記處會議由劉少奇、周恩來、朱德、陳雲、鄧小平、高崗、彭德懷參加，集體討論解決問題。」而非「由劉少奇代理主持中央工作」。這就在相當程度上反映出毛澤東提出討論的本意。

因此，在這種黨內高層會議上，在討論問題的語境中，高崗、朱德表明自己的意見，純屬正常現象，何況「球」是由毛澤東親自拋出來的。

可見，把高崗的「輪流」說，作為高崗意欲「篡奪黨和國家最高權力」的罪證是不能成立的；在 1959 年 9 月 11 日的軍委擴大會議上朱德受到無理批判，在 1966 年 5 月的中央政治局擴大會議上，更被指責是老總想「黃袍加身」，有「野心」，在高、饒問題上「有賬」等等，都是經不住歷史事實檢驗的。

前引楊尚昆把 12 月 15 日中央書記處會議，毛澤東所以以詢問的口吻提出問題，真實意圖是為了「測試」高崗，「這一試，果然使他露了底。」趙家梁、張曉霽在《半截墓碑下的往事：高崗在北京》書中，也以「毛澤東設計釣『大魚』」為題寫了一節。可以說，都是對毛澤東真實意圖的誤讀。

139《毛澤東年譜 (1949–1976)》，第 2 卷，頁 208–209。

第七章

授人以柄的私下活動

那麼，高崗是不是就沒有錯誤了呢？不是。這就是他除了公開
與劉少奇在諸多問題上有着分歧以外，重要的是他私下傳播毛澤東
對劉少奇的不滿言論，談論人事安排問題和所謂封官許願等等，當
被人們拿上檯面時，就被指觸犯了黨的組織紀律，屬非組織活動，
這就有口難辯了。後來被指為「反黨罪行」的主要有 ——

傳播毛澤東對劉少奇的不滿言論

據原東北局第三副書記張明遠回憶，高崗從中央開會回來，或
在常委中間，或是幾個人閑聊時候，就散播過一些中央內部的情況
和言論，如：

> 毛主席在一些問題上對劉少奇不滿意，毛主席講過，
> 「七大」以後把劉少奇抬得太高了，幾年來證明劉少奇不夠
> 成熟，左右搖擺，掌握政策不穩，在不少政策問題上出了毛
> 病。一是土改時平山會議左的錯誤；二是日本投降後，毛主

席去重慶談判期間，少奇主持中央工作，在《解放日報》發表社論，說和平民主新階段到了，現在的中心任務已由戰爭轉入和平，這是戰略轉變等等。高崗說，少奇的錯誤在東北引起了思想混亂，造成一些人對和平的幻想，而對國民黨假和平真內戰的陰謀缺乏思想準備。說當時林彪有戰略眼光，沒有執行少奇的方針。

中央準備在「八大」調整機構，高崗說毛主席和他交換意見時，說對少奇、彭真不能讓人放心；說少奇參加蘇共十九大回來以後，毛主席一直沒給他分配重要工作。將來政府採用議會制還是部長會議制？1953 年上半年，毛主席提出中央分為一線、二線的問題，在中央少數人之間進行醞釀。他對高崗說他討嫌接待外賓和接遞國書之類的事情，不想當國家主席，只當黨的主席。「讓少奇去當國家主席吧，他喜歡那一套（指接待外賓之類）。」

毛主席說劉少奇等人對他搞封鎖，許多事不向他請示和反映，說北京黑暗，不如西藏光明。1953 年 5 月，毛主席兩次批評劉少奇、楊尚昆等人不經過他，就擅發中央文件，並因此大發雷霆。高崗看見毛澤東大發脾氣，深為震驚。他曾向東北局的同志談及此事，說從來沒有見過毛主席生這麼大的氣。

高崗說，自從把各大區的書記調到中央工作以後，中央內部的情況已經有了改變，劉少奇、彭真、薄一波他們再不能像過去那樣蒙蔽毛主席了。現在除了周總理是中立態度，林老（林伯渠）和董老（董必武）因年老體衰不大管事之外，中央其他許多同志都對他們（指劉少奇等人）不滿意。

高崗說過，白區幹部愛犯錯誤，有幫派。劉少奇對幹部有私心，對華北幹部的使用，在情緒上有偏向。彭真、薄一

波、安子文、劉瀾濤等有圈子，對幹部有偏有私，劉少奇支持他們。

1953 年 7 月初在高崗家，陶鑄[140]、王鶴壽[141] 和我〔張明遠自稱——引者注〕都在場，高崗説，中央政治局討論黨代表會議補選中央委員，提名單時，薄一波為了搞私人勢力，一下提了五個人，都是華北的幹部。以後高崗向毛主席提名陶鑄、黃克誠為政治局候補委員，提陳正人為中央組織部長等；毛主席提名王鶴壽、張秀山、張明遠、李雪峰為中央候補委員候選人。

毛澤東對高崗説的這些有關劉少奇和中央體制問題的意見，高崗不僅和東北局的人談過，也和林彪、陳雲等私下交換過看法，而且在不少高級幹部中散佈過，議論過中央調整機構及人事變動的問題。

總之，在 1953 年全國財經會議之前，高崗把 1945 年以來，劉少奇關於和平民主新階段的指示、土地會議的錯誤，連同以上幾個政策問題〔指互助合作、工會工作方針等等——引者注〕集中起來，説少奇自「七大」以來一貫不穩，犯了一系列錯誤。毛澤東有讓劉少奇「挪挪位子」的想法。

高崗説，他對少奇的這些意見，都和毛主席談過，有一次談了四個小時，主席同意他的意見，並且很難過。有一

---

140 陶鑄，1908 年生，1926 年加入中國共產黨，中華人民共和國成立後歷任中共廣東省委第一書記、中共中央中南局第一書記、國務院副總理、中央宣傳部部長，中共中央政治局常委。「文化大革命」初期遭迫害，後因膽癌1969 年病逝。1978 年 12 月，中共十一屆三中全會為陶鑄平反。

141 王鶴壽，1909 年生，1925 年加入中國共產黨，1949 年 5 月任東北人民政府工業部部長，1952 年調任國家重工業部部長，1956 年擔任冶金工業部部長。1982 年 9 月在中共十二大上當選為中央委員、中央紀律檢查委員會常務書記。1999 年病故。

次他把少奇關於處理富農黨員的談話和中組部的信給主席看
了，主席氣得發抖，變了臉色，並嘆氣說：「少奇同志有些重
大問題不和我商量，擅自作主，出了不少亂子。」高崗還說，
有些問題（如供銷社、農業生產合作社、工會工作等）曾提到
政治局會議討論過，他的意見得到中央許多同志和各中央局
書記（華北局除外）的支持。[142]

張秀山也說，1952 年 12 月，高崗到北京工作後，接觸毛澤東
的機會多了，他從毛澤東那聽到一些：劉少奇思想不合拍、停留在
新民主主義階段，必要時要推他、拉他走社會主義道路；毛澤東明
確表示不想當國家主席，讓少奇去當，並說：我討厭迎來送往，讓
少奇去，他喜歡等等的說法。尤其是毛澤東對高講，劉少奇在奉天
被捕過，要高去查一下瀋陽的敵偽檔案。高認為這是毛澤東對劉少
奇品質的懷疑，對劉的否定。

高崗散佈對劉少奇的不滿，說：

　　1946 年 2 月 1 日《中央關於和平民主新階段的指示》是
少奇同志寫的。彭真在東北的錯誤是執行了這個指示。彭真
犯錯誤後到中央仍擔任要職是少奇支持他。少奇和彭真、薄
一波過去都是搞白區工作，沒有軍事工作及建設根據地的經
驗。

　　土地會議搞「左」了，是少奇沒有經驗，掌握政策不穩。

　　少奇不重視東北的經驗，只依靠華北的經驗來指導工
作，不讓《東北日報》向關內發行。說：少奇不同意東北實行
廠長負責制的意見，而主張黨委制。少奇同志批評山西省委
農業社會主義的電報也即是批評東北。

---

142 張明遠回憶手稿。

全國財經會議後，説：「少奇搞宗派，和彭、薄、安、劉有圈子。」

高崗的這些意見除了向東北局的一些領導同志講過，還向陳雲、彭德懷、林彪、譚震林、陶鑄、羅瑞卿[143]、陳正人、饒漱石等人講過。[144]

王鶴壽、陶鑄、陳正人等也都談到高崗與他們講過對劉少奇的意見，如土地會議、和平民主新階段、整黨、富農黨員、合作社以及對天津資產階級的講話等問題。中心意思是：一，在這些問題上他都是正確的；二，説劉少奇偏。高崗説，他與劉少奇1949年7月訪蘇，劉少奇的報告很長，斯大林不願聽，很喜歡聽他作報告。説斯大林不滿意劉少奇，對他很重視。斯大林稱他為「張作霖」，有問題總是問「張作霖」的意見怎樣？高崗到北京後，説劉少奇在中央會議上發言甚少，主席什麼事都問他，現在真是忙不過來，而劉少奇又沒有什麼工作。高崗説，劉少奇有「圈圈」，彭真、薄一波、劉瀾濤就是這個「圈圈」裏的。他所以調離東北，是劉有意要讓林楓[145]負責東北工作，這是「調虎離山」的辦法，説主席仍要他兼東北工作，林楓是「圈圈」裏的，毛澤東不放心，主席是很信任他的，並説將來的八大要他兼東北代表團長。高崗還説，主席説，中國的馬林科夫還未定，要少奇同志當中國的什維爾尼克〔馬林科夫是斯大林指

---

143 羅瑞卿，1906年生，1926年加入中國共產黨，中華人民共和國成立後，任公安部部長、國務院副總理、總參謀長等職。1955年被授予大將軍銜，「文化大革命」期間遭受殘酷迫害，1977年復職，1978年赴聯邦德國治療腿疾時去世。

144 張秀山回憶手稿。

145 林楓，1906年生，1927年加入中國共產黨，中華人民共和國成立後，歷任中共中央東北局副書記、第一副書記，中共中央副秘書長，中共中央黨校校長等職。1977年病故。

定的接班人；什維爾尼克是最高蘇維埃主席，屬虛職。這裏暗指毛
的接班人還未定，毛有意讓劉少奇當議會的議長——引者注〕。等
等。[146]

　　高崗在另一些場合，也散佈過一些有關周恩來的言論。據習仲
勛説：高崗攻擊周恩來對抗美援朝不積極。説在莫斯科，斯大林對
少奇、恩來不大理睬，但很器重他。説斯大林提出中國這樣多人沒
有人能當總理，為什麼不要高崗當總理呢？周恩來是沒有能力的，
最好要林彪作將來的部長會議主席。[147]

「黨是軍隊創造的」「軍黨論」

　　所謂「軍黨論」，是指中共在奪取全國政權之前，其革命活動有
兩個部分；即革命根據地（亦稱蘇區）的武裝鬥爭和國民黨統治區
（亦稱白區）的地下鬥爭，而堅持革命根據地鬥爭的是黨的主體。

　　這個話題，可見的材料是高崗在去廣州的火車上與秘書們的談
話。趙家梁説：

　　　　高崗認為，準備八大的一個大問題，是要搞出一個完整
　　的黨史稿子。我們黨經過了 30 多年的歷程，可以説，是個
　　艱難曲折的、然而是勝利光輝的歷程。蘇聯黨曾經搞過幾次
　　黨史，最後寫了個簡明教程。我們應該寫出個像樣的、反映

146〈王鶴壽、陶鑄、陳正人、馬明方、習仲勛、劉景范、張聞天、陳雲、李卓
　　然、杜者蘅在全國黨代表會議上的發言〉（複印件），國防大學黨史黨建政工
　　教研室資料室存。

147〈習仲勛在 1955 年 3 月中共全國黨代表會議上的發言〉（複印件），國防大學
　　黨史黨建政工教研室資料室存。

實際的黨史來。《若干歷史問題的決議》[148] 是個片段，我們需要一部完整的黨史。我們的黨史內容，肯定要比蘇聯的更豐富。不過牽涉到各個方面、各個山頭、各個根據地，要寫好它，不容易。這個工作一定要做好，對統一黨的思想、教育全黨、全國人民，都是頭等大事。我們黨的歷史，特別是抗戰前的歷史，不能分切成兩大塊，一塊是根據地的，一塊是白區的。實際上，白區的部分在全黨來說是很小很小的部分。把白區和根據地對等起來提是不符合實際的。根據地的黨史，過去只講南方的，不講北方的，這也是不符合實際的。一講革命，就好像只有南方，北方只是「痞子」、「流寇」（說到這兒，他有些憤憤不平）。至於白區和根據地的黨，有相互配合促進的一面，也有相互扯皮促退的一面。當年北方局先派郭洪濤，後來又派朱理治到陝北的歷史情況，大家都知道，把陝北根據地搞得一塌糊塗。要不是黨中央、毛主席及時趕到，及時搶救，陝北革命根據地險些兒被斷送掉（他自己也差點被活埋）！當時陝北革命，名義上是北方局在領導，實際上北方局只搞它的城市白區工作，沒有搞根據地工作。相反的，對根據地是有害而無利。上海的中央，主要是搞白區的工作，對江西蘇區也是害多利少。這個歷史，沒有認真總結過。是不是可以這樣認為，中國黨的歷史，實際上主要是革命根據地的歷史，或者說，應該以根據地的發展歷史為主線；白區工作有作用，有成績，但也不大，不能與根據地相提並論。根據地的發展歷史從根本上來說，就是黨領導的人民群眾的武裝鬥爭史。南方是這樣，北方也是這樣。[149]

---

148 指 1945 年 4 月 20 日中共六屆擴大的七中全會通過的《關於黨的若干歷史問題的決議》。

149 趙家梁、張曉霽：《半截墓碑下的往事：高崗在北京》，頁 151–152。

　　高崗在與其他人的談話中所流露出的言論，主要是對彭真、薄
一波、安子文等所謂「白區」幹部掌權不滿。未見「黨是軍隊創造的」
說法。而持所謂「白區」幹部掌控着中央權力的觀點，從可見的文字
材料中還有：

　　　　財經會議期間，高崗領頭去看望在西山休養的林彪。林
　　彪因為生病正在西山休養，沒有參加財經會議。一些大區負責
　　人想去看望他，高崗便出面聯絡，並帶領大家去了。據張明遠
　　說，後來得知，幾個大區和一些部隊的負責人去了不少。有一
　　次我有事去高崗家，他不在，正好還有兩個同志〔王鶴壽和陶
　　鑄——引者注〕在那裏，我們就一邊閒聊一邊等待。我聽王
　　鶴壽說，他們去看望林總，談了財經會議的情況，林總的水平
　　很高，看問題深刻，對少奇的問題提得很尖銳，認為劉少奇在
　　毛主席身邊確實很危險。王鶴壽還說，現在白區黨控制着中央
　　的權力，很危險。王鶴壽還說，少奇在許多政策問題上把握不
　　穩，「看來，中央的領袖，毛主席年高體衰，少奇一貫不穩，
　　是不行了，只有高主席經過長期考驗證明是正確的，是可以信
　　賴和擁護的……」我說，少奇的確在一些政策上有錯誤，但說
　　他一貫不穩，我不贊成。王鶴壽說，你不瞭解，中央的情況複
　　雜得很……我無心和他爭論，不再說什麼。這次集體看望林
　　彪，高崗事前事後是否向毛主席請示報告？我不知道。有人說
　　這本來就是毛主席的意思，也有人說毛主席從這件事以後開始
　　懷疑高崗背着他搞地下活動。值得深思的是，無論在當時或是
　　後來，都沒有人提起這件事情。會議結束後，王鶴壽對我說，
　　這次會議只能開成這樣，有些問題這次會議沒有解決，薄一波
　　受了批評，他們不會甘心，東北要更加謹慎，防止他們打擊報
　　復。幾天後（8 月 15 日前後），高崗也對我說了類似的話。[150]

---

150 張明遠：《我的回憶》，頁 381。

這次活動，明顯地表露出在對劉少奇的看法上，林彪與高崗是一致的。關於林彪尖銳地提出「現在白區黨控制着中央的權力」的問題。譚震林也提到過同樣的問題。

財經會議結束後，毛澤東分別接見各大區負責人，東北局被接見的是高崗和張明遠。對毛澤東當時的談話，張明遠的記憶是：

> 主席又一次談到關於過渡時期總路線，他説現在看來，全黨思想是否一致，還需要做工作。要有一個共同遵守的路線，行動才能保持一致。他又説，東北的工作搞得比較好，發展快，對國家的貢獻大，是因為東北的基礎好，你們今後還要搞得更好。實現工業化，全國不能齊頭並進，東北要帶頭。各大區的工作都有成績，也都有缺點，不是哪個大區成就特別多或者特別少，只是在某些方面表現有多有少。各自的條件不同，不能比，不能認為東北先進，別人落後。
>
> 接着他話鋒一轉：「譚震林對我説，中央有兩個司令部，白區黨的人掌握着黨權（組織、人事部門）、政權（政法部門）和財權（財經部門）；另一個是以我為首的司令部，大權旁落，這很危險，應該把權奪回來。」毛主席説：「這種説法是錯誤的，我已經批評了譚震林，不能説什麼『白區黨』、『蘇區黨』。只有一個中國共產黨，一個司令部，就是黨中央。」[151]

毛澤東在與高崗等談話時，講什麼「蘇區黨」、「白區黨」的問題，其深意何在，不得其詳。但從林彪和譚震林的話中表明，高崗在散佈所謂「軍黨論」這個問題上，當年在黨內高層很多人中是有共鳴的。

---

151 張明遠：《我的回憶》，頁 382–383。

散佈「有薄無林」的名單

　　所謂「有薄無林」的名單，是指1953年3月，中央組織部副部長安子文未經中央正式授權，草擬了一份中央政治局委員名單和中央各部主要負責人的名單。有關安子文草擬這份名單的由來和是否「有薄無林」的問題，現有出版物有兩種說法：一是薄一波的高崗「編造」說；二是《毛澤東傳（1949–1976）》中的高崗「散佈」說。

　　薄一波在他的《若干重大決策與事件的回顧》中寫道：「3月初，高崗向安子文同志轉達了毛主席同他的談話內容，說中央政治局成員要改組，要加強中央各部機關。安子文同志未經中央授權，草擬了一份中央政治局委員名單和中央各部主要負責同志的名單。政治局委員名單分成兩組寫出，一組寫有毛澤東、劉少奇、周恩來、朱德、陳雲（以上書記處成員）、高崗、林彪、彭德懷、鄧小平、饒漱石、薄一波、鄧子恢（以上各中央局書記）；另一組寫有董必武、林伯渠、彭真、張聞天、康生、李富春、習仲勛、劉瀾濤。對中央各部，列了組織部、宣傳部、政法統戰部、農村工作部、財經工作部負責同志和中央正副秘書長名單。安子文同志將這個名單給高崗看過，也向饒漱石談過。高崗又疑神疑鬼，認為這個名單准是劉少奇授意向他進行試探的。於是，他抓住這件事在高級幹部中大做文章，編造說，政治局委員名單中『有薄無林』（即有薄一波而無林彪），連朱總司令也沒有了。並挑撥說，劉少奇不贊成陳正人擔任建委副主任或中組部副部長，不支持陶鑄在廣西的工作，等等。」[152]

　　楊尚昆的說法與薄一波基本相同，只是把薄的「編造說」，改成了「高崗胡說政治局委員名單中有薄（一波）無林（彪），連朱總司令也沒有了」。[153]

---

152 薄一波：《若干重大決策與事件的回顧》，上卷，頁313。
153 蘇維民：《楊尚昆談新中國若干歷史問題》，頁55。

關於安子文草擬這個名單的原委，安子文本人也說與高崗有關，並說名單中有林彪的名字。安說：

> 1953 年 3 月的某一天，高崗曾對我說，昨天晚上主席找他談話，講了兩個問題：一、政治局成員要改組；二、加強中央各部的機構，對這兩個問題有什麼意見。他說他因事先毫無準備，未考慮這個問題，待主席下次找他談話時，再表示他的意見。當時高崗並未表示他要徵求我的意見，我也沒有表示任何意見。他問我：習仲勛、劉瀾濤怎麼樣？我答，兩個同志都很好。他說，不是因為他們和我是老鄉我才說他們好，他們的確好，年輕，正派，有經驗，有能力。有前途，將來就要這些人做事。

> 由於那個時候，我知道中央正在研究加強中央的辦事機構，準備增設新的部門；由於那時盲目崇拜高崗，所以在高崗和我談過這個問題後，便擬了一個中央政治局的名單和中央各部主要負責同志的名單。

> 名單擬好後，我打電話給高崗，他馬上就到我家來了。我把名單給他看了，說明這是我個人的想法，作為他向主席談話時的參考。

> 我所擬的中央政治局名單是 12 個人，書記處五個人，即毛、劉、周、朱、陳；六個中央局的書記，即高崗、彭德懷、林彪、鄧小平、饒漱石、薄一波；另加鄧子恢同志。另外，在這張紙的一角，還寫了八個名字，就是：董老、林老、彭真、張聞天、康生、李富春、習仲勛、劉瀾濤。我寫這八個名字，是為了和高崗說話方便，我向他說：這八人中前五人是現任政治局委員；習、劉是候補中委，不能參加；富春我沒有肯定的意見。寫習、劉，是高崗前次談話談到他二人引起的，我的意思是，怕高忽略了他二人是候補中委，

而把二人向主席提出來。為什麼對富春沒有肯定意見？是受高的影響。高對我說：富春是老同志，有能力，勤勤懇懇，能聯繫群眾，在東北工作中路線上是正確的，但他有大的缺點——不硬、軟、事務主義嚴重，對業務領導得不好，王鶴壽對他有很多意見，並說，他為這個問題，曾狠狠批了王鶴壽，要王鶴壽一定要尊重富春（王鶴壽發言說這是造謠）；他也找富春談過了，說連王鶴壽這樣的好同志對你都還有意見，老兄想必是缺點，要警惕，要注意呀！

關於中央各部負責同志的名單，我擬的是：宣傳部少奇兼部長，另增楊尚昆為副部長；組織部部長饒漱石，副部長增張鼎丞、蔡大姐或鄧大姐、賴若愚、胡耀邦等人；政法統戰工作部部長鄧小平兼；農村工作部部長鄧子恢；財經工作部部長劉瀾濤；秘書長周恩來兼，副秘書長是康生、陳伯達。我向高解釋，宣傳部很重要，蘇共是作為頭一個部，由第一書記來管，仲勛同志很忙，政府文委的事和中宣部的事擺在一起，事情太多；關於組織部不管是否改名稱，今後實際上應成為蘇共那樣的黨、工、青機關工作部。

高崗當時把這個名單看了很久，沒有表示什麼意見。只說，他也考慮過了，主席要找他談時，他是要表示意見的。並說，習仲勛、劉瀾濤是候補中委，無論如何不能提。他還問楊尚昆怎麼樣？我說很好，他說楊有理論，任宣傳部副部長很合適。

高崗走後我即把這個名單燒毀了。

是當天還是第二天，在與饒漱石談話中，我把同高崗談話的前後經過告訴了他。他未表示態度。只說了一句話：康生同志身體怎麼樣？我說，據尚昆同志講，有好轉，再過些時候就可以工作了。

以後再沒有和任何人提起這件事，究竟高崗是否和主席
談過了，我也未再問過。

1953 年 7 月間，在財經會議的領導小組會議上，饒漱石
把這件事提出來，少奇、恩來向我查問這件事，並對我進行
了批評，我當即向中央作了書面檢討，請求中央給我以撤銷
中央組織部副部長職務的處分。中央審查了我的書面檢討，
給了我當面警告的處分，理由是這種做法可能引起黨內不
和。到四中全會後，在中央召開的座談會上，我才發覺高崗
利用這個名單，造了很多謠，暗中傳播，到處煽動，進行分
裂黨的活動。[154]

那麼，毛澤東是什麼時候得知此事並批評安子文的呢？

對於安子文草擬名單是否由高崗向他轉達毛澤東的談話引起
的，高崗秘書趙家梁在書中另有一說：

第一，高崗看的名單，不是安子文給他看的，而是毛澤東派人送
他看的。趙在書中寫道：

> 高崗在反省時談到，大約在 1953 年 4 月上旬的一天中
> 午，毛澤東的機要秘書送來一份文件，要他親自簽收，並立
> 等閱後收回。在一般情況下，中央傳閱文件，即使是很機
> 密、很重要的文件，都是由中央機要局派專人傳遞，由秘書
> 簽收。唯有這一次例外，是由毛澤東的機要秘書直接送給高
> 崗本人，而且閱後馬上收回。可見毛澤東對此文件之重視，
> 也說明此文件之特別機密和重要。後來得知，這就是安子
> 文擬的「八大」政治局委員和各部委分工名單。高崗驚奇地

---

154 安子文在 1955 年黨的全國代表會議上的發言（複印件），國防大學黨史黨建
　　政工教研室資料室存。

發現，在政治局委員名單中有薄一波而沒有林彪（「有薄無林」）。這個名單，他以前從未見過。

第二，安子文擬的這個名單，是高崗授意的嗎？趙家梁從三個方面做了駁斥：

首先，從工作的角度來說，毛澤東即使有改組中央政治局的打算，也只能是在黨中央少數人中間議論的極為機密的事情，他首先應當與主管組織人事工作的劉少奇商量。而考慮中央領導機構的人選問題，本不歸高崗管，但他作為中央的主要負責人之一，毛澤東徵求他的意見也是正常的。

高崗主管計劃和工業工作，與組織人事工作沒有直接關係，與中央組織部部長饒漱石、副部長安子文都沒有直接工作關係。高崗與安子文雖然都是陝北同鄉，但是很清楚，安子文是劉少奇的老部下，在思想上、感情上都有相當距離。無論從工作上還是私人關係上說，他都不可能向安子文透露這類消息，更不會向他「轉達」所謂「毛澤東要改組政治局」如此極為機密的訊息，或「授意」他搞這個名單。相反，劉少奇無論從工作關係上還是從個人關係上來說，向安子文透露這一訊息，或是佈置這類任務，都是順理成章的。

其次，從名單的內容來看，如果這個名單果真是高崗讓安子文搞的，如果真是安子文事先給高崗看過，那麼，高崗怎麼會同意這樣一個有薄一波而沒有林彪的名單呢？那應該是一個有很多「高崗親信」的名單才是。

其實，安子文在檢討時根本沒有提到是誰向他傳達的訊息，也根本沒有提到事先給誰看過這個名單。安子文當然知道，這樣一份極為機密的名單，在送交黨中央、毛澤東之前，絕不允許傳出去或事先送某人看。他確實根本無權自己

搞這個名單，難怪毛澤東對此很生氣，嚴厲批評了他。但為
什麼沒有深追這個名單是誰授意的呢？其實他心裏很明白，
不便説穿罷了。

第三，安子文擬的名單中究竟有沒有林彪？

趙家梁引用了薄一波書中所説的「安子文把名單分為兩組，一
組是毛澤東、劉少奇、周恩來、朱德、陳雲（以上是書記處成員）、
高崗、林彪、彭德懷、鄧小平、饒漱石、薄一波、鄧子恢（以上是
各中央局書記）；另一組是：董必武、林伯渠、彭真、張聞天、康
生、李富春、習仲勛、劉瀾濤。」

然後指出：「值得注意的是，這個名單的第一組裏，既有中南
局第一書記林彪的名字，又有中南局第二書記鄧子恢的名字。如果
這個名單真是安子文所擬，那麼，列入兩位中南局書記，顯然不合
適。」

趙接着回答：「為什麼會這樣？林彪從 1950 年起就因病休養，
中南局第一書記的工作一直由第二書記鄧子恢代理主持。上鄧子恢
的名字作為中南局書記，而沒有寫上已休養三年的林彪，是完全可
能的。高崗當時所看到的，正是這樣一個名單——有薄一波而沒有
林彪。」

最後，趙指出：「然而，這個名單後來被某些人出於某種目的而
加進了林彪的名字，不料卻又露出破綻。」[155]

值得注意的是《毛澤東傳》對高崗在「有薄無林」名單問題上的
表述。有關這個名單的前後經過，《毛傳》的敘述，與薄一波、楊尚
昆、安子文基本相同，不同點是：「他〔指高崗——引者注〕認定這
個名單是劉少奇授意搞的，便到處散佈政治局委員名單中『有薄無

---

155 趙家梁、張曉霽：《半截墓碑下的往事：高崗在北京》，頁 119–120。

林』(即有薄一波無林彪),連朱總司令也沒有了。」

　　請看:《毛傳》沒有照抄薄一波的「編造」,更未採用楊尚昆的
「胡説」,而是明白無誤地改寫成「散佈」,這顯然經過慎重考慮的。
其實是「散佈」而非「編造」,並非《毛傳》作者要為高崗開脱,其依
據的是毛澤東當年的原話。毛在 1955 年全國黨代表會議上的結論中
解釋何以説高、饒有一個聯盟,從五個方面作了論證,其中第四點
説:

> 　　四、是從高崗、饒漱石到處散佈安子文私擬的一個政治
> 局委員名單這件事看出來的。在這件事上,安子文是受了警
> 告處分的。高崗、饒漱石等人把這個名單散佈給所有參加組
> 織會議的人,而且散佈到南方各省,到處這麼散佈,居心何
> 在?[156]

　　上述這段引文,毛澤東接連用了四個「散佈」。而且,對安子文
私自擬這個名單由何而起,毛澤東隻字未提。毛指責高崗「散佈」的
錯誤,確有其事。在全國黨代表會議上,王鶴壽、陶鑄、陳正人等
都説高崗向他們談過。

　　那麼,安子文擬的名單「有薄無林」是否屬實呢?請看《毛澤東
年譜(1949–1976)》的記載:1953 年 9 月 21 日,晚上,(毛澤東)
在中南海西樓會議室主持召開中共中央政治局會議。「會議認為,安
子文擅自擬定中央政治局委員和黨中央各部負責人的名單,並在兩
個中央委員中徵求意見,這是錯誤的,這樣做可能影響中央同志之
間的團結,決定給安子文當面警告處分,委託劉少奇、饒漱石面告
安子文。」《年譜》注釋説:「兩個中央委員,指高崗、饒漱石。高崗
看到名單後,到處散佈中共中央政治局委員名單中『有薄無林』(即

156《毛澤東選集》,第 5 卷,頁 146–147。

有薄一波無林彪）。高崗利用名單問題，在黨內進行挑撥。」[157] 這更明確表明「有薄無林」確是事實，並非高崗「編造」。

私自談論人事安排意見和「封官許願」

1953 年 10 月 3 日至 11 月 2 日，高崗到南方休假，是高、饒事件中又一個備受注目的重要活動。趙家梁在接受筆者訪問時，詳細地談了高崗在上海、杭州、廣州三地逗留活動的經過。關於高崗與林彪、陳正人、陶鑄等人接觸的情況，趙說：

> 10 月 8 日，高崗到杭州，不久即去看望在此養病的林彪。他們上次見面是 8 月間在北京西山，那次去的人很多，談得也很深。他這次順便向林彪介紹了政治局關於開展增產節約運動和糧食統購統銷問題的兩個會議情況。
>
> 24 日上午，梅行、馬洪、楊英杰、張有萱、勇龍桂和我六人在劉莊小樓上向高崗彙報。不一會兒，陳正人來了。他一進門就旁若無人、很興奮地嚷嚷：「高主席呀！這下可好了！組織會議可熱鬧啦！把蓋子揭開啦！」陳正人所說的「蓋子揭開」，是指中央組織工作會議上安子文受批評，並聯繫到劉少奇的情況，裏面也夾雜着他自己的看法。他滔滔不絕地說，高崗偶爾插幾句話，主要是詢問情況，沒有發表多少意見。
>
> 25 日抵達廣州，住在廣州軍區招待所。高崗住的小樓在陶鑄的西鄰。他與陶鑄很熟，交談較多，其間自然會談到劉少奇的問題。27 日傍晚，在海軍司令部禮堂晚宴，聽說這

---

157 《毛澤東年譜（1949–1976）》，第 2 卷，頁 168–169。

次招待是葉劍英、譚政等同志安排的，他們都與高崗有所交
談。[158]

直接與高崗交往的幾位，後來在 1955 年全國黨代表會議的發
言 [159] 中也都有所交代。如：

陳正人說：

9 月我去杭州休養。10 月高崗到杭州來了，我見過他四
次。第二次他來看我，他當時很有興趣談的是將來部長會議
主席問題。他開始仍假裝擁護林彪搞，問我的意見。我是主
張主席兼任。他說主席是不會搞的，以後就造出林彪不如高
崗的謠言了。並說他和主席談過，要林彪搞，主席不同意。
他又吹嘘了自己一番，說他不能休養太久，因為主席要等他
回去才能休息。

劉亞樓 [160] 說：

10 月 20 日，高崗去廣州前，我去看他，他正與陳正人
談話。大概說了少奇在土改、合作化、對資產階級政策等問
題上犯了嚴重錯誤。又說：有一天深夜他和主席談將來部長

---

158 高崗秘書趙家梁談高崗問題，林蘊暉、沈志華 2005 年 2 月 2 日訪問趙家梁
　　記錄。

159 陳正人、劉亞樓、王鶴壽、陶鑄在全國黨代表會議的發言（複印件），國防
　　大學黨史黨建政工教研室資料室存。

160 劉亞樓，1910 年生，1929 年加入中國共產黨，1939 年赴蘇聯伏龍芝軍事
　　學院學習，並於次年 9 月參加了蘇聯衛國戰爭。1945 年 8 月回國後，任東
　　北民主聯軍參謀長，1949 年被任命為第四野戰第十四兵團司令員。7 月，
　　受命組建中國人民解放軍空軍，任首任空軍司令員。1955 年被授予空軍上
　　將軍銜。1965 年病逝。

會議主席人選問題，他在桌子上寫了個林字，主席在桌子上
寫了個「⋯」字（我未聽清）。

王鶴壽說：

1953 年 12 月，高崗問我：你不是到上海檢查工作？他
說，主席的身體不好，要退到二線，現在正在醞釀第一線誰
當家，並說少奇如果當家就很偏，你如能到上海檢查工作，
就從那裏到杭州林總處講講這個情形，希望他能和主席講一
講。我聽後大吃一驚，回答說，我不能去，林總如有什麼意
見林總會講的，我不應到杭州講這件事。

陶鑄說：

高崗到廣州，住的時間不過三四天，我們那時正開華南
的黨代表會議。在廣州期間陪他參觀了兩個大學，在他參
觀虎門回來的晚上，找我談了三個鐘頭的話（第二天他就要
走），談的話我認為是他較系統的一套反黨綱領：

1.　說目前全黨要抓四個工作，即集中力量搞重工業（這
實際就是想以計委來領導一切），加強軍隊現代化建設（實際
想掌握軍隊），審查與調整幹部（以此進行他的宗派政策），
修黨史。談到幹部問題時說，中央現正在開組織工作會議，
說主席對組織部工作很不滿意，要張秀山到組工會議去講
話，說他不贊成李雪峰任組織部副部長，而提陳正人任組織
部副部長。在說到修黨史時，主要是誣衊少奇，造謠說有人
認為蘇區是毛主席領導的，白區是少奇同志領導的，這種二
元論的看法，他要堅決反對。

2.　繼續誣衊少奇有宗派。我不同意。他最後說並加手
勢：「你不信殺我的頭」。

3. 部長會議主席問題。高崗捏造中央要把政務院改為部長會議，並問我你們下面看法以為誰搞最適當，我當時反問：是否一定要變為部長會議那樣的形式？如果一定要那樣，最好主席兼。他說主席不願兼，你看林彪搞怎樣？我說：我個人贊成。我又反問中央與主席的意見如何？他說主席不同意。我說既是這樣那就不好提，也不能提。他說：大家多向主席講不好嗎？

趙家梁說：

值得提到的是，在去廣州的專列上，高崗與我和梅行兩人多次聊天，內容廣泛。現在回想起來，他是有意讓我們領會他的思想、看法和打算。歸納起來，他講的主要內容是：一、明年的工作；二、黨史問題；三、八大代表問題；四、老黨員培訓問題。他只講自己的意見，沒有談中央內部的意見分歧。

關於 1954 年的工作，主要抓四項，一是經濟建設，二是編寫黨史，三是八大代表，四是憲法、人大。他說這是別人提出來的，他覺得不錯，是為召開八大的準備工作。

高崗認為，準備八大的一個大問題，是要搞出一個完整的黨史稿子。〔有關內容已錄入本章「黨是軍隊創造的」「軍黨論」部分──引者注〕關於黨的八大代表問題，不能像七大時那樣。七大時，毛主席照顧各個山頭，有意把井岡山一軍團的壓了下來，當時只選了林彪一個，其餘像鄧華、蕭華、劉亞樓他們都是年輕有為的師長，很難得的人才，毛主席有意讓別人上去，把他們壓下來了。這是毛主席的偉大之處。這次八大，應該從實際出發，就是要選有功的、有能耐的上去。現在全國統一了，再以照顧山頭為主，那就會把真正有

功的、有本事的人埋沒掉。應該以全國通盤考慮為主，適當
照顧山頭。

高崗還歷數了各省的省委書記，說他們各有千秋。毛主
席從各省的工作實績來考察，認為比較「鼓」出來的有這麼
幾個：廣東的陶鑄、山東的向明、河南的張璽、山西的賴若
愚。他說，在東北的幾個省委書記中，比較能幹的、「鼓」出
來的是趙德尊和郭峰，儘管有的書記比他們資格老、年齡
大。中央各部的部長中間，也有這個問題。主要是要從工作
實績來考核，不能光從資格、山頭來考慮，要通盤考慮。

高崗認為，對老黨員的培訓問題十分必要。他講了陝北
農民領袖崔田夫的軼事。抗戰前，崔田夫到北京，北方局安
排他住在旅館裏。第二天早上起來，茶房送來一杯水，一把
小刷刷，一小管「糊糊」。崔田夫心想，那管「糊糊」大概是
早點，小刷刷做啥用？猜不透。他把「糊糊」擠出來，咽下
肚，涼涼的，有點甜，不好吃，又把水喝下。他覺得城裏人
真怪，這麼一點東西，咋能填飽肚子？後來他才知道，這是
給他刷牙漱口用的。可是他從未見過，從未用過，也沒人跟
他說過。崔田夫從北京回到陝北，就跟大家說這件事，引得
大家哈哈大笑。他還說，北京可怪啦，房子在馬路上走，走
得可快哩。大家都十分驚訝。原來，當時北京的有軌電車，
農村人不曾見過這「怪物」，自然也不認得它，以為是房子在
跑。高崗一邊講，大家一邊跟着笑，又都感到這裏面包含着
一個嚴重的老幹部的培訓問題。

高崗又說：我們農村黨員佔很大比重，老幹部也還有不
少缺乏文化、缺乏現代科技知識和現代生活習慣。這種情況
很不適應解放以後現代化建設的需要，不學不行。那年，東
北工業部部長王鶴壽從鞍山回來講三大工程建設，講軋鋼機

的地腳螺絲，一兩噸重的東西，上下對孔，擺正水平，不能有分毫差距。我們從未聽說過，新鮮得很。到中央開會時給大家一講，都沒聽過、沒見過。新東西，該學的多着呢。馬列主義基本原理一定要學，現代科學技術知識、經濟建設知識也要學。但不提高文化，什麼也學不成。如果只滿足於批批點點，浮在面上，那不行，要掉隊，要誤事！

　　高崗還講了他對一些中央同志的看法，講得比較多的是對劉少奇的看法。他說：七大時，實際上確定少奇是毛主席的接班人。但後來，毛主席對少奇感到失望，不滿意。尤其是這幾年，少奇沒有幫主席什麼，沒有做什麼工作。而且不少意見與主席不「合拍」，毛主席深感少奇不是個好幫手。中央也有不少同志有這個意見。少奇不那麼穩。「和平民主新階段」是他提出來的。土改時，中央工委的決定有左也有右，主席在晉綏的講話糾正了。富農可以入黨的問題，東北頂了他。農業合作化，對山西的批示是右傾表現；對東北城市資本主義工商業政策的批評有問題，東北的情況不同，不能拿全國來套。在天津對資本家的講話，要求發展資本主義。總之，左右搖擺，很不穩。要不是毛主席領導掌舵，而由少奇掌舵，那是危險的。有些理論性的東西，回北京以後，再好好琢磨琢磨。在幹部問題上，少奇有攤攤，主要是原來華北的那些幹部安插在各個方面，乘八大之機，肯定要安排他的人。不是從全局出發，不從黨的利益出發，這是很危險的。

　　高崗在講主席對少奇不那麼滿意時，給我們的印象是，他是直接聽毛主席講的，有一種深為憂慮的心情。顯然，他所談的這些問題，都是他經過長時間思考的，很可能也對林彪、陶鑄等人談過，並且徵求過他們的意見。[161]

---

161 高崗秘書趙家梁談高崗問題，林蘊暉、沈志華 2005 年 2 月 2 日訪問趙家梁記錄。

關於八大選中央委員的問題，高崗與王鶴壽、陶鑄、陳正人、劉亞樓等也都談過。高還對他們說，主席說，中國的馬林科夫還未定，要劉少奇當中國的什維爾尼克。

高崗這一席談話，集中反映的是在即將召開的中共八大，「蘇區黨」和「白區黨」的權力要重新分配。而高崗本人則將成為這次權力分配的主要決策人。有關高崗封官許願的表現，如王鶴壽說，高崗在與他和陶鑄談話時說，華北預備提好幾個人當候補中委，中央還沒討論，並說也有我們兩個人名字。陶鑄也說，高崗在談到黨代表會要補選幾名候補中委，說華北提了五個同志的名單，他認為是很不好的，應當照顧到各個大區與軍隊；又說，主席說現在黨內有幾個工作很突出的同志，應當把他們補選為候補中委，除了提出其他幾個同志外，提到我與王鶴壽的名字。陳正人說，七、八月先後聽過他（指高崗）關於補選候補中委的造謠。他對我說，華北的名單多了；又說，中央成份應多吸收井岡山、陝北兩地區的同志；又說，有一個同志說不提陳正人不公道。[162]

高崗在多種場合，和不同對象發表的上述議論，正是後來被定性為「分裂黨」的「罪證」。

---

162 〈王鶴壽、陶鑄、陳正人在1955年全國黨代表會議上的發言〉（複印件），國防大學黨史黨建政工教研室資料室存。

第三編

由自我批評到揭發批判的轉折

　　高崗私下散佈毛澤東對劉少奇的不滿言論等活動，被揭露以後，事關中央高層團結大局，毛澤東經慎重權衡，決定召開中共七屆四中全會，以增加黨的團結為主題，將高崗問題端出檯面。關於四中全會的開會方針，毛澤東指示，由犯錯誤同志作自我批評，不開展相互批評。然而，毛澤東以休假名義，在杭州起草憲法草案，並未出席這次事關全黨大局的中央全

會。由劉少奇主持的四中全會閉幕不久，隨即分別召開高崗問題、饒漱石問題座談會，對高崗、饒漱石進行面對面的揭發批判，正是這兩個座談會作出了高、饒「反黨聯盟」的結論。由只作自我批評到揭發批判的轉折，是劉少奇、周恩來的自作主張，還是事先毛澤東、劉少奇、周恩來早有默契？蘇聯檔案與國內公開出版的史料提供了不同的信息。

第八章

由「批劉」轉向「棄高」的抉擇

如前所述，財經會議的「批薄射劉」、組工會議的「討安伐劉」，都抓不到高崗什麼「辮子」。拿高崗在 12 月 15 日中央書記處會議上提出的「輪流」說事，也站不住腳。真正的問題，正出在他的私下活動，當人們把高的這些私下活動擺到毛澤東面前的時候，黨內情勢發生了急速變化，導致毛澤東對劉少奇和高崗兩人的分量重作掂量和抉擇。

最先向毛澤東反映情況的是誰

從 12 月 15 日中央書記處會議的結果來看，雖然並未將主持中央日常工作的權力交給劉少奇，但同時反映出參加會議的多數，並不贊成「輪流」而改變劉少奇的歷史地位。就在這之後，劉少奇和高崗在毛澤東心中的分量，開始發生了微妙變化。

《毛澤東傳》作者寫道：「十二月中旬，正當高崗變本加厲地進行分裂黨、妄圖奪取黨和國家最高權力的時刻，陳雲、鄧小平向毛

澤東反映了高崗的陰謀活動，引起了毛澤東的注意。」[1]

楊尚昆談「高饒事件」中說：

> 1953 年秋後，高崗竟去鄧小平、陳雲處「煽風點火」。
> 在鄧面前他說，中國誰是列寧的問題解決了，但誰是斯大林
> 的問題還沒有解決，你看是誰呀？小平同志看穿了高崗的用
> 意，故意指着牆上掛的幾張中央書記像說，就在這中間嘛！
> 並向高指出，劉少奇同志在黨內的地位是歷史自然形成的，
> 不能輕易更動。10 月間，高崗又去找陳雲，說要向毛主席建
> 議中央多設幾個副主席，提出「你一個，我一個」。小平和陳
> 雲同志都感到這個問題很嚴重，及時報告了毛主席。毛主席
> 有意親自「測試」一下，在同年 12 月 24 日向政治局提出，
> 他要外出休假，擬請少奇同志臨時代為主持中央工作，問大
> 家有什麼意見？本來，這已是近幾年的慣例，高崗卻表示反
> 對，主張由幾個書記「輪流坐莊」。這一試，果然使他露了
> 底。[2]

上引兩種說法，《毛傳》沒有具體日期，楊尚昆不僅時間講得不
合，內容更是先後顛倒了。

對這個問題，《鄧小平年譜》披露：「12 月 16 日，下午，在毛
澤東處談話。」「12 月 17 日，下午五時，和陳雲在毛澤東處談話。
到晚八時，毛澤東請周恩來一起談話。」[3] 這表明：鄧小平在 15 日中

1　逢先知、金沖及主編：《毛澤東傳（1949–1976）》，上（北京：中央文獻出
　　版社，2003），頁 279。

2　蘇為民：《楊尚昆談新中國若干歷史問題》（成都：四川出版集團四川人民出
　　版社，2010），頁 57。

3　中共中央文獻研究室編：《鄧小平年譜（1904–1974）》，中卷（北京：中央
　　文獻出版社，2009），頁 1150。

央書記處會議的第二天，獨自一人向毛反映情況在先，然後才有 17
日與陳雲一起到毛處談話。陳雲 17 日與鄧小平一起去毛處談話，是
毛澤東要鄧約陳前往，還是陳雲主動約鄧前往，無論是《鄧小平年
譜》，或《陳雲年譜》都未有具體說明。

那麼，鄧小平為何 16 日去毛處談話，反映的是什麼問題呢？
1980 年，鄧在談到這段往事時說：

> 毛澤東同志在一九五三年底提出中央分一線、二線之
> 後，高崗活動得非常積極。他首先得到林彪的支持，才敢於
> 放手這麼搞。那時東北是他自己，中南是林彪，華東是饒漱
> 石。對西南，他用拉攏的辦法，正式和我談判，說劉少奇同
> 志不成熟，要爭取我和他一起拱倒劉少奇同志。我明確表示
> 態度，說劉少奇同志在黨內的地位是歷史形成的，從總的方
> 面講，劉少奇同志是好的，改變這樣一種歷史形成的地位不
> 適當。[4]

對於高崗與鄧小平上述談話的場合，趙家梁在書中說是在 12 月
15 日中央書記處會議「散會後，大家從會議室出來，三三兩兩地一
邊向停車處走，一邊繼續議論。高崗走在鄧小平身邊，說：『少奇政
治上不穩，不宜主持中央的工作，還是輪流好。』他還提到，周恩來
把握政策比劉少奇穩。」「鄧小平反駁道：『少奇的地位是歷史形成
的，應該由少奇主持。』[5] 這表明，高崗同鄧小平有這一談話是事實，
但楊尚昆的文章把高崗說「輪流」是在鄧、陳向毛揭發之後的 24 日
會議，明顯與史實不符。

4　《鄧小平文選》，第 2 卷（北京：人民出版社，1994），頁 293。

5　趙家梁、張曉霽：《半截墓碑下的往事：高崗在北京》（香港：大風出版社，
　　2008），頁 184。

關於高崗與陳雲的談話，《陳雲年譜》所引的是鄧小平在 1980
年講了高崗拉攏他的談話後，接着説：「另一方面找陳雲，提出他
要當副主席，説『搞幾個副主席，你一個，我一個』。」[6] 陳雲本人在
1955 年黨的全國代表會議發言中，講有如下一段：毛主席提出他要
退居二線的時候，高崗匆匆忙忙來找我，他估計黨的書記處對黨的
總書記或副主席的人選就會討論，他估計少奇同志可能被任總書記
或者副主席，因此他提出要任副主席。為了找個陪客，他對我説：
「多搞幾個副主席，你也搞一個，我也搞一個。」這件事情是最本質
地暴露了高崗反對少奇的目的，我向中央揭發了高崗的陰謀。陳雲
這段話表明，這件事是 12 月 15 日以前發生的，而陳向毛澤東揭發
是 12 月 17 日。

關於 12 月 15 日中央書記處會議後，高崗找鄧小平和陳雲的活
動，《陳雲年譜》記載説：「會後，高崗又分別找陳雲、鄧小平，動
員他們也贊成輪流。」有關高崗找陳雲的具體情節，趙家梁在書中寫
道：

> 　　陳雲在會上變卦〔指陳雲在會上表示由劉少奇主持中央
> 日常工作 ——引者注〕，令高崗非常惱火。會後，他搭乘陳
> 雲的車徑直去陳雲家，質問陳雲：「不是説好輪流的嗎？為
> 什麼説話不算數？」兩人爭執起來，不歡而散。陳雲沉思良
> 久，感到高崗這樣下去，實在太危險！[7]

高崗也曾找彭德懷質問，彭德懷説：「第二天晚飯後，高崗來
到我處，他的臉色很難看，似乎在生氣。他先問了問高幹會議的情

6　中共中央文獻研究室編：《陳雲年譜（1905–1995）》，中卷（北京：中央文
　　獻出版社，2000），頁 192。

7　趙家梁、張曉霽：《半截墓碑下的往事：高崗在北京》，頁 184。

況，然後就轉到了昨天在主席處開會的上面來，他說：『你昨天為什麼贊成由劉少奇代理，而不同意我的意見呢（或者說是由他代理，而我沒聽清楚）？』他說這話的時候，看來是責問我的樣子。我當時就冒火了，突然說：『這是我個人的認識！』他見當時沒有什麼便宜可得，也氣勢洶洶地走了。我當時想，這次得罪了他，以後不會再來了，不來拉倒！因為我素有一個不怕得罪人的壞習慣。」[8]

　　以上表明，在 12 月 15 日中央書記處會議之後，高崗確有遊說他人反對由劉少奇主持中央日常工作的活動。

陳雲奉命南下「打招呼」

　　在 12 月 16 日鄧小平向毛澤東反映高崗的活動以後，毛澤東連續數日分別找多位領導人談話，據《毛澤東年譜》記載：

　　12 月 17 日晨，同周恩來談話。下午五時半，同陳雲、鄧小平談話，晚上約周恩來一起談。

　　12 月 18 日，上午，同譚政談話。下午，先後同鄧子恢、李富春談話。晚上，同周恩來、陳雲、彭德懷、鄧小平談話。

　　12 月 19 日，下午，同黃克誠談話。晚上，同陳雲、鄧小平談話。毛澤東委派陳雲去高崗南下所到之地上海、杭州、廣州、武漢，代表中央向高崗遊說過的有關方面負責人打招呼，通報高崗用陰謀手段反對劉少奇、分裂黨的問題，要求他們不要上高崗的當。毛澤東還特地要他轉告在杭州休

8　1962 年彭德懷向中央遞交的申訴，史稱「八萬言書」（複印件），國防大學黨史黨建政工教研室資料室存。

養的林彪：「林彪如果不改變意見，我與他分離，等他改了再
與他聯合。」

12 月 20 日，上午，同彭德懷、劉伯承、陳毅、賀龍、
葉劍英談話。在談話中強調黨內團結，認為高饒陰謀活動的
真相已大白。下午，同劉少奇談話。晚上同周恩來談話。

12 月 21 日，下午，同朱德談話。晚上，先後同羅瑞
卿、陳毅談話。

12 月 22 日，上午，先後同楊尚昆、彭德懷談話。下
午，同周恩來談話。

12 月 23 日，下午三時半，同周恩來談話。四時四十
分，同高崗談話。晚八時四十分，同彭德懷談話。晚十時，
召集劉少奇、周恩來、彭德懷、鄧小平開會。[9]

《毛澤東傳（1949–1976）》作者稱，毛澤東連日與多位領導人談
話，顯然是在考慮對高崗如何處置；而與彭德懷、劉伯承、陳毅、
賀龍、葉劍英解放軍高級領導人的談話，則是要諸位軍頭注意高
崗、饒漱石的「不軌」行為，並劃清界限。[10]

據《陳雲年譜》記載：

> 在杭州，陳雲向林彪轉達了毛澤東囑咐的話，並把高崗
> 如何利用四野旗幟、如何在全國財經會議上煽動各大區負責
> 人、如何到處活動等問題告訴了林彪。林彪答覆說：「對這件
> 事主席和你（指陳雲）比我瞭解，我同意。」林彪又問陳雲：
> 「想不想當黨的副主席？」陳雲說：「我不配，不要當。」林彪

9　中共中央文獻研究室編：《毛澤東年譜（1949–1976）》，第 2 卷（北京：中
　　央文獻出版社，2013），頁 209–210。

10　逄先知、金沖及主編：《毛澤東傳（1949–1976）》，上，頁 280–281。

說：「那末除劉少奇外不要再提別人了。」林彪還說：「高崗可能自殺。」陳雲立刻回到上海把他同林彪談話的情況報告毛澤東。毛澤東問陳雲：「難道副主席只要劉少奇一個？不要恩來？」陳雲說：「我當時理解林彪說除劉少奇外不要再提別人的意思，是林彪自己不想當副主席。」1954 年 1 月 9 日，陳雲由武漢返回北京。[11]

這裏需要補充的是，據趙家梁說，引發毛澤東對高崗產生懷疑和不滿還有一件事：

> 1953 年 11 月，葉劍英和譚政從廣州來北京參加中央軍委擴大會議〔應該是軍隊高級幹部會議，1953 年 12 月 7 日開幕，1954 年 1 月 26 日閉幕——引者注〕時，向毛澤東問起「有薄無林」名單是怎麼回事？毛澤東非常驚訝，也很生氣：你們從哪裏知道的？
>
> 後來在中央的小會上，毛澤東追查此事，沒有人承認。毛澤東說：「這件事一定要在中央的小會上查清楚！」高崗心裏明白，是他在廣州時泄露出去的。但是，他沒想到毛澤東會如此重視、如此生氣，所以他不敢承認。這更激怒了毛澤東，認為有人對他陽奉陰違，這是他絕不能容忍的。
>
> 會議結束時，毛澤東把高崗單獨留下，強壓怒火，和顏悅色地笑問：「你知不知道是誰泄露的？我懷疑是饒漱石。」
>
> 高崗很緊張，還是沒有勇氣當面認錯，只含混地說：「饒漱石？恐怕不會吧？」
>
> 其實，毛澤東心如明鏡，而高崗卻一錯再錯，並且一次

11　金沖及、陳群主編：《陳雲傳》(下)（北京：中央文獻出版社，2005），頁886–887。

又一次失去認錯、改錯的機會，使自己越來越陷入不能自拔
的深淵。

　　毛澤東如此重視這件事，不僅是因為高崗不聽招呼，違
反了紀律，他懷疑高崗還背着他散播了別的言論，懷疑他到
廣州與某些軍界人物進行了「串連」。而高崗的吞吞吐吐，更
加深了他的懷疑，也更令他氣惱。[12]

　　可見，導致毛澤東最終決定把高崗拿出是問，重要的原因是高
崗一系列私下活動被揭露的結果。

決定「棄高」「扶劉」的政治局會議

　　正式決定「棄高」「扶劉」，是 1953 年 12 月 24 日，毛澤東主持
召開的中央政治局擴大會議。《鄧小平年譜》記載：「下午，出席毛
澤東主持召開中央政治局擴大會議。會議揭露高崗問題，一致同意
毛澤東的建議，決定起草增強黨的團結的決議。會議決定，在毛澤
東去杭州休假並主持起草憲法草案期間，由劉少奇代理主持中央工
作。」[13] 可見，正是這次會議，改變了 12 月 15 日會議的「毛澤東外
出期間中央書記處會議由劉少奇、周恩來、朱德、陳雲、鄧小平、
高崗、彭德懷參加，集體討論解決問題」。決定「由劉少奇代理主持
中央工作」。

　　對這次會議所作的決定，中共中央辦公廳在 1953 年 12 月專門
下發了通知[14]，全文如下：

12　趙家梁、張曉霽：《半截墓碑下的往事：高崗在北京》，頁 121。

13　《鄧小平年譜（1904–1974）》，中，頁 1151–1152。

14　中共中央文獻研究室：《建國以來劉少奇文稿》，第 5 冊（北京：中央文獻出
　　版社，2008），頁 354。

　　茲將十二月二十四日中央政治局擴大會議的決定事項，通知如下：

　　一、主席請假休息一個時期，在休息期內，由劉少奇同志代理。

　　二、主席在休息期內，即着手起草憲法草案。

　　三、關於增強黨的團結問題根據主席提議由中央作一個決定（決定全文另錄）。

　　四、任命劉伯承、賀龍、陳毅、羅榮桓、徐向前、聶榮臻、葉劍英七同志，為中央人民政府革命軍事委員會副主席。

　　五、鄧華同志工作問題，由政治局重新考慮。

　　　　　　　　　　　　　　　　　　　　中共中央辦公廳

對這次會上揭露高崗問題的情況，《毛澤東傳（1949–1976）》寫道：

　　在經過充分準備後，十二月二十四日，毛澤東主持召開包括高崗、饒漱石在內有二十九人參加的中央政治局擴大會議，揭露高崗的問題。毛澤東說：「北京有兩個司令部，一個是以我為首的司令部，就是刮陽風，燒陽火，一個是以別人為司令的司令部，叫做刮陰風，燒陰火，一股地下水。」提出兩個司令部的問題，人們都會掂量出毛澤東這個話的政治分量。

　　鑒於高、饒進行分裂黨、篡奪黨和國家最高權力這一事實的發生；鑒於黨內一部分幹部甚至某些高級幹部對於黨的團結的重要性認識不足，對於集體領導的重要性認識不足，對於鞏固和提高中央威信的重要性認識不足；特別是鑒於一部分幹部在革命勝利以後滋長着一種極端危險的驕傲情緒，毛澤東提出增強黨的團結這一建議。中央政治局一致同意毛

澤東的建議，並決定起草《關於增強黨的團結的決定》。會議
決定，毛澤東休息期間，由劉少奇代理主持中央工作。會議
結束當天，毛澤東離開北京，前往杭州，主持起草中華人民
共和國憲法草案。[15]

關於起草增強黨的團結決議的意見，12 月 25 日隨同毛澤東去
杭州的楊尚昆致電劉少奇，內稱：

> 我們十時半過濟南。奉指示轉告，請你根據昨日中央政
> 治局會議精神，寫一關於增強黨的團結的決議，字數以五百
> 字左右為限，寫好經中央會議討論修改後，派飛機專送目的
> 地（飛機可請總理處辦），以備審閱。[16]

有關 12 月 24 日中央政治局會議的上述內容，值得研究的有以
下幾點：

第一，《毛傳》所引毛澤東關於「兩個司令部」的這段話在文下
注中説明：「轉引自毛澤東在中國共產黨全國黨代表會議上的結論，
1955 年 3 月 31 日。見《毛澤東文集》第 6 卷，人民出版社 1996 年
版，第 398 頁。」這就是説，《毛傳》的這段引文並非是 1953 年 12
月 24 日毛澤東的原始講話記錄。值得懷疑的是，如果當時毛澤東把
高、饒的問題提到了「兩個司令部」的高度，那就已經不把高、饒問
題性質看作是黨內問題了。

第二，有關毛澤東提出「增強黨的團結的建議」，按照《毛傳》
引文的表述，黨的團結的對象似乎也已把高崗、饒漱石排除在外。

第三，如果以上兩點成立的話，顯然與此後不久（1954 年 1 月

15　逄先知、金沖及主編：《毛澤東傳（1949–1976）》，上，頁 281。
16　《毛澤東年譜（1949–1976）》，第 2 卷，頁 211–212。

22 日）毛澤東指示：「關於四中全會開會的方針，除文件表示者外，對任何同志的自我批評均表歡迎，但應盡可能避免對任何同志展開批評，以便等候犯錯誤的同志的覺悟。」以「保護」高、饒（特別是高崗）過關的意圖，不相吻合。

　　因此，毛澤東在提出「增強黨的團結的建議」當時，對高崗、饒漱石問題的性質如何判定，仍是一個有待進一步研究的問題。

第九章

《決議》基調與指導方針的悖論

　　關於召開中共七屆四中全會，毛澤東指示開會方針，是只作自我批評的一個「和平會議」，以保高崗「過關」。但經毛澤東審閱同意的劉少奇在全會上的報告，及會議通過的《關於增強黨的團結的決議》，卻把黨的團結問題與現實國內外階級鬥爭高調聯繫了起來。這就使高、饒問題的性質埋藏了極大的變數。

四中全會的開會方針

　　毛澤東最初建議中央作一增強黨的團結的決定的時候，並未提出召開中央全會的事。所以，劉少奇主持起草的增強黨的團結的決定（草案），經 1953 年 12 月 29 日中央書記處擴大會議討論通過以後，就等着毛澤東最後審定，然後以中央正式文件下達了。

　　1954 年 1 月 7 日，毛澤東在杭州對決定草案作了修改以後，給劉少奇和中央書記處寫了一封信。信中說：

　　　　決議草案已作了修改，使之有根據些和更明確些。參加
修改的，有在這裏的幾位同志。林彪同志亦表示同意。[17]

　　接着，毛澤東建議：「此決議似宜召開一次中央全會通過，以示
慎重。」毛說：「中委大多數在京，不在京的是少數，召集甚易，加
上若干負重要工作責任的同志參加會議。此議是否可行，請你們考
慮。如召開全會，時間以在一月下旬為宜。」

　　關於全會的議程，毛澤東認為：「議程可有三個：(一) 批准三中
全會以來中央政治局的工作；(二) 決定於本年內召開黨的全國代表會
議討論第一個五年計劃綱要；(三) 通過關於加強黨的團結的決議。」

　　毛澤東提議，報告請劉少奇同志做，事先寫好，有四五千字就
夠了。關於報告的內容，毛提出，報告可分三段：第一段，略敘抗
美援朝、土地改革、鎮壓反革命、恢復經濟、過渡時期總路線及第
一個五年計劃第一年的成績等事；第二段，為了討論和通過第一個
五年計劃的綱要，有必要於本年內召開一次黨的全國代表會議，並
述代表已經選出，只待文件準備好，即可召開；第三段，將關於加
強黨的團結的決議草案的要點加以敘述，請求全會討論和批准這個
決議。毛說：此報告有三五天功夫即可寫成，如時間許可，請用有
線電發給我一看，如定於一月二十五日開會，則時間完全來得及。

　　關於四中全會的方針，毛澤東明確說明，討論加強黨內團結
問題的決議，「應盡可能做到只作正面說明，不對任何同志展開批
評」。[18]

17　指跟隨毛澤東在杭州起草憲法的胡喬木、陳伯達、田家英。毛澤東在此處
　　特意寫明林彪的態度，表明林彪已與高崗劃清界限。

18　毛澤東：〈關於建議召開七屆四中全會問題給劉少奇等的信〉，1954 年 1 月
　　7 日，載中共中央文獻研究室：《建國以來毛澤東文稿》，第 4 冊 (北京：中
　　央文獻出版社，1990)，頁 432–433。

值得指出的是，為在四中全會上避免只是對高崗單方面批評的印象，毛澤東在 1 月 7 日給劉少奇並書記處寫信建議召開四中全會的同日，又另給劉少奇個人寫了一封信，要劉也在全會上作自我批評。毛澤東說：「如各同志同意開全會，於你的報告稿宣讀完畢後，似宜接着宣讀你已有準備的自我批評稿，兩稿各有一小時左右即夠。」毛交代說：「自我批評稿宜扼要，有三四千字即可，內容宜適當，不可承認並非錯誤者為錯誤。如可能，請一併電告我一閱。」[19]

1 月 8 日晨 3 時，毛又另寫一封信給劉少奇個人，內稱：

> 楊尚昆同志於七日下午十時由此返京，九日可到，帶有修改了的決議草案及我的一封信。我在信中建議召開一次中央全會通過這個決議以示慎重，目前大多數中委在京，召開全會甚為容易，請待尚昆到後會商酌定。[20]

劉少奇接到毛澤東交楊尚昆帶回的信以後，於 1 月 12 日晚主持中央政治局會議。根據毛澤東的建議，商議召開四中全會的有關問題，會議決定將經毛澤東在杭州修改後的《關於增強黨的團結的決議 (草案)》提交四中全會討論。據此，劉少奇於 15 日以中央書記處名義，簽發了《關於召開第七屆中央委員會第四次全體會議的通知》。《通知》說：

> 根據中央政治局 1954 年 1 月 12 日的決議，定於 1954 年 1 月 30 日召開第七屆中央委員會第四次全體會議。此次會議的議程為：一、審查三中全會以來中央政治局的工作；

---

19 《建國以來毛澤東文稿》，第 4 冊，頁 433。
20 同上，頁 434。

二、關於召開全國黨代表會議問題；三、關於增強黨的團結
問題。[21]

16 日，劉少奇致電毛澤東，報告：四中全會決定在 1 月 30 日
開會，通知今日已發出。向全會的報告正起草中，大約 1 月 20 日可
送交主席。

根據毛澤東的意見，劉少奇在準備向四中全會作工作報告的同
時，對自己在全會上要作的自我批評也進行了認真準備。1 月 16
日，他在給毛澤東的電報中除說明四中全會的開會通知已經發出
外，對這兩項準備工作的情況專門向毛澤東作了報告。劉說：

> 向全會的報告正起草中，大約在 1 月 20 日可送交主席。
> 現將我準備在全會的檢討發上，請予審閱和修改。這個檢討
> 已經周（恩來）、陳（雲）、彭（德懷）、鄧（小平）諸同志審
> 閱修改過。其中有幾處地方不是檢討，而是辯護，因為有人
> 對這些地方進行過激烈的攻擊，稍加辯護，似有必要。但這
> 樣也可能引起人家的攻擊。如果有人要攻擊，就要讓人攻一
> 下，似乎也沒有什麼不好，如何？請主席指示。[22]

1 月 18 日，毛澤東致電劉少奇並中共中央書記處各同志：「中
央全會既定於本月三十日開會，還有十幾天時間，為使在各地的中
央委員、候補中央委員及參加會議的同志事先有所準備起見，建議
將關於加強黨的團結的決議草案即日用電報發給他們閱看，如有因
病因事不能到會的，請他用電報表示意見。同時可徵求各中央局、
分局、省市委的意見，以供全會參考。又張聞天同志宜通知他到

21　中共中央文獻研究室編：《劉少奇年譜（1898–1969）》，下卷（北京：中央
　　文獻出版社，1996），頁 318。

22　《劉少奇年譜（1898–1976）》，下卷，頁 318–319。

會。以上請酌定。」[23]

整個看來，毛澤東確定的四中全會方針是，各打五十大板：以增強黨的團結決議案，批評高崗、饒漱石，主要是高崗在組織上的錯誤；讓劉少奇以自我批評的方式，檢討政治上的錯誤。用以説明，高崗、饒漱石在財經會議和組工會議以外的非組織活動是錯誤的，但高崗攻擊劉少奇政治上犯有錯誤並無大錯。

高崗求見毛澤東受阻

12月24日，毛澤東在中央政治局擴大會議上講了「現在北京有兩個司令部」，「東交民巷車水馬龍，新華門門可羅雀」，不指名地點了高崗。為高崗始料未及。趙家梁在書中寫道：

> 此刻，一大堆問題在他〔指高崗——引者注〕心中翻騰，他根本沒有想到毛澤東會這樣對待他，心裏感到極大的委曲和不安。他想得很天真，以為自己頂多不過是黨內問題，即使批評他，也不至於把他往死裏整。何況根子在毛澤東本人！因此，那天會後，他還約了羅瑞卿談話。可是羅瑞卿怎敢私自見他？當即報告了毛澤東。毛說「好呀！你去吧，聽聽他說些什麼！」高崗千言萬語只化作一句話：「你跟主席南下，千萬要注意主席的安全。」他一如既往，還是對毛澤東一片忠心，倍加愛護之情。[24]

對毛澤東在杭州修改《增強黨的團結的決議》和提議召開七屆

---

23 《毛澤東年譜（1949–1976）》，第 2 卷，頁 218。
24 趙家梁、張曉霽：《半截墓碑下的往事：高崗在北京》，頁 188。

四中全會等，高崗並不知情。趙家梁說：「高崗看到《增強黨的團結的決議》（草案）以後，認為是針對自己的，急忙給毛澤東又打電話又寫信，要求到杭州面談。他總是從好的方面着想，以為根子並不在他本人；以為毛澤東對他只是有些誤會，只要好好談一談，把問題說清楚，誤會就會消除，他還會像過去一樣受到信任。」[25] 高在給毛的信中表示，他完全擁護和贊成《關於增強黨的團結的決議》（草案），並說他犯了錯誤，擬在四中全會上作自我批評，想於會前來杭州，與毛商量此事。

關於高崗給毛澤東這封信的遭遇，《楊尚昆日記》有如下記載：

> 19 日，信送來，交劉，劉約周、陳、小、彭、李談話。
>
> 四個方案：
>
> 　　1、去杭 —— 不好處理。
>
> 　　2、主回 —— 也不好處理。
>
> 　　3、由主指定書記處談話，組織，目前太重，也不好處理。
>
> 　　4、主指定劉、周與談，小平可參加，陳不參加為好。
>
> 具體提議：如主同意第一方法，則請回高，並告劉周：來信已轉，不必來，委託什麼人談。[26]

這表明，高崗將信送給楊尚昆後，楊尚昆立即將信交給了劉少奇，劉少奇隨即召集周恩來等人商討應對策略。如果說，《楊尚昆日記》這段簡略的文字一般人不易看懂，那麼，《鄧小平年譜》對這一歷史情節有如下直白：

25　趙家梁、張曉霽：《半截墓碑下的往事：高崗在北京》，頁 191。

26　中共中央文獻研究室編：《楊尚昆日記》，上（北京：中央文獻出版社，2001），頁 101。

〔1954 年 1 月 19 日，鄧小平〕和周恩來、陳雲、彭真、
李富春出席劉少奇召集的會議，討論高崗給毛澤東的來信。
高在信中提出想去杭州找毛澤東商量他在四中全會上作自我
批評的事。會議提議：由毛澤東指定劉少奇、周恩來與高崗
談話，鄧小平可參加。並請毛澤東回覆高崗，不必去杭州，
可委託他人找其談話。[27]

上述這段重要情節，反映出 1953 年 12 月 24 日中央政治局擴大
會議決定毛澤東外出休假期間由劉少奇主持中央工作以後，中央領
導人之間的關係發生的微妙變化：高崗寫給毛澤東的信，楊尚昆不
報劉少奇直接帶杭州交毛澤東已感不便（政治上楊要與高劃清界限，
組織上則表現對已實際主持中央工作的劉少奇的尊重和服從）；劉少
奇隨即召集周恩來等為毛澤東商討對策，以避免高崗問題因毛澤東
過早表態，將來不好處理；同時也避免毛澤東處於見與不見的兩難
境地。

得到劉少奇主持會議的結果後，楊尚昆於 19 日晚 9 時乘車離京
赴杭。21 日「夜 10 時到杭州，即赴主處彙報，到 1 時半回北山」。[28]

在楊尚昆向毛澤東彙報了劉少奇召集會議討論處理高崗來信的
對策以後，毛澤東決定按照北京的方案拒絕高崗來杭州面談。1 月
22 日，毛澤東致電劉少奇，說明收到了高崗的來信。電文說：

　　楊尚昆同志到此，收到所需文件，並收到高崗同志一
信。高崗同志在信裏說完全擁護和贊成關於增強黨的團結的
決議草案，並說他犯了錯誤，擬在四中全會上作自我批評，
想於會前來這裏和我商量這件事。我認為全會開會在即，高

27　《鄧小平年譜（1904–1974）》，中卷，頁 1156。
28　《楊尚昆日記》，上，頁 98。

崗同志不宜來此，他所要商量的問題，請你和恩來同志或再
加小平同志和他商量就可以了。

為解除高崗的思想顧慮，毛再次交代了四中全會的開會方針。
他在電文中重申：

> 關於四中全會開會的方針，除文件表示者外，對任何同
> 志的自我批評均表歡迎，但應盡可能避免對任何同志展開批
> 評，以便等候犯錯誤同志的覺悟。這後一點我在一月七日致
> 你和書記處各同志的信中已説到了。如你們同意這個方針，
> 就請你們據此和到會同志事先商談，並和高崗同志商談他所
> 要商談的問題。毛還專門交代説：「此電請送高崗同志一閱，
> 我就不另覆信了。」[29]

楊尚昆在談高崗問題的文章中還透露了一個細節：他把高崗想
在會前去杭州見毛的要求「代為轉達後，按照毛主席的交代，託詞
主席正忙於修改憲法草案，沒有時間，把高崗回絕了。」[30] 這一切，
便是毛澤東電告劉少奇：「我認為全會開會在即，高崗同志不宜來
此」[31] 的內情。高崗求見毛澤東的迫切願望就此落空，進而陷入完全
被動的地位。

根據毛澤東確定的四中全會主要是正面強調黨的團結，歡迎犯
錯誤的同志作自我批評，而不開展批評的方針；以及毛澤東交代與
高崗談話的任務。1 月 25 日，劉少奇致電毛澤東，向毛報告説：

29　毛澤東：〈關於高崗來信和七屆四中全會的開會方針問題給劉少奇的電
　　報〉，1954 年 1 月 22 日，載《建國以來毛澤東文稿》，第 4 冊，頁 440。

30　蘇為民：《楊尚昆談新中國若干歷史問題》，頁 62。

31　《建國以來毛澤東文稿》，第 4 冊，頁 440。

向黨的四中全會的報告初稿，經書記處會議討論後又有一些修改，現將修改稿送上，請予審閱修改！您一月二十二日來電，已送給高崗同志及書記處其他同志看了。高崗同志已找恩來同志、富春同志和我個別談過話，有一些自我批評，同時也有一些解釋。定於今晚由我和恩來、小平同志一道再和高崗同志談，我們當本主席的指示給他以盡可能的幫助。[32]

具體情況是，劉少奇約周恩來、鄧小平一起於 1 月 25 日和 2 月 5 日，兩次找高崗談話；2 月 3 日，又約周恩來、朱德、陳雲、鄧小平一起，找饒漱石談了話。向高、饒二人，闡明毛澤東確定的四中全會的開會方針，希望他們對自己的錯誤向全會作徹底交代和深刻檢討。[33]

在此期間，劉少奇再次對四中全會的各項文件進行修改，於 1 月下旬着中央辦公廳主任楊尚昆專程赴杭州送毛澤東定奪。1 月 27 日，毛澤東對四中全會有關各項事宜最後拍板。他在當日寫給劉少奇及書記處的信中說：「關於文件修改及我的一些意見，請尚昆同志向你們作報告。」[34] 有關毛澤東讓楊尚昆轉告的內容，《毛澤東年譜》有如下記載：

1 月 28 日同楊尚昆談話。關於中共七屆四中全會文件的修改和公佈，毛澤東說：文件政治局基本通過，來電和信印發全會各同志。由凱豐、楊尚昆、鄧小平組織一個委員會審

---

32 《毛澤東年譜（1949–1976）》，第 2 卷，頁 220。

33 《劉少奇年譜（1898–1969）》，下卷，頁 320。

34 毛澤東：〈關於由楊尚昆轉達四中全會文件修改情況和有關意見給劉少奇等的信〉，1954 年 1 月 27 日，載《建國以來毛澤東文稿》，第 4 冊，頁 445。

查，作若干修改，交政治局。不要衝淡了中心。不一定所有
意見都加上，要加了有益。修改經過，由楊尚昆給以說明。
七屆四中全會的文件應交尤金，包括報告和決議，可以登黨
刊。關於四中全會的方針，毛澤東說：會議三天為好，必要
時四天，看情況。方針是堅持正面批評，「懲前毖後，治病救
人」。爭取逐步改變環境，決議通過後就會改變，造成不利其
陰謀活動的環境，增加教育、說服力量。給一條路讓他走，
有好路可走，就不走絕路了，當作一種可能性來爭取。[35]

1 月 29 日，中央書記處舉行會議，聽取從杭州回到北京的楊尚
昆介紹毛澤東對召開四中全會的意見，以及對劉少奇在全會上的報
告和《關於增強黨的團結的決議（草案）》的修改情況。這樣，召開
全會的各項準備全部就緒。中央書記處決定四中全會於 2 月 6 日舉
行。

毛澤東缺席四中全會的難言之隱

1935 年 1 月，中共中央在貴州省遵義縣城舉行擴大的政治局會
議，毛澤東由此進入中共中央核心決策圈以後，從 1938 年 9 月召開
的中共六屆六中全會到毛逝世前 1975 年 1 月召開的中共十屆二中全
會，除 1954 年 2 月舉行的中共七屆四中全會和十屆二中全會外，
毛澤東從未缺席。其中，中共十屆二中全會，毛澤東因病在長沙缺
席，全會由周恩來主持；而中共七屆四中全會缺席的理由，當年發
表的全會公報稱：「毛澤東同志因在休假期間沒有出席全會」。

眾所周知，中共七屆四中全會，是以解決高崗、饒漱石「篡奪

---

35 《毛澤東年譜（1949–1976）》，第 2 卷，頁 221。

黨和國家最高權力」為主題召開的中央委員會全體會議。對事關黨內高層出現的這一重大事件，毛澤東以休假為由沒有出席，使一般對中共黨史稍有瞭解的人，都感到難以理解。《楊尚昆日記》記載當年在杭州與毛澤東商談如何開好四中全會的內容，對解開這一歷史謎團，似有所幫助，現全文抄錄如下：

1月28日（以下是楊尚昆在另外幾頁紙上所記的1月28日毛澤東同他談話的內容）

（1）文件政治局基本通過，各中央局一人，軍委副主席，來電和信印發全會各同志。

組一委員會審查意見，作若干修改，交政治局，不要衝淡了中心。

凱（豐）、楊（尚昆）、小平。

不一定所有意見都加上，要加了有益。

可成為另外決議。

修改經過，由楊給以說明。

（2）文件應交××（俄文尤金），報告、決議（登黨刊）。

自我批評，交？登？

請考慮。準備登、交，在必要時。

對尤金是否說內容？說就要洩密。

會後考慮，書記處或說，或不說，或另一次說，同我們黨是息息相關的。看情況急否，即三種可能情況。

「衝」：

1、幾位主要同志不衝，可保證。

2、到會人不衝，事先招呼好，這可以。

3、他（指高崗）攻彭真，不要緊，可解決。

4、他攻劉，自己拉開，牽涉多人（可能不大，但準備

着），則會期拉長，開小會，報告主席，甚至需主回處理。

極力避免此種可能，是可以避免的。

談話的方針：

聽他說，避免「對質」。

按決議精神「自我檢討」。

對具體事實不深究，講到別人，暫不深問。

應作檢討，一次不好，二次可說；這次不好，以後還可說。

全會方針：

照主指示，只作正面說明，說話人不要太多，開兩天。

不對任何同志展開具體批評，高（崗）之目的在於「過關」。先打招呼是可以達到「和平會議」的。

「無改悔之心，有蒙混之意」（陳毅）。

19 日，信送來，交劉（少奇），劉約周（恩來）、陳（雲）、小（鄧小平）、彭（真）、李（富春）談話。

四個方案：

1、去杭 —— 不好處理。

2、主回 —— 也不好處理。

3、由主指定書記處談話，組織，目前太重，也不好處理。

4、主指定劉、周與談，小平可參加，陳（雲）不參加為好。

具體提議：如主同意第一方法，則請回高，並告劉周：來信已轉，不必來，委託什麼人談。

招呼 —— 可以不發生問題。

準備有人衝，可以避免。

攻勢 —— 也不要緊，力求避免主回。

全會完後，請鄧（小平）、羅（瑞卿）立即動身，需要 10 天。20 號前二讀黨章〔應為憲法 —— 引者注〕。立即看材料，法國、美國。

2 月底以前政治局定（陳〔伯達〕、喬〔胡喬木〕同志）。

3 月 1 號討論，由劉、周、鄧負責，3 月份內開會，把人找齊，3 月內完，4 月 1 日交（政治顧問身分），劉、鄧、鄧（子恢）、伯達（伯達可解釋）交蘇共中央徵求意見，5 月 1 日公佈。

新民主國家是否交？總路線文件應交。

由恩來召集談話。

（3）會議 3 天為好，必要 4 天，看情況。

方針：堅持、正面批評，「懲、救」。

爭取：逐步改變，改變環境，決議後就會改變，造成不利其陰謀活動的環境，增強教育、說服力量；給一條路讓他走，有好路可走，就不走絕路了，當作一種可能性來爭取。

（4）薄（一波）亦要作批評（財經錯誤）。

林楓應講。

彭（真）、薄（一波）、林（楓）重點應放在自我批評上，分配人幫助。對林，由陳（雲）、李（富春）；薄，小平幫助。

他力免不衝，自己是不願擴大的，如向彭真攻，讓其攻下去，也可以過去。自己避開，說不清楚。擴大，開小會；請主回，極力避免。

其目的在過關。

小平可以參加。[36]

---

36 《楊尚昆日記》，上，頁 100–103。

　　上述談話的背景是，1 月 21 日，楊尚昆由北京到杭州，捎來了
1 月 19 日高崗寫給毛澤東的信，高要求來杭州，當面與毛商討在四
中全會上檢討一事，以及劉少奇主持討論對高崗來信處理的意見。
從整個談話內容看，除了四中全會內容是否向蘇聯通報以外，主要
涉及以下幾層意思：

　　一、向毛轉達了北京討論對高崗要來杭州與毛面商一事如何回
應的方案。

　　二、四中全會對高崗的方針：聽高崗自己說，避免「對質」；按
決議精神，只作「自我檢討」；對具體事實不深究，講到別人，暫不
深問；檢討一次不好，可作二次，這次不好，以後還可說。

　　三、對高崗或與會人員是否會在四中全會上「衝」（發動攻擊）
作了預測：1、幾位主要同志（指劉少奇、周恩來、陳雲）不衝，可
保證；2、到會人，事先招呼好，可以不衝；3、高崗攻擊彭真，不
要緊，可解決；4、高崗攻擊劉少奇，他自己把問題扯開，牽涉很多
人（這種可能性不大，但準備着），這樣會期就得拉長，或開小會，
甚至需要毛澤東親自回京處理。應極力避免此種可能，是可以避免
的。

　　四、四中全會開會的方針：只作正面說明，會上說話的人不要
太多，會議開三天為好，必要四天，看情況而定。會上不對任何同
志展開具體批評，高崗的目的在於「過關」。先給大家打招呼，是可
以達到「和平會議」的目的。方針是：堅持正面批評，「懲前毖後、
治病救人」。爭取高崗逐步改變，決議通過後環境就會改變，造成不
利其陰謀活動的環境；給一條路讓他走，有好路可走，就不走絕路
了，當作一種可能性來爭取。

　　五、彭真、薄一波、林楓重點應放在自我批評上。林楓，由陳
雲、李富春給予幫助，薄一波，由鄧小平幫助。

所有這些都是圍繞一個中心 —— 把四中全會開成一個「和平會議」，極力避免毛澤東回京處理。

既然決定「保」高過關，又極力迴避與高見面，看似矛盾，實際又是統一的。因為，高攻劉的問題，在政治上毛與高是一致的，毛是否要徹底「倒」劉，不便妄加猜測，但進行「敲打」完全是事實。毛在與楊尚昆談話前曾對高崗一事提出過這樣一個問題：「是否對某同志若干個別錯誤的談論曾發生錯覺？」這句頗為晦澀的話的意思是：毛澤東曾與高崗談論過「某同志」(即劉少奇) 的「若干個別錯誤」，這使高崗「發生錯覺」(即以為毛不信任劉了)，因而犯了錯誤。由此可見，毛澤東曾與高崗談到過劉少奇的一些「錯誤」，而高崗攻擊劉少奇的言論基本上是照着毛的話說的，所以毛要「力求避免」與高崗面對面時的尷尬。

可見，楊尚昆日記記載的：避免對質，對具體事實不深究，講到別人，暫不深問。力求避免「主回」。表明，毛澤東所以缺席這次全會，其中確有難以說清的隱情。

與保高「過關」相悖的會議基調

1954 年 2 月 6 日至 10 日，由劉少奇主持的中共七屆四中全會的進程，總體上是按毛澤東事先的指示進行的。稍有不同的是：會議開了五天 (毛最初指示二天，後改為三四天)；發言者有 44 人 (毛原意「說話人不要太多」)；對高崗進行了不點名的批評 (毛原意不開展批評)。

劉少奇首先代表中央政治局向全會作報告，第一部分是關於三中全會以來中央政治局的工作；第二部分是有關召開黨的全國代表

會議的説明；第三部分是對提供全會通過的關於增強黨的團結的決議的説明。

劉少奇在簡要地敘述了黨從七屆三中全會以來所取得的巨大成績之後，着重闡述了當前國內外階級鬥爭的嚴重形勢，劉説：我們決不能因此而忽略了兩個基本的客觀事實：第一，帝國主義的包圍仍然存在着。他們無時無刻不在企圖破壞我們的事業，不在企圖在中國製造反革命的復辟。第二，是我們正在進行社會主義改造，就是説，我們正在採取步驟來逐步地消滅剝削制度，消滅依靠剝削制度生存的剝削階級。我們知道，任何剝削階級決不會自動退出歷史舞臺。將被消滅的和已被消滅的階級中的堅決反革命分子必然要和帝國主義相勾結，共同進行反革命活動。於是，劉強調「政治局認為應當嚴肅地指出：對於黨最危險的，乃是敵人在我們黨內製造分裂，製造派別活動，利用某種派別（如果敵人真能造成一種派別的話）作為他們的代理人的危險；因為敵人和我們同樣明瞭這個真理：堡壘是最容易從內部攻破的。」既然如此，「我們也就不能否認帝國主義者和資產階級或者已經或者可能在我們黨內找到代理人。」報告列舉了蘇聯黨內的托洛茨基、季諾維也夫、布哈林和中國黨內的陳獨秀、張國燾等事件後説：「當我們正在領導全國人民進行社會主義改造，當我國的階級鬥爭正趨於緊張化複雜化的時期，我們的任務決不是用萬事大吉的精神來解除全黨的警惕性，而應當是相反，應當用階級鬥爭的現實和歷史的教訓來提高這種警惕性，使全黨處於清醒狀態，並且用增強團結的實際行動來答覆敵人的陰謀。」[37]

報告接着説：

應當指出，在我們黨內某些同志中有一種説法和做法是

37　《建國以來劉少奇文稿》，第 6 冊，頁 72–75。

錯誤的，即他們認為，只要他的意見自以為是對的，就可以不遵守黨的民主集中制和集體領導的原則，不受黨的紀律的約束，就可以不服從領導，不按黨的章程辦事。這些同志應當認識違反黨的民主集中制，破壞黨的紀律，就是破壞黨的團結，而破壞黨的團結，就是破壞黨的最高利益，危害黨的生命。因此，這些同志必須深刻認識他們這種說法和做法的錯誤，並且立即改正這種錯誤的說法和做法。至於對那些堅持這種錯誤的說法和做法而不願意改正的人，就應向他們進行鬥爭。

依據上述對階級鬥爭形勢的分析，報告指出：

因此，對於那種具有在性質上比較不重要的缺點或犯有性質上比較不重要的錯誤的同志，或者對於那種雖然具有嚴重或比較嚴重的缺點、犯有嚴重或比較嚴重的錯誤，但在受到批評教育以後，仍能把黨的利益放在個人利益之上，願意改正並實行改正的同志，應當採取「與人為善」、「治病救人」的方針。

另一方面，對於那種有意破壞黨的團結，而與黨對抗，堅持不改正錯誤，甚至在黨內進行宗派活動、分裂活動和其他危害活動的分子，黨就必須向他們進行無情的鬥爭，給以嚴格的制裁，甚至必要時將他們驅逐出黨。因為只有這樣，才能維護革命的利益和人民的利益。[38]

可以認為，劉少奇的報告，把黨的團結與現實階級鬥爭掛起鉤來，強調：將被消滅的和已被消滅的階級中的堅決反革命分子必然

38　中共中央文獻編輯委員會編：《劉少奇選集》，下卷（北京：人民出版社，1981），頁 128–130。

要和帝國主義相勾結，共同進行反革命活動。對於黨最危險的，乃
是敵人在我們黨內製造分裂，製造派別活動，利用某種派別（如果
敵人真能造成一種派別的話）作為他們的代理人的危險；因為敵人
和我們同樣明瞭這個真理：堡壘是最容易從內部攻破的。」既然如
此，「我們也就不能否認帝國主義者和資產階級或者已經或者可能在
我們黨內找到代理人」，就成為全會討論黨內團結問題的基調。

雖然對在黨內團結問題上犯有不同程度錯誤的對象，提出了不
同的處理方針，但重點強調的是：「破壞黨的團結，就是破壞黨的最
高利益，危害黨的生命。」「對於那種有意破壞黨的團結，而與黨對
抗，堅持不改正錯誤，甚至在黨內進行宗派活動、分裂活動和其他
危害活動的分子，黨就必須向他們進行無情的鬥爭，給以嚴格的制
裁，甚至必要時將他們驅逐出黨。」

但從中央主要領導人在會上的發言來看，調門也有差別。

2月6日，朱德在會上發言説：

> 黨的團結，特別是黨的中央委員會、省市委以上的負責
> 同志和武裝部隊高級負責同志之間的團結，是決定革命勝利
> 最主要的關鍵。歷史一再證明：當着黨在政治上、思想上、
> 組織上都團結一致的時候，黨的政治領導作用就能充分地得
> 到發揮，革命事業就大大地向前發展；反之，黨的政治領導
> 的作用就削弱，革命事業的發展就受到損失，受到挫折，以
> 至於失敗。我們大家應當在《關於增強黨的團結的決議》的指
> 引下，提高我們的階級覺悟，消除那些不健康的現象，進一
> 步提高和鞏固中央的威信，增強黨的集體領導作用，增強黨
> 的團結。[39]

---

39 中共中央文獻研究室編：《朱德年譜（1886–1976）》，下，新編本（北京：
中央文獻出版社，2006），頁1465。

同日，鄧小平的發言，批評了黨內滋長的驕傲自滿情緒。指出：

> 驕傲會對自己在革命中的作用和貢獻做出不正確的估價，例如有的人把某些人或者他自己誇大到與實際情況極不相稱的地步，不願意受檢查，不願意受批評，自以為是，聽不進別人的意見，批評與自我批評的空氣稀薄，不注意集體領導，不注意團結，對犯錯誤的同志不是採取治病救人的態度，不大照顧別的部門、別的地區等等。尤其嚴重的是，有些同志不注意維護中央的威信，對中央領導同志的批評有些已經發展到黨組織所不能允許的程度。四中全會和全會的決議，對某些犯有嚴重錯誤的同志是很重要的，是給了這些同志一個改正錯誤的機會，是對這些同志最直接的幫助，也是對我們全黨同志，主要是對我們高級幹部的最大的幫助。它是一副消毒劑，它啟發了我們的階級覺悟，提高了我們的警惕性，使我們黨更加鞏固，戰鬥力更加強大。[40]

如果説，朱德、鄧小平的發言，語調都還比較平和，只是點出問題，沒有提高調門，上綱上線，符合毛澤東提出的「堅持正面批評，『懲前毖後、治病救人』」的開會方針的話。那麼，周恩來、陳雲 10 日在全會上的發言，就帶有點火藥味了。

周恩來説：「毛澤東同志和中央政治局向全黨敲起警鐘，反對任何共產黨員由滿腔熱忱地、勤勤懇懇地全心全意為人民服務的高尚品質墮落到資產階級卑鄙的個人主義。」「敲起這種警鐘是適時的，絕對必要的，哪怕只發現了這種危險狀況的萌芽。」「我們所反對的是那種不利於黨的團結和損害中央威信的言論和行動，我們並不反

對幹部中間進行有關增強黨的團結和提高中央威信的意見的醞釀和交換。」「我們反對個人主義的反黨的言論和行動，正是使黨內的政治生活更加健康起來，利於黨的團結。」今後，「特別是要在高級領導同志中間加強集體生活，開展批評和自我批評，來保證我們黨的團結。這樣也就可以竭力避免給個人主義野心家以利用和挑撥的機會」。「我們反對把自己領導的地區和部門當做獨立王國，反對把個人放在組織之上，反對分散主義、地方主義和本位主義等等」，要「特別着重地反對黨內一部分幹部中首先是高級幹部中滋長着的一種極端危險的驕傲情緒」，以避免這樣的幹部「一步一步地發展成為資產階級個人主義的野心家，或者被野心家所利用」。「我們黨內目前主要的危險就是資產階級個人主義思想。而黨內幹部中首先是高級幹部中的驕傲情緒，正好是這種思想滋生的溫床。」

接着，周恩來向犯錯誤的同志提出：為了迅速地徹底地改正錯誤，犯這種錯誤的同志應該端正自己檢討錯誤的態度。首先應該依靠黨，要相信黨「不僅能夠發覺我們的錯誤，而且更能指導我們如何認識和改正錯誤」。「其次，應該求教於馬克思列寧主義和毛澤東思想。」通過學習，從檢查自己的黨性來認識自己的錯誤。「第三，應該努力反省。」「第四，應該靠同志們的幫助。」「經過同志們的幫助，揭露出更多的錯誤，在政治上會更加健康起來。」「應該歡迎同志們開刀治病，不應該仇恨醫生。」[41]

陳雲發言説：

> 我黨是經過幾次分裂的，張國燾等人都搞過分裂活動。
> 現在四中全會重新提出一個決議，號召增強黨的團結，就是

41　中共中央文獻研究室編：《周恩來年譜（1949–1976）》，上卷（北京：中央文獻出版社，1998），頁 350–351。

説張國燾這樣的野心人物是可能出現的。我們黨內在不少
高級幹部中間，個人主義成分或多或少地存在着，只要氣候
適宜，小個人主義可以變為大個人主義。原來想革命已經勝
利，似乎可以不出張國燾之類的人物了。現在看來，在革命
勝利的國家，更容易出。我們對於執政後黨內的狀況是不能
盲目樂觀的。加強馬列主義教育、有毛主席健在，這都是
很重要的，但這些也不能保證不出野心人物，而且毛主席在
生理上是不能萬歲的。保障黨的團結，防止黨的分裂，可靠
的、可傳到子孫後代的辦法，就是提高幾百個省（市）委書記
以上的幹部及軍隊中負責幹部的革命覺悟和嗅覺。大亂子要
出就出在這幾百個人裏面；出了野心人物，能否迅速把他揭
露，不鬧成大亂子，也決定於這幾百個人。只要這幾百個人
頭腦十分清醒，黨的團結就會有保證。另外，高級幹部還要
嚴守黨的制度和黨規黨法，發揚黨的優良作風。[42]

周恩來、陳雲的發言，都突出提出資產階級個人主義野心家和
分裂黨的問題，明顯就有點上綱上線了。

劉少奇再作自我批評

根據毛澤東 1 月 7 日給劉少奇信中要劉在四中全會再作自我批
評的意見，2 月 10 日，劉少奇在會上作了較第二次全國組織工作會
議更全面的自我批評。

劉少奇首先説明：「多年來，我在中央工作，在中央和毛澤東同
志領導之下，我是執行了中央的正確路線和盡力去完成中央付託給

---

42 《陳雲年譜（1905–1995）》，中卷，頁 196。

我的工作的。但是，我在過去一個時期的工作中表現了一些缺點並犯了一些錯誤，我想利用中央全會這個機會，來加以檢討，並對某些問題略加說明。」劉特意聲明：「我的這個檢討，主要是根據最近陳雲同志向我提出的意見，而主要不是根據其他同志的意見，其他同志沒有或很少向我提出過意見，因為直到最近，我並不知道許多同志對我有許多意見。所以直到最近，我才來進行檢討。」

劉少奇這段話，似乎意在說明，這個檢討並非因高崗的意見引起的。並暗示，高崗從來沒有向他提出過意見。然後，就以下八個方面作了檢討和說明：

（1）關於農業生產合作社問題，劉說，「在土地改革完成以後，要對我國農業實行社會主義改造，要實行農業集體化，對於這個基本方向，我是沒有懷疑過的。」「但是，我有過一種想法，就是我以為還要等一個時候才能在我國農村中大量地、普遍地組織農業生產合作社和集體農場……以為互助組不能過渡到集體農場」。「所以在一九五○年一月與東北個別同志談到農村互助合作問題時，我有一些話是說得不妥當的。」「在一九五一年春，我贊成華北局在個別地方試辦農業生產合作社，但不贊成推廣。同年七月間我批評了山西省委『把老區互助組織提高一步』的文件，並在馬列學院第一期畢業生講話時，也說到了這個批評，應該說，我這個批評是不正確的，而山西省委的意見則基本上是正確的。」

（2）「在第一次全國組織工作會議關於整頓黨的基層組織的決議中說：『中國共產黨是中國工人階級的黨，是工人階級的先進的有組織的部隊。中國革命在過去是城市工人階級和鄉村半工人階級領導的，在今後更需要工人階級的領導。』其中『城市』、『和鄉村半工人階級』幾個字原來草案上沒有，是我加上去再送中央同志傳閱後發出的。」「這幾個字是加得不妥當的。以後在中央答覆一軍政治部關

於這個問題的電報中，又進一步地把以上這些不妥當的説法加以肯定和伸引，這個電報也是我起草的。因此，這個錯誤主要應由我負責。」

「關於黨員發展成為富農者如何處理的問題……我在和個別同志談到這個問題時可能説過一些不妥當的話，這些話我現在已經記不清楚了，總而言之，凡是説得不妥當的話，都應該取消或修正。」

（3）「我受中央的委託負責管理全國總工會的工作。李立三同志在主持全總工作的時期內曾經犯了不少錯誤……對於他的這些錯誤，我是應該負一定的責任的。」

（4）「一九四九年六月，我對洛甫同志在一個關於討論供銷合作社盈利分紅問題的文件中所表示的意見提出批評，認為他『在基本上是在主張合作社工作中的資本主義路線』。這個批評是不適當的，應該取消。」

（5）「一九四七年我主持的全國土地會議，確定了普遍實行分配土地的原則，制訂了土地法大綱，並提出了整黨的方針。這個土地法大綱和整黨方針，是經過黨中央的修正和批准的。全國土地會議的工作是有成績的。但是這個會議有重大的缺點，這就是沒有對於農村的階級分析做出恰當的決定和沒有能夠制訂一個正確的切實可行的詳細的沒收分配土地的辦法，同時對於錯誤傾向的批判不夠全面。」「因而也就不能夠認真地去堵塞有些地方的左傾錯誤的發生和發展。」「我在當時沒有能夠把指導土地改革這樣一個嚴重的任務完全正確地擔當起來。」

（6）一九四三年延安審查幹部的工作，「還是犯了許多錯誤的，第一是在對於情況的估計上擴大化，第二是在審幹方法上的『逼、供、信』。最主要的『逼、供、信』，是在大會上的追逼和搶救。我是當時中央總學委的負責人，因此，對於當時的錯誤，我也要負一

份相當的責任。」

（7）「一九四六年二月一日，在舊政協會議開過後，中央發出了一個指示，說舊政協決議付諸實施，中國從此走上和平民主階段。同時向八路軍、新四軍和各解放區提出練兵、減租和生產三大中心工作，並指出『一切準備好，不怕和平的萬一被破壞。』在這個指示中所謂『和平民主階段』是屬一種對時局的估計，而關於練兵、減租和生產三大中心工作的規定，則是對於我們的革命起實際作用的性質的東西。」「雖則如此，應該說，中央那時也還可以再看一個時候再說。中央通過的這個指示，是我起草的，我曾根據這個指示在幹部會上作過一個報告，在報告中有些話講得不妥當，應當糾正。」

（8）「一九四九年春中央派我去天津研究和幫助天津市委的工作，我對天津當時的工作說過許多話，曾經批評了當時某些對資產階級的左傾情緒，雖則原則上沒有錯誤，但其中有些話是說得不夠妥當的。」

在檢討了以上八個方面的問題以後，劉少奇說：

　　雖然說我們不能保證百分之百地不犯錯誤，但黨中央給我很大的責任，就我所處的工作地位來說，我就應該有更多警惕，特別謹慎，去儘量避免發生錯誤。有些問題我如果能夠採取更加謹慎的態度，更多地向中央和毛澤東同志請示，用適當的態度更多地和同志們商量，就可以不犯或少犯錯誤。有些同志對我說：我在具體工作中有某種片面性，即對某些問題的某些方面強調得過分，而對其他方面則有時照顧得不夠，因而容易引起工作中的偏差。對幹部的觀察有時也發生一些偏差。此外，我常常對某些問題表示自己的意見過快，下斷語過快，在說話時表現有些激動，因而不能很好地傾聽別人的意見。這種情況當然也就是表現了我謹慎態度不

夠。這些同志對我的這些批評是對的，我深深地感謝這些同志的批評，並當注意力求改正。[43]

劉少奇這個檢討，總算把過去「欠的賬」(被人們攻擊的錯誤)都一一還清了。

「團結決議」埋下了定性的變數

經全會一致通過的《關於增強黨的團結的決議》，如同劉少奇的報告一樣，把黨內問題與現實的國內外階級鬥爭掛起鈎來，尖銳地提出：「帝國主義者和反革命分子破壞我們的最重要方法之一，就是首先破壞我們黨的團結，並在我們黨內尋找他們的代理人。」《決議》指出：

> 黨的團結，工人階級的團結，勞動人民的團結，全國人民的團結，是革命勝利的保證……依靠全黨的團結，黨領導着全國人民戰勝了帝國主義、封建主義和官僚資本主義，完成了新民主主義革命，建立了中華人民共和國。但是，現在的中國革命事業還沒有最後完成。在國內人民的敵人還沒有完全消滅，在國外還存在着帝國主義的包圍，現在中國正處在社會主義革命即社會主義改造的階段……這是一個比反對帝國主義、封建主義和官僚資本主義的新民主主義革命更深刻、更廣泛的革命，包含着極複雜極尖銳的鬥爭。在這場鬥爭中，一方面，外國帝國主義決不會袖手旁觀；另一方面，國內那些已經被打倒的階級決不會甘心於自己的死亡，那些

---

43 《建國以來劉少奇文稿》，第 6 冊，頁 78–84。

　　將被消滅的階級決不會沒有反抗，他們中的堅決反革命分子必然要和外國帝國主義相互勾結起來，利用每一個機會來破壞我們黨和人民的事業，企圖使中國革命事業歸於失敗，使反動統治在中國復辟。帝國主義者和反革命分子破壞我們的最重要方法之一，就是首先破壞我們黨的團結，並在我們黨內尋找他們的代理人，我們黨內產生過張國燾，蘇聯黨內產生過貝利亞，這樣重大的歷史教訓表明，敵人不但一定要在我們黨內尋找他們的代理人，而且曾經找到過，在今後也還可能找到某些不穩定的、不忠實的、以及別有企圖的分子作為他們的代理人，這是我們必須嚴重警惕的。鑒於我們現在還採取着和資產階級聯合的政策，而小資產階級還像汪洋大海似地包圍着我們；鑒於我們的黨很大，黨內的馬克思列寧主義的教育還很不夠，一部分幹部中的思想政治情況還相當複雜；鑒於一部分幹部甚至是高級幹部對黨的團結的重要性還認識不足，對於集體領導的重要性還認識不足，對於鞏固和提高中央威信的重要性還認識不足；特別是鑒於中國新民主主義革命勝利後，黨內一部分幹部滋長着一種極端危險的驕傲情緒，他們因為工作中的若干成績就衝昏了頭腦，忘記了共產黨員所必須具有的謙遜態度和自我批評精神，誇大個人的作用，強調個人的威信，自以為天下第一……甚至把自己所領導的地區和部門看作自己的資本和獨立王國；鑒於這一切情況，中央認為，當我國實行社會主義改造的緊要關頭，有極大的必要來喚起全黨同志更加注意提高革命警惕性，更加增強黨的團結。全黨同志都應當認識，黨的團結是黨的生命，是馬克思列寧主義的基本原則，破壞黨的團結就是違反馬克思列寧主義的基本原則，就是幫助敵人來危害黨的生命。

為增強黨的團結，《決議》作了六項規定，其中着重強調：

全黨高級幹部的重要的政治活動和政治意見應該經常向
所屬的黨的組織報告和反映；其關係特別重大者則應直接向
黨中央的政治局、書記處或中央主席報告和反映；如果避開
黨組織和避開中央來進行個人的或小集團的政治活動，避開
黨的組織和避開中央來散佈個人的或小集團的政治意見，這
在黨內就是一種非法活動，就是違反黨的紀律、破壞黨的團
結的活動，就必須加以反對和禁止。

對於任何有損黨的團結的言論和行動應當進行批評和鬥爭。

《決議》進而指出：

對於黨員的缺點或錯誤應當區別不同的情形，採取不同
的方針。對於那種具有在性質上比較不重要的缺點或犯有在
性質上比較不重要的錯誤的同志，或者對於那種雖然具有嚴
重或比較嚴重的缺點、犯有嚴重或比較嚴重的錯誤，但在受
到批評教育以後，仍能把黨的利益放在個人的利益之上，願
意改正並實行改正的同志，應當採取治病救人的方針。對於
他們的缺點或錯誤必須按照情況進行嚴肅的批評或必要的鬥
爭；但是這種批評或鬥爭應當從團結出發，經過批評或鬥爭
達到團結的目的，不應當不給他們改正的機會，更不應當故
意將他們的個別的、局部的、暫時的、比較不重要的缺點或
錯誤誇大為系統的、嚴重的缺點或錯誤，因為這種態度就不
是從團結出發，就不能達到團結的目的，就不利於黨。但是
對於那種與黨對抗，堅持不改正錯誤，甚至在黨內進行宗派
活動、分裂活動和其他危害活動的分子，黨就必須進行無情
的鬥爭，給以嚴格的制裁，直至在必要時將他們驅逐出黨，

因為只有這樣，才能維護黨的團結，才能維護革命的利益和
人民的利益。[44]

由此可見，四中全會對高、饒問題的定性已經埋下一個伏線，
即由黨內轉向黨外，成為與現實階級鬥爭相呼應的敵我問題的變
數。這與毛澤東明確指示開一個「和平會議」，保高「過關」的原意
是相悖的。那麼，這個調子是怎樣定下來的呢，是最初由劉少奇
牽頭起草的決議草案就這樣寫的，還是經毛澤東在杭州修改加上去
的？現在可以查到的信息有：

1953 年 12 月 29 日，劉少奇：《關於中央最近工作情況給毛澤
東的信》向毛報告說：

> 關於增強黨的團結的決定草案，業已寫好，特派人送
> 上，請審閱修改並批示！這個草案曾經書記處會議討論修
> 改，德懷、小平、子恢、仲勛、董老、彭真等同志都參加了
> 這次會議，陳雲、高崗、瀾濤三同志因外出，未參加。這個
> 決定擬等主席修改退回後再交政治局會議審議一次，然後發
> 出。可否？望示！[45]

毛澤東 1954 年 1 月 7 日覆信劉少奇：「信及決議草案收到。決
議草案已作了修改，使之有根據些和更明確些。參加修改的，有在
這裏的幾位同志，林彪同志亦表示同意。」

毛澤東所稱《對關於增強黨的團結的決議草案的修改》，收錄在
《建國以來毛澤東文稿》中只有以下兩段（仿宋字體為杭州修改的文
字）：

44　中國人民解放軍國防大學黨史黨建政工教研室編：《中共黨史參考資料》，
　　第 20 冊（北京：國防大學出版社，1986），頁 261–262。

45　《建國以來劉少奇文稿》，第 5 冊，頁 364。

　　　　階級是由黨領導的，黨又是由它的中央委員會領導的，
黨的中央委員會還緊緊地依靠着一批忠實的有能力的高級幹
部。因此，黨的中央委員會和省（市）委員會以上的負責幹部
和武裝部隊的高級負責幹部的團結，尤其是決定革命勝利的
最主要的關鍵。

　　　　黨的團結的利益高於一切，因此應當把維護和鞏固黨的
團結作為指導自己言論和行動的標準，即有利於黨的團結的
話就說，不利於黨的團結的話就不說，有利於黨的團結的事
就做，不利於黨的團結的事就不做。[46]

　　在這篇修改稿的一個注釋中說：「中共中央關於增強黨的團結
的決議草案，是在北京起草後送到杭州請毛澤東審閱的。在毛澤東
主持下，有跟他一起去杭州的同志參加，對決議草案作了大量的修
改，但最初的改稿未能保留下來。現在看到的是一九五四年一月九
日楊尚昆從杭州帶到北京的決議草案稿。」[47]

　　可見，上述文中的修改，並非是對劉少奇報送的第一稿的修
改。這樣，與保高「過關」方針相悖的基調——把黨內問題和現實
階級鬥爭掛起鈎來，究竟是由北京起草的「劉稿」原有，還是由杭州
修改的「毛稿」所加，在《建國以來毛澤東文稿》中已無從查考。

　　但在《建國以來劉少奇文稿》第 6 冊收錄的《關於增強黨的團結
的決議》一文的注釋中稱：「本篇以中共七屆四中全會一九五四年二
月十日通過的《關於增強黨的團結的決議》為底本，反映了劉少奇對
這個決議的修改情況，文中用宋體字排印的是劉少奇加寫和改寫的
文字，用仿宋體字排印的是毛澤東加寫和改寫的文字。」有關黨的團
結的重要性的部分抄錄如下：

─────────
46　《建國以來毛澤東文稿》，第 4 冊，頁 435。
47　同上，頁 436。

　　中國共產黨在馬克思列寧主義的基礎上，在正確的政治路線和正確的組織路線的基礎上，經過種種犧牲奮鬥，形成了以毛澤東同志為首的中央的統一領導和全黨的團結一致，這個團結又由於及時地正確地克服了危害黨的團結的敵對活動和錯誤傾向而日益鞏固，終於使黨成為一個不可戰勝的力量。依靠全黨的團結，黨領導着全國人民戰勝了帝國主義、封建主義和官僚資本主義，完成了新民主主義革命，建立了中華人民共和國。但是，現在中國的革命事業還沒有最後完成，在國內人民的敵人還沒有完全消滅，在國外還存在着帝國主義的包圍。現在中國正處在社會主義革命即社會主義改造的階段，我們要逐步實行社會主義工業化。逐步實行對個體農民和手工業者的社會主義改造（改造小私有者），逐步實行對資本主義工商業的社會主義改造（消滅資產階級），把我國建設成為一個偉大的社會主義國家。這是一個比反對帝國主義、封建主義和官僚資本主義的新民主主義革命更深刻更廣泛的革命，包含着極複雜極尖銳的鬥爭。在這場鬥爭中，一方面，外國帝國主義決不會袖手旁觀；另一方面，國內那些已被打倒的階級決不會甘心於自己的死亡，那些將被消滅的階級決不會沒有反抗，他們中的堅決反革命分子必然要和外國帝國主義相互勾結起來，利用每一個機會來破壞我們黨和人民的事業，企圖使中國革命事業歸於失敗，使反動統治在中國復辟。帝國主義者和反革命分子破壞我們的最重要的方法之一就是首先破壞我們黨的團結，並在我們黨內尋找他們的代理人。我們黨內產生過張國燾，蘇聯黨內產生過貝利亞，這樣重大的歷史教訓表明，敵人不但一定要在我們黨內尋找他們的代理人，而且曾經找到過，在今後也還可能找到某些不穩定的、不忠實的、以至別有企圖的分子作為他們的

代理人，這是我們必須嚴重警惕的。[48]

上面這段文字表明，把黨的團結的重要性與國內外現實階級鬥爭聯繫起來，在劉少奇改稿的原文中已經寫有這方面的內容，而毛澤東的改動則是在表述上更加完整了。這就是：

> 帝國主義者和反革命分子破壞我們的最重要的方法之一就是首先破壞我們黨的團結，並在我們黨內尋找他們的代理人。我們黨內產生過張國燾，蘇聯黨內產生過貝利亞，這樣重大的歷史教訓表明，敵人不但一定要在我們黨內尋找他們的代理人，而且曾經找到過，在今後也還可能找到某些不穩定的、不忠實的、以至別有企圖的分子作為他們的代理人，這是我們必須嚴重警惕的。

正是《決議》的這個基調，對高、饒事件的後續發展，發生了重大的影響。

---

48 《建國以來劉少奇文稿》，第 6 冊，頁 97–98。

第十章

「和平會議」轉向面對面揭發之謎

歡迎犯錯誤的同志作自我批評，而不開展批評的方針，何以在四中全會閉幕不久，突然轉向開座談會進行當面揭發、對質。被說成是中央書記處的這個決定，毛澤東是否知情並有所表態，還是劉少奇擅自作主或「先斬後奏」？

高崗、饒漱石在四中全會的檢討

在劉少奇向全會做了報告以後，高崗於 2 月 6 日當天在會上做檢討發言。高崗檢討說：

> 我完全同意劉少奇同志代表中央政治局和毛主席向四中全會所作的報告和黨中央根據毛主席的建議所提出的關於增強黨的團結的決議。少奇同志的自我檢討是我們很好的範例，使我深受感動。
>
> 黨的三中全會的路線是完全正確的。從三中全會到四中全會期間，在黨中央和毛主席的領導下，勝利地進行了偉

大的抗美援朝戰爭，同時勝利地進行了土地改革、鎮壓反革
命、思想改造、「三反」、「五反」等一系列的社會改革運動，
爭取了國民經濟狀況的根本好轉，以及其他各方面工作的勝
利。這樣就使我們的國家勝利完成了恢復經濟的任務，進入
有計劃地大規模地建設的新時期。

　　現在，提出全黨面臨的任務，就是根據黨中央和毛主席
所確定的關於黨在過渡時期的總路線，逐步地將我國建設成
為一個偉大的社會主義國家。而增強黨的團結，則是實現這
一偉大任務的基本保證。

　　正如黨中央在增強黨的團結的決議中所指出的那樣，鑒
於我們黨的內部外部的複雜狀況，鑒於我國正處在社會主義
建設的緊要歷史關頭，而社會主義改造過程中的鬥爭又是極
為複雜、極為尖銳的，因此，增強黨的團結更有特別重要的
意義。全黨同志，特別是黨的高級負責同志，都應有很高的
馬列主義的自覺性和警惕性，來百分之百地保證這一決議的
貫徹。

　　根據黨中央這個決議來檢查，我認為自己在黨的團結問
題上，犯有以下的錯誤：

　　第一，在 1950 年至 1951 年間，以我的直接感覺和經過
一些同志的傳達中，我以為我和劉少奇同志在一些工作問題
上是有些不同意見的。從那時起到這次主席關於增強黨的團
結問題的指示以前，我對少奇同志的看法上是有嚴重的錯誤
的，這就是把少奇同志個別的、一時的和不重要的一些工作
上的缺點看成是系統的；同時，我認為少奇同志對某些幹部
有偏有私，並曾一度認為少奇同志在幹部問題上有「攤子」。
所有這些，都是我在認識上的嚴重的錯誤。基於這種錯誤認
識，在這次主席休息之前的一次書記處會議上，我對少奇代

理主席主持中央工作的問題，未表示意見，實際上我當時在
思想上是不贊成的。這是很錯誤的。

　　第二，我這種對少奇同志的看法，和少奇同志本人談得
少，有些問題沒有提，有些問題提得也不正確。尤其錯誤
的，是我曾經把一些我對少奇同志的看法，和一些同志談論
過，甚至和一些非中央委員談論過。這是一種違反組織原則
和不利於黨的團結的行為，這是宗派情緒的表現，應該受到
黨的處分。

　　第三，我對於一些幹部的看法上，好就很好，壞就很
壞，缺乏分析。我不善於團結各方面的幹部共同工作，特別
是不善於和不同意見的同志共事；我對自己認為好的幹部，
也缺乏對他們的批評和幫助；我對於一些犯了錯誤但表示願
意改過的同志，缺乏像中央決議所指出的那樣，採取「從團
結出發，經過批評和自我批評，達到團結的目的」的態度。
這也是錯誤的，是達不到黨的團結的目的的。

　　第四，過去的西北和東北工作有一定成績，這是黨中央
和毛主席的領導，西北、東北全體幹部及人民的努力奮鬥的
結果，而我只是參加西北和東北工作中的一員，況且在工作
過程中錯誤和缺點還是很多的。事實上，我的黨性不好，
德、才和所負的工作職位極不相稱。而在這方面，我個人缺
乏共產黨員應有自覺性，缺乏自我批評的精神，喜歡別人講
成績，不喜歡別人講缺點（如去年夏季財經會議上我對於「東
北一黨員的信」和對鞍山檢查組的態度上，就表現了這種情
緒）。這也是錯誤的。

　　我之所以發生上述錯誤，是由於自己馬列主義的原則性
修養很差，對黨的團結的重要性認識不足，是由於從 1938 年
六中全會反王明的機會主義路線以後，特別是從 1942 年西北

高幹會議以來，一帆風順，逐漸產生了驕傲情緒，加上由於
我在思想上的片面性和工作經歷的局限性而產生的狹隘觀點
和宗派情緒，缺乏共產黨人所必須具備的謙遜態度和自我批
評精神。這是個人主義、資產階級思想的表現。如果不經過
黨和同志們的嚴格批評和我自己堅決克服，任其發展下去，
是極危險的。

　　今後，我一定要努力提高馬列主義的自覺性，並從實際
行動中堅決改正錯誤，用一切力量為維護和鞏固黨的團結而
奮鬥，兢兢業業地、埋頭苦幹地把工作做好。我對於自己的
錯誤有認識不深刻的地方，希望同志們提出批評，以便幫助
我進一步認識錯誤和改正錯誤。[49]

2月8日，饒漱石在會上檢討了1943年在華東敵後時與陳毅的
關係、1953年到中組部後與安子文的關係方面的錯誤。饒檢討說：

　　我完全同意劉少奇同志代表中央政治局向四中全會作的
報告，衷心擁護中央政治局根據毛澤東同志的建議所起草的
《關於增強黨的團結的決議（草案）》。

　　根據劉少奇同志的報告和中央這個決議的精神和原則來
檢查我的思想行動，我是有很多嚴重的缺點和錯誤的。

　　首先，在黨的團結方面，我曾經不止一次地犯過錯誤。
現在回想起來，我和黨內不少同志都發生過爭吵和彼此關係
搞得不好……

　　在這裏，我想着重檢討下面兩件事情：

　　其一，是1943年我與陳毅同志在華東敵後共事時曾一度
關係搞得不好……

49　戴茂林、趙曉光：《高崗傳》（西安：陝西人民出版社，2011），頁341–343。

其二，是去年七八月間我與安子文同志在中央組織部共事時也曾一度關係搞得不好。這次我所犯錯誤尤其嚴重。雖然，這一關係問題在去年10月劉少奇同志所主持的第二次全國組織工作會議的領導小組會議上作了處理……

在計較個人地位方面，尤其嚴重地暴露了我的個人主義。這種個人主義甚至發展到野心家的程度。例如，在1949年，我對由誰來擔任華東軍政委員會主席這樣一個重大問題，不是等候中央的決定，而是採取了由華東局建議由我來擔任的方式。當我見到毛主席時，毛主席曾告訴我，華東軍政委員會主席一職，本擬以陳毅同志擔任。可是我在聽了毛主席這話之後，除了僅僅以虛偽的態度要求改變由我來擔任的意見外，並未作任何誠懇的堅決的表示。因此，最後中央還是決定由我來擔任了。待各大區軍政委員會主席名單同時公佈後，黨內外發現除華東外其他各大區軍政委員會主席之職均由軍區司令員兼任，曾引起猜測和造成不良影響。[50]

---

50 關於華東軍政委員會「主席」一事，當年擔任饒漱石的政治秘書艾丁2006年鄭重回憶說：這件事原由是毛澤東的主意。1949年9月中旬，饒漱石從北京彙報工作回滬後，在辦公室向陳毅同志通報情況時，講到中央要求將華東軍政委員會組成人選於10月底上報。關於軍政委員會主席一職，毛澤東同志說，各大區軍政委員會主席原則上由大軍區司令員擔任，考慮到華東沿海軍事任務繁重，他說已同你商議過要我兼任。不過我認為既然其他大區均由司令員擔任，華東還是由你擔任，乃「順理而成章之謂」。陳毅同志馬上回答說，這件事主席早在與你談話之前，同我商議過。主席考慮是周全的，這是從實際出發，如果照常例辦，他用不著同我、同你個別交談了。饒堅持說，我認為還是你出任為妥，請你再考慮一下。（大約10月初）華東局常委會開會前一天上午，饒要我撥通南京的陳毅同志電話。饒在電話中告訴陳，明天華東局常委會討論華東軍政委員會人選，希望陳毅同志能來滬參加會議。大約陳說軍區事多不能來滬了，饒說：「你實在抽不出身來滬，我們在滬的幾個常委討論了。……你對名單草案有何補充修改

　　總起來說，我所犯的錯誤是極端嚴重的。這種錯誤的性質是資產階級的個人主義，在個別問題上甚至發展到野心家的程度；在另外的個別問題上，對黨對同志採取不老實的態度，和個別同志懷有宗派主義的成見。

　　以上這些錯誤，說明了我對於黨的團結的重要性是如何的認識不足，對於集體領導的重要性是如何的認識不足，對於鞏固和提高中央威信的重要性是如何的認識不足；同時它又說明了，我由於工作中的若干成績和黨中央對我的信任而衝昏了頭腦，滋長了極端危險的驕傲情緒，誇大了個人作

意見？」接着饒説：「軍政委員會『軍』字在前，主席一職還是由司令員擔任為妥……那就提請常委會討論決定。」饒掛了電話後同我説：「陳毅同志不能來參加會議了。對送去的軍政委員會委員、副主席名單均同意。主席一職，他還是要我兼任。説我是軍區政委，是現役軍人，並無不妥。這件事只好交常委討論後請中央定奪了。」那天下午，秘書長魏文伯來向饒彙報説：陳老總不能來滬參加常委會了。要我在會上向常委們轉達他的意見，軍政委員會主席一職由饒政委擔任為宜。他本人因軍區的事太忙，無法分身，不參加軍政委員會工作了。那次華東局常委會，出席的常委有：饒漱石、曾山、舒同、張鼎丞、劉曉，還有秘書長魏文伯、組織部副部長胡立教、統戰部副部長潘漢年。饒漱石主持會議。……饒漱石説，軍政委員會主席一職人選，請大家一起商議……這時魏文伯插話説，軍政委員會主席一職，饒政委和陳司令互相謙讓。饒政委説其他各大區軍政委員會都是司令員任主席的，所以建議由陳毅同志為主席，陳毅同志委託我向常委們轉達他的意見，華東情況特殊，華東沿海軍務繁重，他兼上海市市長，常在上海、南京之間奔波，華東軍政委員會主席請饒政委擔任為宜。曾山、舒同、劉曉等發言都説，陳毅同志確實太忙，主席一職就由饒漱石同志兼任吧，沒有不同意見。饒在會上沒有再推讓。他説，既然大家都是這樣意見，報中央審批。會後，隨即將經華東局常委會討論通過的華東軍政委員會主席、副主席和委員名單電報中央。這件事整個過程符合程序，後來中央文件上説，饒漱石利用陳毅同志謙讓，未經華東局會議討論，用不正當手段，謀取華東軍政委員會主席。至今還是這樣傳。陳邦本：〈饒漱石政治秘書談饒漱石〉，載《炎黃春秋》，2013 年第 8 期，頁 33–34。

用，強調了個人威信，忘記了共產黨員所必須具有的謙虛態度和自我批評精神，甚至發展到嚴重地自以為是，不服從領導，不受黨的紀律約束，不按黨的章程辦事，終於墮落到了資產階級個人主義的泥坑裏。

我的這些錯誤，在過去之所以沒有被同志們所發現和所以能夠發展到這樣嚴重的程度，其主要原因就是深深隱藏在我嚴肅與謹慎的表象裏。在我初到解放區的時候，對於戰爭和根據地工作全無經驗，與根據地部隊和地方幹部也無聯繫，而一到根據地就擔負起了重要的責任。當時自己的確深感責任重大，力不勝任，常常產生自卑心理（當時若干同志曾譏笑我為外國回來的「洋學生」）。因此，我在對待日常工作問題上和處理同志普通關係問題上，特別兢兢業業，一般表現謙虛、謹慎和遵守黨的組織原則；對於個人的生活作風，更特別注意克己；這兩方面甚至發展到「謹小慎微」的程度……

我經過再三的考慮，認為我最大的、主要的錯誤，還在於：沒有時時刻刻把黨的團結看作是黨的生命，破壞黨的團結看作是幫助敵人來危害黨的生命；也沒有牢牢記住「黨的團結的唯一中心是黨中央」，要維護黨的團結，就必須首先維護黨中央的統一領導，維護黨中央的團結和威信，特別是維護毛主席和他的親密戰友——黨中央領導核心的團結和威信。我們都知道，劉少奇同志是黨中央的主要負責同志之一，一向為全黨同志所愛戴和尊重；而我在處理自己和安子文同志這個關係問題上，卻對劉少奇同志表示不尊重，甚至發展到對他表示不滿。這種極端錯誤的行為，必然是損害黨的團結的，必然是損害中央威信、妨礙中央統一領導的，因而也必然是危害革命利益和人民利益的。我的這種錯誤，如果不

是由於中央政治局及時敲了警鐘，使我有所警覺，而任其發展下去的話，不僅對黨極為不利，對我個人也是不堪設想的。

現在我已開始認識到自己所犯錯誤的嚴重性及對黨的危害性。因此，今天我有決心向全會徹底揭發我的錯誤，並向全會保證在今後的工作和行動中徹底改正我的錯誤。我所作的檢討還是不深刻的。我要求大家對我進行嚴格批評，並要求中央給我以嚴格的處分。[51]

劉少奇結論講話變調

毛澤東在 1 月 22 日給劉少奇的信中明確指示：「關於四中全會開會的方針，除文件表示者外，對任何同志的自我批評均表歡迎，但應盡可能避免對任何同志展開批評，以便等候犯錯誤同志的覺悟。」接着，在與楊尚昆的談話中更具體交代：按決議精神「自我檢討」。對具體事實不深究，講到別人，暫不深問。應作檢討，一次不好，二次可說；這次不好，以後還可說。全會方針：只作正面說明，不對任何同志展開具體批評，以達到「和平會議」之目的。

但是，2 月 10 日，劉少奇在全會閉幕的結論講話中，卻對上述方針作了另種解釋，強調：「等候犯錯誤的同志覺悟」，「不是要把某些同志所犯的錯誤掩蓋起來」，而是「必須揭露這些錯誤」。

劉少奇的講話，首先肯定這次中央全會開得是成功的，他說：

> 我們的全會，在經過詳細的討論以後，所有的發言，都一致地表示同意中央政治局和毛澤東同志委託我向全會所作

51　戴茂林、趙曉光：《高崗傳》，頁 343–345。

的報告，並同意根據毛澤東同志的建議而提出的《關於增強黨的團結的決議（草案）》。在各同志的發言中間對目前黨內的一種危險的傾向，對於危害黨的團結的言論和行動，進行了嚴肅的原則的批評；同時，在每個同志的發言中又都進行了自我批評，過去犯錯誤應該進行檢討而沒有進行檢討的同志，在這次全會上也進行了檢討。這樣，就使我們這次全會充滿了自我批評的空氣，可以説，我們這次全會是一次自我批評的會議。這是一種很好的、值得歡迎、值得慶賀的現象。

劉少奇稱：「從我們黨的第七次全國代表大會以來，我們這次中央全會是具有重要歷史意義的一次會議。」接着他話鋒一轉，認為高崗、饒漱石的檢討「是不夠的」，這次會議沒有完全解決問題，進而對毛澤東提出的開會方針作了另種解釋，劉説：

　　應該指出，在會議中有個別同志對自己所犯錯誤檢討的還是不夠的，但是所有發言的同志都遵照毛澤東同志所建議的我們這次開會的方針，沒有對這些同志展開批評。毛澤東同志對這次全會方針的建議的目的，大家都是瞭解的，就是要等候犯錯誤的同志覺悟，而不是要把矛盾隱藏起來，不是要把某些同志所犯的錯誤掩蓋起來。因此，犯了錯誤的同志應該懂得：錯誤是必須改正的。錯誤既然犯下來了，可不可以不改正呢？那是不可以的，是必須改正的。
　　為要改正錯誤，就必須揭露這些錯誤，必須取得其他同志的幫助，而不能把錯誤隱藏起來，不能拒絕其他同志的幫助，不能諱疾忌醫。

劉少奇在對毛澤東只作自我批評，不作相互批評的方針和必須對錯誤進行揭露才能改正錯誤作了統一的解釋之後，説：

　　黨對於犯了錯誤的同志是採取「治病救人」的方針的。
毛主席領導的黨，過去對犯錯誤的同志是採取這樣的方針，
現在也是採取這樣的方針，將來還是採取這樣的方針。即使
犯了極其嚴重的錯誤，只要還有改正的可能，改正的可能性
還存在，那末黨也還是要採取這種方針 ——「治病救人」的
方針的。因此，犯了錯誤的同志必須在黨的這個方針下，在
同志們的幫助下，把自己的問題弄清楚，改正錯誤。只有把
自己的問題弄清楚，才能改正錯誤；問題弄不清楚，弄得很
混亂，那是不能改正錯誤的。把自己問題弄清楚了，錯誤改
正了，然後才能卸掉包袱，自己也才愉快，才能更好地在黨
內、黨外進行工作。為了自己，為了很好地進行工作，為了
卸掉包袱，為了使自己愉快，更重要是為了黨，把問題弄清
楚，改正錯誤，是完全必要的。對於凡是能夠改正錯誤的同
志，黨是沒有不歡迎的。這種態度就是我們這次全會大家一
致肯定的態度，是我們這次全會的態度。[52]

　　值得指出的是：有關召開四中全會一事，從 1954 年 1 月 7 日
至 28 日，毛澤東和劉少奇在會前多有電報來往或通過楊尚昆捎話。
但在全會期間，劉少奇是否將會議情況和高崗、饒漱石的檢討向毛
報告，劉少奇在全會上的結論講話是否報毛澤東請示，查遍《建國
以來劉少奇文稿》、《建國以來毛澤東文稿》、《毛澤東年譜（1949–
1976）》，均找不到毛、劉之間任何聯繫的痕跡（1954 年 2 月 17 日、
26 日毛澤東先後致電、致信劉少奇並中共中央書記處各同志，內容
均為憲法草案，無任何有關高、饒問題的言詞 [53]）。這與會前毛、劉
間的不斷溝通，以及劉少奇將自己的檢討發言，專門報毛「請主席

---

52 《建國以來劉少奇文稿》，第 6 冊，頁 93–95。
53 《毛澤東年譜（1949–1976）》，第 2 卷，頁 221–223。

指示」相對照，使人感到難以理解。對劉少奇結論講話的「變調」，毛澤東是事前知道，還是事後知道，毛是什麼態度，都無從查考。

找不到的書記處會議決定

《劉少奇年譜》在 1954 年 3 月 5 日的條目下有一注釋：「指一九五四年二月中旬，受中共中央書記處的委託，周恩來召開的關於高崗問題的座談會，鄧小平、陳毅、譚震林召開的關於饒漱石問題的座談會。」[54]

《周恩來年譜》記載：「2 月 15 日–25 日，主持高崗問題的座談會。十六日，受劉少奇委託，在會上轉告劉對高崗十五日檢討的意見。」[55]

《鄧小平年譜》記載：「2 月 17 日–23 日，受中共中央書記處委託，和陳毅、譚震林主持關於饒漱石問題座談會。」[56]

但是，在兩個座談會前，中共中央書記處何時開會作出委託周恩來；鄧小平、陳毅、譚震林分別召開高崗問題和饒漱石問題的座談會的呢？《劉少奇年譜》沒有記載。《周恩來年譜》、《朱德年譜》、《陳雲年譜》、《鄧小平年譜》均無記載。直到 2 月 17 日，《周恩來年譜》記有：「晚，先後出席中共中央書記處會議、中共中央政治局會議。」《楊尚昆日記》2 月 17 日也記有：「書記處 6 時半開會。」2 月 21 日，記有：「夜書記處開會到 3 時半。」[57] 表明中央書記處開會即使沒有會議記錄，參加會議的如楊尚昆在日記中也會有記載的。

---

54 《劉少奇年譜（1898–1976）》，下卷，頁 321。

55 《周恩來年譜（1949–1976）》，上卷，頁 353。

56 《鄧小平年譜（1904–1974）》，中卷，頁 1159。

57 《楊尚昆日記》，上，頁 106、107。

　　對上述毛澤東指示的四中全會開會方針的突然改變，在現已公佈的檔案文件中，既找不到中央書記處何時作出決定；又找不到劉少奇的結論講話和書記處的決定是否報告毛澤東，以及毛持何種態度的文字印跡，這不能不是高、饒事件由強調團結到定性「反黨」這一重大轉折的一個謎團。

第十一章

兩個座談會對高、饒定性

1954 年 2 月中旬，分別召開的高崗問題、饒漱石問題座談會，經過面對面的揭發批判，使高、饒問題的性質升級，定性為「反黨」和「資產階級野心家」。

陳雲拋出的重磅「炸彈」

由周恩來主持的高崗問題座談會，從 2 月 15 日至 25 日開了 7 次。15 日，高崗在會上再作檢討。16 日周恩來受劉少奇的委託，在會上轉告了劉少奇對高崗 15 日檢討的意見（《周恩來年譜》未注具體內容），並介紹了高崗進行分裂活動的有關事實。會上有 43 人作了發言，尤以陳雲揭發高崗反對劉少奇，企圖當黨中央副主席一事，即高崗對他說：「多設幾個副主席，你一個，我一個」。這一下，使會議氣氛分外凝重。陳雲說：

> 我把高崗和我講的話向黨說出來，高崗可能覺得我不夠
> 朋友。但我講出來，是黨的原則，不講出來，是哥老會的原

則。高崗的個人主義野心是一步一步發展起來的，由小到大。如果完全沒有個人主義的根子，不會一下子就爆發出這樣的問題。高崗現在應當脫掉自己華麗的外衣，重新做人。[58]

對高崗與陳雲說，多設幾個副主席，你一個、我一個的事，高崗辯稱是出自陳雲之口。周恩來在揭批高崗座談會的總結發言中說，高崗是「血口噴人」，「臨死還要拉上墊背的」。[59]

據趙家梁說：在 15 日和 16 日的座談會上，高崗對與會者的揭發和批判也進行了一些辯解，認為自己雖然對劉少奇同志有意見，但並不能因此就說成是反黨。他還承認自己有自由主義、宗派主義，這兩個東西發展下去就會分裂黨。但高崗強調說這是客觀的，不是自己故意的，也不是現在就有的。然而，不管高崗作何辯解，他在座談會都是孤立的。[60]

直接參加座談會的張明遠也回憶說：

> 揭發高崗問題的座談會每天下午在周總理辦公室隔壁的小會議室進行，一開始火藥味就很濃，認為高崗散播對劉少奇的不滿，是對黨中央、毛主席的攻擊。有人提出高崗搞陰謀、有野心，企圖篡奪黨和國家的最高權力等。但高崗只承認他反對劉少奇，不承認他反對毛主席和要「奪取黨和國家的領導權力」。[61]

正是在這種氛圍下，17 日，發生高崗開槍自殺未遂事件。

58　《陳雲年譜（1905–1995）》，中卷，頁 197。

59　趙家梁、張曉霽：《半截墓碑下的往事：高崗在北京》，頁 116。

60　高崗秘書趙家梁談高崗問題，林蘊暉、沈志華 2005 年 2 月 2 日訪問趙家梁記錄。

61　張明遠回憶手稿。

周恩來總結講話的定性

17 日晚，劉少奇先後主持中央書記處和中央政治局會議，聽取周恩來報告本日午後，高崗自殺未遂的情況和對高的緊急處置辦法。政治局會議批准了周恩來提出的各項辦法。

2 月 25 日，周恩來在座談會上作總結發言。

周恩來首先指出：在這次關於高崗問題的座談會上根據高崗的發言及其自殺未遂的行為，並綜合 43 位同志的發言及其所揭發的材料，我們可以得出這樣一個認識，即高崗的極端個人主義錯誤已經發展到進行分裂黨的陰謀活動，以圖實現其奪取黨和國家領導權力的個人野心。在其野心被揭穿和企圖失敗以後，他就走上自絕於黨和人民的絕望的自殺道路。

接着，周列舉了高崗「分裂黨及奪取黨和國家權力的陰謀活動」的如下事實：

一、在黨內散佈所謂「槍杆子上出黨」、「黨是軍隊創造的」，以製造「軍黨論」的荒謬理論，作為分裂黨和奪取領導權力的工具。高崗硬說中國黨內對黨史有二元論，即所謂毛澤東同志代表紅區，劉少奇同志代表白區；說中國黨的骨幹是軍隊鍛煉出來的，白區幹部現在要篡奪黨；因而：一、認為編黨史，要對黨內若干歷史問題的決議加以修改，重下定論；二、企圖以這種荒謬理論來煽動和影響一部分軍隊中的高級幹部，並準備八大代表團，圖謀奪取黨的領導地位。

二、進行宗派活動，反對中央領導同志。從 1949 年起，高崗即將中央領導同志的某些個別的缺點和錯誤有計劃地向不少人傳播，後來更將這些個別的一時的而且已經改正的缺點和錯誤說成是系統的錯誤，到處傳播，有的更抄成檔案，作為攻擊材料；同時，又加上種種無中生有的造謠誹謗。高崗污蔑中央領導同志的宗派，實際

是掩蓋着自己的宗派活動；以便打擊中央領導同志，使自己獲得黨和國家的領導權力。

　　三、造謠挑撥，利用各種空隙，製造黨內不和。高崗偽造中央領導同志提出的政治局或書記處的所謂「名單」有某無某，污蔑中央領導同志不贊成某同志擔任中央某部工作，不支持某同志在某省工作中的正確領導等等，以挑起黨內的不和。他利用某同志錯誤地提出的關於中央政治局及中央各部名單的個人意見，製成各種謊言，廣為挑撥。他利用他已有的權位，尋找矛盾，逢甲說乙，逢丙說丁，或施挑撥，或行拉攏，或兩者兼施。

　　四、實行派別性的幹部政策，破壞黨的團結，尤其是對幹部私自許願封官，以擴大自己的影響和企圖騙取別人的信任。高崗的幹部政策是無原則的有派別性的，他常常拉攏一部分人，打擊一部分人，企圖在黨內造成派別，破壞黨內團結，尤其是他私自許願，說要提某某同志為候補中委，提某某同志為政治局委員，說某某同志可為部長等等，實為黨章黨紀所不許。

　　五、把自己所領導的地區看作個人資本和獨立王國。高崗在任東北局書記時，對工作報喜不報憂，不願意檢討，受不得批評。他來中央工作認為調虎離山，後來仍兼東北局書記才放了心。高崗歷來不願中央及中央各部門對東北工作進行檢查，一遇檢查即利用檢查人員的某些弱點大肆攻擊，企圖使人望而卻步。

　　六、假借中央名義，破壞中央威信。高崗對於中央政治生活作了許多曲解，並散佈許多流言蜚語，攻擊別人，吹噓自己，因而也影響了一些同志對他發生錯覺，破壞了中央領導同志的威信。

　　七、剽竊別人文稿，抬高自己，蒙蔽中央。高崗為了便於奪取權力，就處心積慮裝潢自己，賣弄自己，其辦法不是自己努力學習，卻是冒人之功，以為己功。高崗在討論馬林科夫報告時有關商業問題的發言，完全是別人的發言文稿，竟竊為己有，以蒙蔽中

央。高崗在中央會議上許多發言提綱，不但是由別人代筆，而且並非都由其本人授意起稿，亦非都由其本人仔細研究後才提出的，但高崗卻圖以此來騙取中央信任。高崗對馬列主義懂得極少，而且在實際活動中已經走到馬列主義的反面，但卻常宣傳自己如何努力學習馬列主義，以圖擴大自己在同志中的影響。

八、在中蘇關係上撥弄是非，不利中蘇團結。高崗在東北時，未向中央請示，就與個別的蘇聯同志亂談黨內問題。在去蘇回國後的個人談話中，他亦有不少播弄是非的話，並藉此吹噓，抬高自己。且有不少言論和觀點，顯然是不利於中蘇團結的。

九、進行奪取黨和國家權位的陰謀活動。從財經會議前後及中央提出是否採取部長會議的國家制度和黨中央是否添設副主席或總書記的問題後，高崗就迫不及待地積極進行奪取黨和國家權位的活動。高崗假裝舉着毛澤東同志的旗幟，偽造毛澤東同志的言談，積極反對兩個中央領導同志，假裝推戴另外兩個中央領導同志，同時提出自己作為黨中央副主席的要求。實際上他並不是真正贊成他所推戴的同志，而只是想拿他們作為自己上臺的跳板和護身符。正是在這個問題上，高崗的一切陰謀活動的本質便被最尖銳地暴露出來了。

周說：除了上述分裂黨和奪取權力的陰謀活動以外，根據同志們最近的揭露，高崗的私生活也是腐化的，完全違背共產主義者的道德標準。應當指出，這種私生活的腐化是資產階級思想腐蝕我們黨的表現的一個方面，我們必須反對並堅決地抵制這種腐蝕。

據此，周指出：從以上所舉高崗的主要活動看來，高崗是如何卑鄙地從一個共產黨員的 20 多年革命生活中墮落到資產階級個人主義野心家的泥坑裏去，是如何卑鄙地企圖按照他自己的資產階級個人主義的面貌來改造我們黨和國家。

進而，周分析說：高崗之所以進行分裂黨和企圖奪取黨和國家

權力的陰謀，是有他的思想根源、社會根源和歷史根源的。在長期
的革命鬥爭中，高崗雖有其正確的有功於革命的一面，因而博得了
黨的信任，但他的個人主義的思想（突出的表現於當順利時驕傲自
滿，狂妄跋扈，而在不如意時，則患得患失，消極動搖）和私生活
的腐化卻長期沒有得到糾正和制止，並且在全國勝利後更大大發展
了，這就是他的黑暗的一面。高崗的這種黑暗面的發展，使他一步
一步地變成為資產階級在我們黨內的實際代理人。高崗在最近時期
的反黨行為，就是他的黑暗面發展的必然結果，同時也就是資產階
級在過渡時期企圖分裂、破壞和腐蝕我們黨的一種反映。他的嚴重
的罪惡的活動如非中央及時地加以發覺和堅決有力的制止，就可能
使黨和人民事業遭受重大損失。

　　由此，周恩來得出結論說，高崗的罪惡已經勾銷了他對革命鬥
爭所曾作過的局部的貢獻，證明他過去參加革命鬥爭的動機是不純
的。在他身上，資產階級的個人野心完全壓倒了共產黨員所必須具
有的為人民服務的始終不渝的耿耿忠心。

　　對高崗的檢討，周恩來認為：高崗至今仍企圖蒙混過關，在他
的 1954 年 2 月 24 日的檢討中，妄想以僅僅承認反對中央個別領導
同志進行宗派活動和非法活動及錯誤發展下去就會分裂黨的說法，
來掩蓋他的分裂黨以圖奪取黨和國家權力的全部陰謀活動，並避重
就輕地以一時思想糊塗企圖毀滅自己為詞，詭辯他在陰謀暴露後更
加仇恨黨、仇恨同志的絕望的自殺行為。因此，對高崗目前的似乎
有些悔罪的談話，不能輕予置信，必須長期加以管教。如高崗現在
真有愧悔的念頭，就必須聽候黨的管教，沉痛認罪，徹底交代，沒
有長期的考驗，決不會相信他會丟掉他的長期發展的極端個人主義
的思想和行為。[62]

---

62 《中共黨史參考資料》，第 20 冊，頁 267–269。

毛澤東對高崗定性的參與

值得注意的是，整個座談會期間，楊尚昆日記都有向劉少奇彙報的記載，卻隻字未提有向毛澤東彙報的事，請看 2 月 15 日–23 日楊尚昆的日記：

2 月 15 日

上午開饒的座談會。

下午開高的座談會。

晚上去少奇同志處彙報。

2 月 16 日

上午開饒的座談會。

下午開高的座談會。

晚向少奇同志彙報。

2 月 17 日

上午開饒座談會。

下午 3 時左右，得知高於今日下午 1 時半左右自殺〔原文為俄文，引者注〕未遂，開會未定。

書記處 6 時半開會。

9 時政治局開緊急會議。

2 月 18 日

饒座談會繼續。

高座談會亦繼續。

有生病之象，夜睡較早，未及彙報。

2 月 19 日

繼續上午、下午開會。

到少奇同志處彙報。

2 月 20 日

　　兩個座談會均開。陳正人發言。

　　夜到少奇同志處彙報到 12 時。

2 月 21 日（星期日）

　　休息。

　　下午 3 時去看小二。

　　夜書記處開會到 3 時半。

2 月 22 日（星期一）

　　饒座談會今日停。

　　高座談會今日由 3 時開到 8 時半，校正事實已完。

　　向少奇彙報到夜 2 時。

2 月 23 日（星期二）

　　9 時起開饒座談會，聽饒自我檢討，小平、陳毅均發

言，到 1 時才完。午飯後已 2 點了，睡一覺起床已 4 時。

　　夜到劉處彙報。[63]

　　那麼，毛澤東是何時得知座談會的情況的呢？

　　《建國以來劉少奇文稿》收有一篇劉少奇《為送審高崗問題座談會上的發言提綱給毛澤東的信》，注明時間是「二月二十六日」。內稱：

　　　　主席：

　　　　這是恩來同志在高崗座談會上的發言提綱，準備發給省市委書記以上，用口頭向地委書記和軍黨委以上幹部傳達，另附若干事實材料，請主席審閱修改並示覆。

　　　　　　　　　　　　　　　　　　　劉少奇　二月二十六日[64]

63　《楊尚昆日記》，上，頁 106–107。

64　《建國以來劉少奇文稿》，第 6 冊，頁 116。

從上述材料來看，在整個座談會期間，找不到毛澤東知情的蛛
絲馬跡，劉少奇的這封信給人的印象，是在周恩來 2 月 25 日在座談
會發言以後，並已經作出將周恩來的發言提綱下達的決定之後，劉
少奇才向毛澤東報告的。對周恩來的發言提綱，毛在 2 月 28 日給劉
少奇並書記處的信中說：

> 少奇同志，並書記處各同志：
> 恩來同志二月二十五日的發言提綱經胡喬木、陳伯達二
> 同志作了一些修改，我同意這些修改，請你們考慮酌定。[65]

毛的這封信收入《建國以來毛澤東文稿》時，編者注釋說：「胡
喬木、陳伯達對周恩來在高崗問題座談會上的發言提綱所作修改，
主要是加強了對高崗所犯錯誤的分析和批判，並且補充了向全黨高
級幹部宣佈高崗的錯誤，向全黨公佈中央關於增強黨的團結的決
議，以及在報上公佈四中全會主要內容的必要性等內容。」[66]

毛澤東在這個提綱中加寫的文字是：

> 在提綱講到高崗的黑暗面（個人主義和私生活的腐化）
> 長期沒有得到糾正和制止，而在全國勝利後更大大發展了之
> 後，毛澤東加寫：「高崗的這種黑暗面的發展，使他一步一步
> 地變成為資產階級在我們黨內的實際代理人。」在提綱的「高
> 崗在最近時期的反黨行為，就是他的黑暗面發展的必然結果」
> 之後，毛澤東加寫：「同時也就是資產階級在過渡時期企圖分
> 裂、破壞和腐化我們黨的一種反映。」[67]

65　《建國以來毛澤東文稿》，第 4 冊，頁 451。
66　同上，頁 452。
67　《毛澤東年譜（1949–1976）》，第 2 卷，頁 223。

中央政治局於 3 月 1 日批准了周恩來在高崗問題座談會上的發言。3 日，中共中央決定，將周恩來的《發言提綱》作為向地委書記和解放軍軍黨委以上作口頭傳達時的材料。

從上述座談會前後過程，到周恩來的結論定性，讓人不解的是：這是劉少奇等背着毛澤東，對高、饒問題以座談會名義先定性再報毛，使毛不得不承認既成的事實；還是毛澤東原本的意圖，由劉少奇等在前臺操作的結果？

饒漱石的再檢討

饒漱石座談會從 2 月 15 日至 25 日總共開了七次。前四次着重對饒錯誤進行核實；第五、第六次是到會人發言，對饒繼續揭發；第七次即 23 日由饒自我陳述檢討，接着是陳毅、鄧小平總結。到會者 26 人，都是華東在京與調京幹部及中央各部與饒工作有關的人。饒作自我批評時，到會者增至 66 人。

2 月 23 日，饒漱石在座談會上再次作了自我檢討。檢討全文如下：

> 在黨的四中全會之後，特別是在前幾天的座談會上，經過小平、陳毅、震林、子恢諸同志及其他各同志的幫助，使我進一步認識了自己的錯誤，並感到我在四中全會上所作的檢討，在若干重大問題上，是不夠深刻，不夠徹底的，現在有深入進行檢討的必要。以下我就先從四個主要事件來集中地進行檢討：
>
> 第一，關於一九四三年我在淮南黃花塘處理和陳毅同志的關係問題上所犯的錯誤：

　　我在回憶這一事件的經過及反覆研讀了當時有關的往返電報之後，深深感覺慚愧。我現在痛切地認識到，當時我對於這一事件的處理，無論在政治上組織上和作風上，都犯了嚴重的錯誤。

　　現在，我將我當時所犯的幾個錯誤分別説明和檢討如下：

　　(一) 陳毅同志是我們黨內歷史最老的領導同志之一，在內戰時期和抗戰時期都有成績，具有豐富的革命戰爭經驗和地方工作經驗，從未犯過路線錯誤。當時他在華東威信很高，同華東部隊及各方面的幹部都有密切聯繫，而我剛剛到解放區不久，不僅沒有革命戰爭經驗和地方工作經驗，而且在人事上和工作上也都很生疏。在這種情況下，如果我能從黨的利益和人民利益出發，我就應當很好地遵照劉少奇同志臨走前的指示，在黨內應以陳毅同志為領導核心，虛心向陳毅同志學習，以求得團結華東黨、政、軍、民各方面的同志，和諧一致地來執行中央路線，爭取戰爭的勝利；而如果我是這樣做了，黃花塘事件就可能避免發生。可是，當時我卻沒有這樣去做，而是違背了少奇同志的指示，利用陳毅同志當時的個別缺點，冒 (貿) 然對他展開鬥爭，形成當時以陳饒不協調為基礎的華中局及軍分委內部的不團結，這點應當完全由我負責。

　　(二) 我與陳毅同志的關係不協調之後，如果我能本着毛主席的「從團結出發，經過批評與自我批評，達到團結的目的」的方針，把我們兩人之間的不同意見，以同志的、誠懇的態度，正面向陳毅同志談清楚，則陳毅同志是一定能夠接受的，問題也是可以得到妥善解決的。可是當時我卻沒有這樣做，而是把陳對黨史上某些問題的誤會，誇大為原則性的

錯誤，而對之進行鬥爭。因此，一方面使得一些堅決擁護中央路線、擁護毛主席和少奇同志的幹部，對陳發生錯覺，逐漸與陳疏遠而靠到我這一邊；另一方面，個別瞭解黨內歷史的同志（例如潘漢年同志），則同情陳的處境，而對我極為不滿，並進行了小廣播。這時，如果我能根據黨內鬥爭的正確原則行事，召集各方面有意見的同志，把問題擺到桌面上來加以冷靜分析，找出不團結的根源和弄清責任所在，然後以同志互相幫助的方法來進行批評與自我批評，那麼原來對陳毅同志有誤會的同志，也可能消除了誤會；原來散佈小廣播的人也可能停止了廣播；我同陳毅同志不協調的問題，也可能得到圓滿解決。可是，當時我沒有這樣做，反而使事態擴大了。因此，如果當時有些同志由於受到我的錯誤的影響，而多少犯了一些錯誤的話，其責任完全在我，今天不能責備他們，我更不能藉口當時他們幫過我的腔，而把一部分錯誤責任加到他們身上。

（三）在處理這個問題的過程中，我還曾經採用了某些黨外鬥爭的方法到黨內來。當我與陳毅同志的關係已經發生不協調之後，我卻離開機關，下鄉作調查研究工作。表面上看，我是避開這個鬥爭，實際上變成有意聽任由於我和陳毅同志的不協調而產生的混亂狀態發展和擴大，然後我才從鄉下回來，並採取一些不正確的、打擊的方法來對陳毅同志和潘漢年同志，使他們兩人陷於孤立。

（四）在鬥爭陳毅同志的過程中，我對黨中央和毛主席的態度也是不老實的。這種不老實態度主要表現在：我為此事寫給毛主席的電報上，有誇大和歪曲事實的地方（不過電報中有一句所謂「陳脫離軍部到四十里外地方玩三個月」，我懷疑電文有誤，現在還正在查核發報原文中）；在給中央的電報

裏我不僅對自己沒有隻字的自我批評，而且把事件的責任全
部推在陳毅同志和潘漢年同志的身上；同時，在電報中又向
中央暗示，陳毅同志有調離華東之必要。我對中央不老實的
態度又表現在：當華中局、軍分委的幾個負責同志，由於受
到我的影響而發電報給中央控告陳毅同志的時候，我本來對
他們這些電報是同意他們照原文發出的，但我又在另外一份
給中央的電報中說「賴等電文有些過火的地方，我也不便禁
阻和修改他。」我的這種做法，在客觀上造成雙重的錯誤：第
一就是增加了中央當時對陳毅同志的誤會；第二是由於我的
這種不老實態度，使得一些當時受我影響而對陳毅同志不滿
的同志，跟我一起犯了錯誤。

（五）我在這件事情上犯的錯誤發展到最高峰，是在陳
毅同志到了延安之後。陳毅同志見到毛主席並聽了毛主席
的指示和解釋之後，立即作了正確的、誠懇的、徹底的自我
批評，並發電報向我們進行自我檢討，其中對他自己批評很
嚴，而對我和華中各同志並無隻字批評。當時毛主席也曾來
電指出，這次爭論「僅屬工作關係性質，現已不成問題」。主
席並特別指出，陳毅同志在內戰時期和抗戰時期都有功勞，
並未犯過路線錯誤。主席來電中也無隻字批評我和華中的同
志。很顯然的，陳毅同志和主席的來電，完全是從加強黨
的團結出發的。我當時如果能夠站在黨的立場來看這兩個電
報，就應當有所感動而反躬自省。可是，我卻絲毫沒有從中
得到啟發，來虛心檢討和改正自己的錯誤，以達到繼續與陳
毅同志團結共事，不負中央的期望。相反地還對陳的自我批
評表示不滿，覆電內容與毛主席指示的精神完全相反，實際
上是把主席和陳毅同志的來電頂了回去，從而使自己的錯誤
由對陳毅同志進行鬥爭發展到對毛主席和黨中央不尊重。這

説明我缺乏自我批評精神，不從團結出發，和膽大妄為已發展到如何嚴重的地步！

綜上所述，黃花塘事件本身，並不是黨內正常的政治、組織問題或路線問題的爭論，而是我從資產階級的個人主義出發，為了建立個人威信和鞏固個人的領導地位，而不顧黨內團結，不顧革命戰爭的利益，採用了不正確的鬥爭方法，抓住陳毅同志的個別缺點來打擊他，並在事實上造成了趕走他的結果。這種鬥爭，完全不是從黨的利益出發的，而是從個人的野心出發的；這種鬥爭絕不能加強黨的團結，而只有破壞了黨的團結；絕不能起到正確的教育自己，教育同志，鍛煉和提高黨的戰鬥力的作用，而只有造成黨內是非不分，思想混亂，並使許多被我的錯誤所影響的同志也跟着犯了錯誤。幸得有黨中央毛主席正確的方針、路線的領導，幸得有華東廣大幹部忠實地執行黨的方針路線，在各方面努力進行工作，這樣，才使得華東的工作，在陳毅同志離開之後，沒有因我的這一錯誤而遭受更大的損失。

我現在回憶起十年前這一歷史事件，痛切地感到自己錯誤的嚴重。我辜負了當時黨中央對我的信任和委託，做出了損害革命事業和人民利益的行為，並使陳毅同志在精神上、威信上遭受莫大打擊。我對陳毅同志犯下了這樣的罪行，我深深地感到對不起陳毅同志。十年來黨中央和毛主席始終對我寬容，陳毅同志也始終不記舊怨，對我委曲求全，耐心地等待我的覺悟。而我則不僅在事件過去後沒有從中得到應有的教訓，反而一直執迷不悟，並且在十年來我還在個別次要生活作風問題上，一直對陳毅同志存有偏見，看不到他的優點，看不到他的為黨的事業而忘我工作、不記私怨的高尚品質，如果不是這次黨的四中全會向我敲了警鐘，我對自己的

這一錯誤還毫無覺悟。這只能證明我的黨性不純，我的資產階級個人主義已如何嚴重地蒙蔽了我的共產主義的良知。這是值得我特別嚴重警惕的。

第二，關於華東軍政委員會主席人選問題：

一九四九年陳毅、粟裕、劉曉三同志由北京開完人民政協（會議）返滬後，華東局常委曾討論過成立華東軍政委員會的問題。當時陳毅同志傳達了中央的指示，並講到他在北京時，毛主席主張華東軍政委員會主席一職，以陳毅同志擔任為宜，因陳表示謙讓，主席即要他回華東局商量後再作決定。當時我如果沒有任何個人主義的打算，就應當堅決擁護陳毅同志當軍政委員會主席，可是當時我並未這樣做。在華東局常委就此問題交換意見時，並未根據毛主席的主張來進行研究；事後，組織部所提出的華東軍政委員會人事安排名單，也未再提到華東局正式會議上討論通過，而僅由在家的幾個常委傳閱了一下，即算作華東局的建議，由我帶到中央。當我見到毛主席時，主席又當面告訴我，華東軍政委員會主席一職，本擬以陳毅同志擔任，但我除了僅僅以虛偽的態度要求改變由我來擔任此職的建議外，並未有任何誠懇和堅決擁護由陳擔任此職的表示。這樣，就不能不造成主席和中央在處理這個問題時的顧慮和困難。因此，最後中央還是決定了由我當華東軍政委員會主席。俟各大區軍政委員會主席名單公佈之後，黨內外發現除華東外，其他各大區軍政委員會主席均由軍區司令員兼任，一時揣測紛紛，曾造成不良影響和損失。

這件事說明，我在處理有關個人地位的問題時，完全是從資產階級的個人主義作出發點，而不是以黨的要求和人民的利益作出發點，所以，在處理過程中表現出：（一）我在黨

內外斤斤計較個人地位；（二）為了達到個人地位的目的和要求，我甚至發展到對毛主席和黨中央不尊重、不老實。這個錯誤，嚴重地暴露了我的資產階級個人主義，並且説明這種個人主義已經發展到野心家的程度。

第三，關於我來北京休養的問題：

一九五二年一月，華東局各負責同志發現我疲勞過度，顏面痙攣，無法工作，乃決定要我休息一個時期。因我不肯完全丟開工作去休息，他們很不放心，又經過粟裕同志將我的病況電告中央。中央立即覆電決定我來京休養，並要粟裕同志陪我來京。黨中央、毛主席和華東局各同志上述這些措施，完全出於對我的愛護之忱，他們期望我離開原地安心休養，以便早日恢復健康。我在整個休養時間內，中央對我的關懷和照顧是無微不至的。現在回想起來，對於這點我是衷心感謝的。但在我來京休養的這一段時間內，我的思想行動卻辜負了黨中央、毛主席和華東各同志對我的愛護和期望，犯了很多的錯誤。

我一到北京，就參加了中央的會議，在會上瞭解全國各地「三反」、「五反」的進展很快，成績很大，各地領導決心很強，相形之下，我就深感華東特別是上海的「三反」、「五反」比各地落後了一步，而我過去在華東對「三反」、「五反」的領導決心也是較差的；加以在我到京之後，知道中央擬派彭真同志去上海指導「三反」、「五反」，因此，第二天進醫院之後，我從個人主義出發，產生了很多患得患失的錯誤心理和作了種種不應有的揣測，例如：

（一）已感覺到華東和上海的「三反」、「五反」比各地落後了一步，而中央當時對各方面批評都比較嚴，卻對我沒有正面提出批評，是否因為我沒有自我批評精神，所以使中央

有顧慮而沒有批評我呢？

（二）由於我已感到上海的「三反」、「五反」和鎮反、城市工廠工作都比各地落後了一步，我在領導這些工作中確實存在某些錯誤，顧慮彭真同志到上海去之後，這些錯誤可能被反映到中央來，因此，內心深感不安；

（三）後來中央決定不要我回華東去休養，我又猜想是否因為中央已發覺我在華東的工作有錯誤，而我又不能接受正面批評和進行自我批評，如果我回華東休養，這些錯誤就不易揭發，所以才在我生病期間要彭真或薄一波去上海指導「三反」、「五反」和檢查我的錯誤，而不讓我回去？總之在養病期間由於自己已感覺到過去的工作有些錯誤，但自己又沒有勇氣向中央去承認和檢討，所以當時這樣或那樣的患得患失想法是很多的。

上面所說的這些個人主義患得患失的想法，當然都是錯誤的。但在進行睡眠療法之前，這些想法都隱藏在我的內心，未曾暴露。這是第一階段的情況。

第二階段，到了睡眠療法過後，我暫時搬到新北京，住在主席隔壁。搬去的第二個晚上，睡眠療法後的反應達到高潮，神經緊張到難以控制，情緒十分煩躁。在這個情況下，我十分害怕病勢發展，立刻要變成神經病，顧慮一旦神經控制不住，我會在胡言亂語中，把自己的內心那些個人主義患得患失的錯誤心理，統統暴露出來，使黨誤會我的神經病是由於我對黨不滿而引起的。因此，我迫不及待地想趁自以為還能夠控制自己的神經的時候找毛主席談一下，把自己的真實思想掩蓋一下，並試探中央對我的態度。那時已經到了半夜，主席已經睡眠，但我還是硬請他起來長談了三個鐘頭。現在回想起來，這種完全反常的、不顧主席健康的行為，實

在感到慚愧。

　　第三階段，我同主席談話之後，自己發覺個人主義患得患失的一些想法都暴露了，心裏十分懊悔，又害怕繼續暴露出來，所以，在以後一段休養過程中，我一方面遷怒於蘇聯醫生，怪睡眠療法把我的神經弄壞了；同時又遷怒於陸璀同志和艾丁同志，顧慮他們會將我病中種種想法向黨反映；另方面，又對來訪的中央和各地負責同志表示冷淡，甚至拒不見面，害怕在談話中又暴露了我的那些錯誤思想。

　　總之，我在養病過程中的種種表現，説明了我的黨性是多麼不純，個人主義是多麼嚴重，我是如何的辜負了中央、主席和華東各同志對我的愛護和期望。今天想起來，非常慚愧，非常難過。

　　第四，關於我在組織部鬥爭安子文同志及在處理此事過程中我對少奇同志不尊重的問題。

　　去年七八月間，我在組織部與安子文同志一度發生過嚴重的爭吵。在爭吵的發展和處理過程中，我犯了極其嚴重的錯誤。當時，由於我對安子文同志在三月間所提出的某種名單發生過錯覺，加以在七月間財經會議上又受到某些同志對安子文同志的錯誤認識（説安子文同志敵我不分，組織部用人不當等）的影響，我就開始對安子文同志存在一種濃厚的宗派主義情緒，並從個人主義和宗派主義的情緒出發，產生了一種政治性的投機心理，即：企圖在沒有足夠的材料根據下，通過一場爭吵來發現和證明我對安子文同志的揣測的正確，藉以向中央、向少奇同志顯示我的政治警覺性高和能夠迅速發現問題；即使通過爭吵得不出預期結果，也可以在中央及若干對安子文同志的看法與我一致的同志面前，表示我與安子文同志早已劃清了界限，並可以表明在名單問題

上，我與安子文同志是無牽扯的。為達到這個政治性的投機目的，但當時又不便在組織部內提出名單問題，故我於七月中旬開始就有意抓住組織部工作上的某些問題和安子文同志的個別缺點，同安子文同志發生爭吵，並採取了極端蠻橫的態度和許多不正派的方法（實際上是黨外鬥爭的方法），來鬥爭安子文同志。特別在七月二十二日子文同志向少奇同志報告說我把他們四人劃成一個圈圈，企圖在財經會議上鬥爭他並想把他趕出組織部之後，我沒有遵照少奇同志的批示、勸告和制止，及時地停止爭吵，反而固執己見，一意孤行，並因在這個問題上少奇同志不支持我和一再制止着我，而公開對少奇同志本人和私下向個別同志，並在第二次全國組織工作會議領導小組解決此問題的過程中，均表示過對他的不滿。這件事情的發生和發展，徹底地暴露了我思想方法的主觀主義，暴露了我的資產階級個人主義極為嚴重，黨性極為不純，作風極為惡劣，對黨對同志極不老實。我在組織部爭吵的錯誤發展的結果，不僅是打擊了安子文同志，破壞了黨的團結，使組織部工作受到很大損失，而且因為少奇同志是中央負責同志之一，是代表中央來直接領導中央組織部和我的工作的同志，我在處理自己同安子文同志爭吵的這個問題上，不服從少奇同志的領導，不執行他的指示，不聽從他的勸告和制止，甚至發展到公開對他不尊重。這在事實上就是不服從黨中央的領導，就是不執行黨中央的指示，和對抗黨中央的行為。在組織部與組織工作會議中，我的錯誤的嚴重性正在於此。

以上是就我所犯的錯誤的總的方面及其根本性質來說的。現在我再就這件事的發生和發展過程以及在每一過程中我所犯的錯誤，分別說明和檢討如下：

　　一、若干年來，我由於個別次要的工作關係，對彭真同志和薄一波同志懷着一種宗派主義的錯誤成見。在去年財經會議期間，由於某些同志對薄的批評與我過去對薄的看法相吻合，就更加深了我對他的成見。因此，我在財經會議期間，不僅未發現某些同志對薄一波的批評過分的那一面，相反地，還一再把這些過分的批評意見當做正確意見去向少奇同志反映；有時我甚至極錯誤地、膽大妄為地怪少奇同志不傾聽別人對薄一波的意見。也就是說，過去在這一點上我對少奇同志是有些不滿的。經過四中全會彭真、薄一波的自我檢討後，事實證明：過去我是從宗派主義情緒出發來向少奇同志反映對薄一波、彭真兩同志的意見，因此我過去的意見是片面的，是錯誤的；而少奇同志對薄一波、彭真兩同志的看法是全面的，正確的。

　　二、在財經會議期間，高崗同志在會議休息時間內，不止一次地同我談到安子文同志「用人不當，敵我不分」。七月中旬，財經會議轉入對薄一波同志展開批評之後，陳正人同志發現安子文同志有幾天未到會，也向我談起安子文同志用人不當的錯誤，並說：「我和計劃委員會都懷疑如果組織部的工作不加改進，能否從黨的組織上保證國家計劃的執行」。本來，我自去年三月以後，對安子文同志所提出的某種名單已有錯覺，聽了高、陳等人這些話之後，更增加了我對安子文同志的錯誤認識。因而，我就在七月二十二日組織部的部務會議上，對安子文同志表示極為不滿，並且不問情由和不擇手段地加以嚴厲指責。其目的一方面是促使安子文同志到財經會議表明他對薄一波同志的態度，一方面也是藉此在高、陳等同志面前表明，我與安子文同志並不一致，以求得他們對我的諒解。現在事實證明：安子文同志並未袒護薄一波同

志，也無宗派活動。組織部工作的同志都是好的，並無用人不當的事實。至於所謂他使用的某個幹部有政治嫌疑，直到現在尚無確鑿的材料和證據。相反，正由於我對安子文同志存有宗派主義的成見，所以高崗、陳正人等同志的意見容易被我接受。所以，這種錯誤是應當完全由我負責的，而絲毫不應當推到高崗、陳正人等同志的身上。

三、正由於我在七月二十二日採取極端錯誤的反常的做法鬥爭了安子文同志，所以引起了安子文同志極大的反感。他估計我如果不是神經失常，就是把他同薄一波等四人劃了一個圈圈，並存心要把他從組織部趕走。因此，他在當天晚上就把他的這個估計報告了少奇同志，又在七月二十三日晨告訴了高崗同志。在七月二十三日晚上財經會議領導核心小組會上，高崗同志又把安子文同志的話告訴了我。我當時很生氣，並絲毫未加考慮，立即在核心小組會上講開來，使周總理感到為難。同時，我又錯誤地猜測安子文同志所以會想到我可能把他們四個人劃成一個圈圈，及他所以會把自己的推測告訴高崗同志，可能與三月間某種名單問題有關（因為當時安子文同志告訴我，某種名單他是同高崗同志商量過的），所以在七月二十四日晚另一次財經會議領導核心小組會上，我又向高崗同志質問「名單」的事。可是這時正是毛主席發現財經會議對薄一波的鬥爭已經發展到有些偏差，因而開始提出應當從加強黨內團結出發來收縮和結束財經會議的時候，而我在此時卻在財經會議的領導核心小組會上兩次提出這個與主席當時採取的方針恰恰相反的「圈圈」問題與「名單」問題，實際上是火上加油，起了破壞黨的團結的作用，並使周總理對財經會議的掌握增加了困難。這種錯誤也應當完全由我來負責。

　　四、在少奇同志告訴我安子文同志對我的上述誤會之後即一再勸告我要冷靜從事，不要向安去追問，也不要為此事再在組織部進行爭吵。但我不僅未聽從少奇同志的勸告和指示，反而對少奇同志說：「安說我有宗派我可以不管，但他說我把他們四個人劃成一個圈圈，我一定要在組織部內弄清楚」。接着，我就在組織部的部務會議上「借題發揮」，以組織部檢查官僚主義不徹底為題，要求開會專門檢討組織部工作，實際上就是逼着安子文同志作檢討。這個檢討會在八月中旬接連開了兩天，不僅會議的召開是違背少奇同志指示的錯誤行動，就是會議上我對安子文同志的指責，也充滿了個人主義和宗派主義的情緒。本來他檢討得很好，我卻有意吹毛求疵，強辭奪理，把他的優點硬說成是他的缺點，對我自己的錯誤，則毫無自我批評，也不接受別人的批評。結果，不僅把本來已經可以解決的問題弄得複雜化了，而且使雙方關係更加緊張，其他同志更加惶惶不安，造成工作上的很大損失，從而使少奇同志在處理我同安子文同志的關係問題上發生了很大困難。這種錯誤，也應當完全由我負責。

　　五、從組織部兩天檢討會之後，由於安子文同志休假，特別是由於少奇同志堅決禁止我們再爭吵下去，這才使得這場爭吵在第二次全國組織工作會議開幕之前，在表面上停止下來。在此期間，我們集中精力準備組織工作會議。我向中央所提出的組織工作會議建議，只主張就中央已經批准的文件進行討論，而堅決不主張檢查組織部過去幾年來的工作。因此，關於組織部過去幾年來工作的檢討報告，只由安子文同志個人倉促進行準備，事先未經集體研究和討論。所以，各地同志對此報告提出許多批評，我是要負責的。同時，在組織工作會議期間，我為避免與安子文同志再發生誤會起

見，始終與各地到會同志未作任何單獨接觸。這也是使得當時組織工作會議開的不好的主要原因之一，而這點，同樣是應由我負責的。

六、在組織工作會議期間，我為組織工作會議領導小組名單的事又同安子文同志發生過爭吵。當時對李楚離、龔子榮兩同志是否應參加領導小組的問題，在少奇同志處研究時，安子文同志提議李、龔兩同志應參加，我則認為他們可以不必參加；最後少奇同志根據我的意見批准了領導小組的名單。在名單宣佈後，因有同志對此發生疑問，安子文同志即在組織部正副部長接頭會上向我反映。我聽後即責備安子文同志說話不擇場合，並極力否認我是不主張李、龔兩同志參加領導小組的，反說我也贊成他們兩人參加；同時，並把責任推到少奇同志身上，說名單是劉少奇同志宣佈和批准的。這是一種很不老實的態度。另外，在某次我同安子文、趙漢同志去翠明莊看各地同志時，曾同安子文同志談起譚震林同志的特點，就是說譚震林同志容易走火。當時本想以毛主席深知譚震林同志為例，來告訴安子文同志對譚所說的「收回三權」的話不必加以深究，卻說成毛主席在聽到譚震林同志說「權、權、權」之後，只是笑了一笑。事實上毛主席在聽到譚震林同志所說的「收回三權」的話後，曾立即對譚進行過嚴格的批評，並在財經會議後，為此分別召集各大區負責同志談話，反覆進行加強黨的團結的教育。我這樣毫無根據地、極不嚴肅的說法，不僅是表現我對黨對同志不老實，而且在客觀上是造謠，歪曲了毛主席的正確做法，損害了毛主席的威信，並可能產生對黨的團結極為不利的結果。這個錯誤的性質也是極為嚴重的。

七、據安子文同志最近對我說，張秀山在組織工作會議

上的發言，其內容多數是針對劉少奇同志，而以批評安子文同志的形式出現的。對於這一點，我在事先卻無所知。所以，他發言中列舉若干具體事例批評安子文、薄一波兩同志，則恰與我的宗派主義情緒相投。加以他的發言中首先聲明，他的發言內容事先已同毛主席、少奇同志談過，故在他的發言稿印出之後，我未再行閱讀過（因為在第一天大會發言之後，第二天就轉到領導小組檢查組織部內部的不團結問題去了，檢查組織部內部不團結問題之後，就緊接着要我準備總結報告，因為我的眼睛不好，不能寫，不能多看，因此，這些東西拿到我秘書那裏我都沒有看）。反之，在當天張秀山及其他各大區同志發言之後，我還感覺這些發言有事實，有分析，有建議，不像財經會議上那樣亂套大帽子，因而感覺滿意，並認為這個會議比財經會議有進步。今天來檢查，當時我的這種想法，說明我在對安子文、薄一波等同志的宗派主義情緒之下，政治嗅覺已經麻木到如何嚴重的程度。正由於在這方面喪失了辨別是非真偽的能力，所以，我對張秀山的發言，始終未加批駁，客觀上形成我是在支持張秀山來反對劉少奇同志。這是我自己意想不到的事，使我感到極為痛心。

八、關於我對少奇同志不尊重的問題，在前面我已經檢討了錯誤的性質及其嚴重性。至於說我在什麼問題上用什麼方法反對少奇同志，以及反對到什麼程度，有什麼目的，事實也就是上面各點中所涉及的這一些。因此，我不再重複說明。我過去同少奇同志的關係，大家都是知道的。少奇同志的領導，我一向是真誠擁護的。過去和現在，在方針、路線、思想、政策、組織原則等問題上，我對少奇同志從未有過任何懷疑或有過任何不同的意見。而只有當着我的個人

主義和宗派主義情緒向上發展的時候，在對個別同志的看法上，我同少奇同志在一個時期內有過個別不同的意見。這就是上面所說的在對彭真、薄一波同志及去年七、八月以來對安子文同志的看法上，我與少奇同志有過不同的意見，並在處理我同安子文同志爭吵的問題上，我因少奇同志不支持我而對他表示過不尊重。在這個問題上甚至發展到公開對他表示不滿，甚至錯誤地認為，對安子文同志爭吵不能解決的關鍵不在安子文同志，而在少奇同志對我有誤會。在張秀山發言這個問題上，我又在客觀上給人以支持張秀山來反對少奇同志的印象。而恰恰在對彭真、薄一波、安子文這幾個同志有宗派主義成見這一點上，我與高崗同志是一致的；我在處理組織部問題上曾經對劉少奇同志不尊重，在個別場合甚至發展到對少奇同志感情用事，蠻橫無理的地步，這又恰恰與高崗同志的反對少奇同志的宗派活動不謀而合。由此而引起了許多同志對我的猜測，不是沒有理由的。在此次座談會上，有的同志以為我是全面的反對少奇同志；以為我是反安為名，反劉是實；以為我對待少奇同志的態度與高崗同志的反劉宗派活動必然有其密切聯繫；以為我為先鋒，高崗在幕後；甚至有個別同志以為我在這個問題上存有什麼重大政治野心。同志們對我的這種種猜測，我現在無法申辯。我只有請求黨中央在這一點上據實考察，查明真相，再作結論。我願在這個問題上將一切有關材料向黨中央作專門的報告和交代。

這次座談會上，同志們提出的十七個問題，在我對上述四個主要問題的檢討中絕大部分均已涉及；餘下的兩三個問題，因時間所限，我不再逐一檢討；當於會後向中央寫書面檢討時補充進去。另外，有的問題雖然在這次座談會上沒有

提出，而我已在四中全會上作了檢討的，現在也不再重複檢討。

　　總起來說，我在政治上、組織上和思想作風上所犯錯誤都是極端嚴重的。這種錯誤的性質是資產階級的個人主義，在某些問題上甚至發展到野心家的程度；在另外的個別問題上，不惜採取政治性的投機行為，對黨對同志採取不老實的態度，對個別同志懷有宗派主義的成見，甚至由此發展到嚴重地自行其是，不服從領導，不受黨的紀律約束，不按黨的章程辦事，損害黨的團結。

　　我在黨內團結問題及其它有關問題上所犯的錯誤，表現了我的黨性不純，表現了我的資產階級個人主義思想在入黨多年來並沒有得到克服，近年來反而得到了發展。我所犯的幾次錯誤，雖然是發生於不同的問題上和不同的情況中，但錯誤的性質，有其共同性；犯錯誤時的想法和作法，有其歷史的連貫性。因此，我的錯誤不是出於偶然，而是有着一定的思想根源和社會根源的。我是出身於小資產階級的知識分子，在入黨以後，就一帆風順地擔任着各項領導工作，既沒有系統地學習過馬列主義，也沒有受過黨內整風的嚴格教育和鍛煉，而自己在順利發展中又不能自覺地進行艱苦的自我思想改造。所以，雖然入黨多年，我的思想意識中個人主義的孽根未除，思想方法上表現主觀、片面、自以為是。在這種情形下，我對黨內某些問題的處理，就不是從馬列主義出發，不是從黨的利益和勞動人民的利益出發，而是夾雜個人主義成分和主觀片面的見解，往往自覺地或不自覺地反映了許多資產階級的觀點、情緒和作風；往往自覺地或不自覺地把資產階級損人利己的鬥爭方法和「權術」運用到黨內鬥爭中，致使鬥爭的結果，不僅不能加強黨的團結，反而破壞了

黨的團結。在過去艱苦的白色恐怖環境和根據地嚴重的戰爭環境中，我還比較注意約束自己，非無產階級的思想作風在正常情況下是被壓制着，沒有造成很大危害。但在根據地局面比較順利發展時，特別是在全國解放戰爭勝利之後，我的非無產階級思想、作風，就隨着驕傲自滿情緒的滋長而大大發展起來，因而做了一些對黨的團結不利的事，並在政治上和組織上犯了嚴重的錯誤。由於我自己感覺多年來黨中央、毛主席和少奇同志對我十分信任和器重，由於我自以為多年來工作有了成績，更由於我自以為一向未犯過大錯誤，從未受過黨的處分，因此在我到根據地工作的後期，特別是在全國解放後的這幾年當中，我就衝昏了頭腦，逐漸滋長起一種極端危險的驕傲情緒，嚴重地自以為是，忘記了共產黨員所必須具有的謙虛態度和自我批評精神；誇大個人作用，忽視集體領導；強調個人威信，計較個人得失；終於墮落到資產階級卑鄙的個人主義泥坑裏而不知醒悟。

去年十二月下旬毛主席在中央政治局擴大會議上提出了起草《增強黨內團結的決議》的建議，並對當前進行危害黨的團結的同志提出批評和警告，而這些批評和警告又主要是針對高崗同志和我而發生的。當時我聽了毛主席的這番批評和警告，竟然沒有特別的感覺。直到四中全會開會前數日，少奇同志正式通知，要我準備在四中全會上發言，並說明中央關於增強黨內團結的決議草案是有所指，其中所指之一即是我。這時我才大吃一驚，開始對自己的錯誤有所警覺，而轉入沉痛的反省，並在反省過程中和同志們耐心幫助下，逐漸認清了自己的錯誤。我對自己所犯錯誤感覺如此遲鈍，覺悟如此遲緩，其原因除了我在四中全會檢討中已提到的對自己錯誤缺乏自覺性之外，還由於我錯誤地認為全國組織工作會

議結束不久，關於我在組織部鬧不團結的事件，我已作過檢討並經中央審查解決，而沒有體會中央當時對我那麼寬容，主要是為了等待我自己覺悟。這是特別值得我在今後警惕和猛省的。

我現在痛心地發現我自己所犯錯誤的嚴重性和它對黨對人民的危害性。我深切地瞭解，如果我對自己的錯誤不立即「懸崖勒馬」而放任其繼續發展下去的話，其危險真是不堪設想！

我在這些天來，對自己的錯誤愈是深入挖掘一步，就愈是深感我辜負了毛主席、劉少奇同志和黨中央對我的教育和培養，就愈是深感我辜負了許多同志和戰友對我的愛護和期望，就愈是深感我玷污了偉大而光榮的共產黨員的稱號。

因此，在我痛心地檢討我自己的錯誤時候，我衷心地感激黨中央對我的及時挽救，誠懇地感謝同志們對我所犯錯誤的揭發、批評和幫助，並向黨中央、毛主席和同志們保證，在今後的工作和行動中，我必將徹底進行思想改造和改正我的錯誤。

我的檢討有不夠深刻的地方，希望同志們繼續嚴格提出批評。我準備在會後作進一步的挖掘和更深入的反省。要求中央給我以嚴格的處分，撤銷我現在一切職務，派我到下層工作中去，使我在下層工作中能夠更好地鍛煉自己和迅速地改正錯誤，並為黨為人民作更多有益的工作。[68]

後來，饒漱石又根據座談會上這份 1.2 萬字的檢討，進行修改補充，逐點口授由陳麒章記錄，再三修改後，寫成一份 2 萬多字的書面檢查，於 1954 年底定稿，簽字後報中央。

68　轉引自景玉川：《饒漱石》複印件。

鄧、陳、譚向中央的報告

1954 年 3 月 1 日，鄧小平、陳毅、譚震林向中共中央呈送了
《關於饒漱石問題座談會的報告》，根據座談會對證和揭發的事實，
《報告》得出以下結論：

（一）根據座談會對證的事實，說明饒漱石同志是一個資
產階級極端個人主義的野心家，他個人野心的欲望是日益上
升的，而最尖銳的罪惡，是一九五三年他和高崗共同進行分
裂黨的活動。座談會研究了饒漱石同志多年來的活動，證明
了他在一九五三年和高崗共同進行分裂黨的活動是他們向來
的個人野心發展的一種結果，而並不是偶然的，並不是沒有
歷史的來源的（報告列舉了 1943 年饒在新四軍軍部駐地黃花
塘鬥爭陳毅的事件；1949 年饒努力取得華東軍政委員會主席
職位的事件等）。

（二）座談會一致指出：饒漱石同志的資產階級的極端個
人主義不是一般性的，有其特殊之點。他善於偽裝，不易暴
露他的這種本質，饒多年來以守法克己的偽裝，在黨內施展
陰謀，爭權奪位，不到重要關節不伸手，即在伸手時亦常以
偽善面目出現，而且以各種方法利用別人為其火中取栗。饒
漱石確是黨內少見的偽君子。

（三）座談會指出：饒漱石同志在黨內進行爭奪權位的鬥
爭中採用了完全與黨的作風相反的辦法，即採用了一套用以
取得權位的「權術」。饒漱石同志的作風是很惡劣的……

（四）饒漱石同志對自己的所犯的錯誤，直到現在，還不
是採取徹底承認的態度……尤其對於從財經會議到全國組織
會議有關直接反對中央領導同志和參加高崗分裂黨的活動這
個最主要的關節問題上，則企圖避重就輕，實行抵賴，這說

明饒對自己錯誤所採取的態度，仍然是很不老實的。[69]

中央政治局於 3 月 15 日批准了這個報告。

4 月 27 日，中共中央書記處會議決定：任命鄧小平兼任中央組織部部長；撤銷饒漱石現任中央組織部部長的職務。[70]

1955 年中共全國代表會議，鄧小平代表中央委員會在會上所作《關於高崗、饒漱石反黨聯盟的報告》，代表會議通過的《關於高崗、饒漱石反黨聯盟的決議》，正是按照周恩來在高崗問題座談會上的結論以及鄧小平、陳毅、譚震林關於饒漱石問題座談會向中央的報告所定的調子，做出了最終結論：

高崗、饒漱石結成反黨聯盟，「向黨的中央委員會首先是中央政治局舉行進攻，企圖推翻以毛澤東同志為首的久經考驗的黨中央的領導核心，以便奪取黨和國家的領導權力。他們的這種反黨活動無疑是適應了帝國主義和資產階級反革命分子的願望。他們實際上已成為資產階級在我們黨內的代理人。」

在釐清了饒漱石與組工會議「討安伐劉」的風波以後，我們看到定性饒漱石與高崗「結盟」「反黨」的主要事實是：1943 年黃花塘鬥爭陳毅事件、1949 年爭當華東軍政委員會主席、1953 年在中組部鬥安子文等幾件事。可謂完全是風馬牛不相及，黨內鬥爭，如此上綱，令人難以理解。

69　《中共黨史參考資料》，第 20 冊，頁 272–275。
70　《毛澤東年譜（1949–1976）》，第 2 卷，頁 238。

第十二章

蘇聯檔案披露的不同信息

關於高崗、饒漱石問題的定性，經過以上梳理給人的印象是四中全會後，由在北京實際主持中央工作的劉少奇等領導人決定召開的高崗、饒漱石問題兩個座談會作出的。但解密的蘇聯檔案，卻給人們提供了完全不同的信息。即早在四中全會之前，已為高崗定性：「陰謀反黨」。這四份檔案是：蘇聯駐華大使尤金與毛澤東談話紀要：貝利亞事件和王明問題（1954年1月4日）；尤金與劉少奇、周恩來談話記錄：通報高崗—饒漱石事件（1954年2月2日）；尤金與劉少奇、周恩來談話紀要：通報中共七屆四中全會情況（1954年2月13日）；尤金與毛澤東談話記錄：高崗事件與黨內團結（1954年3月26日）。（詳見附件）

1月4日，毛澤東與尤金談黨內情況

1954年1月4日，毛澤東在杭州會見蘇聯駐華大使尤金，聽取尤金通報蘇聯對貝利亞事件的最後判決。毛澤東向尤金談到中國共

產黨黨內情況時說，「最近出現了一些不健康的現象。這些現象沒有
蔓延，但是由於這些現象甚至影響到了中央委員會中的成員，因而
不對其引起重視是不可能的。」「某些個人試圖使政治局中的一部分
委員反對另一部分委員。有些人企圖把一些政治局成員的偶然失誤
或者錯誤公式化，以此來玷辱這些同志的名譽。」「我們正在研究這
個問題。我們時刻把保持黨的各級組織的團結和凝聚力牢記心頭，
因為這是完成我黨面臨的各種任務的重要條件。中國共產黨正在草
擬一份關於黨的團結統一的特別文件，它不會公開發表。」這份文件
完成後，將通知蘇方。[71]

　　從上面這段談話來看，毛澤東對黨內發生的問題並沒有使用分
量很重的詞匯，其落腳點，是說明正在草擬的增強黨的團結的特別
文件的原由。

　　有關召開中共七屆四中全會的內容，應向蘇共中央通報的事，1
月 28 日，毛澤東在杭州向楊尚昆交待說：「七屆四中全會的文件，
應交尤金，包括報告和決議」。[72]但對高崗問題具體談到何種程度，
未有說明。

2 月 2 日，劉少奇、周恩來通報高崗「反黨」詳情

　　在四中全會召開前的 2 月 2 日，劉少奇、周恩來約見尤金，向
蘇方通報四中全會《關於增強黨的團結的決議 (草案)》。

71　尤金與毛澤東談話紀要，1954 年 1 月 4 日。沈志華主編：《俄羅斯解密檔
　　案——中蘇關係》，第四卷 (上海，中國出版集團東方出版中心，2015)，
　　頁 448–449。

72　《毛澤東年譜 (1949–1976)》，第 2 卷，頁 221。

劉少奇説：「最近一段時期以來，在中共內部暴露出派別活動，這些活動在較大範圍內相應涉及黨的高層工作者。這些派別活動的領導人之一就是高崗，然後就是饒漱石（中共中央書記和中共中央組織部部長）。由此，在黨內出現了嚴重的狀況。根據毛澤東的指示，研究了這個問題，並專門召開中共中央全會。」有關高崗、饒漱石所涉及的問題由周恩來做更詳細、具體的介紹。

從尤金記錄周恩來的談話內容來看，幾乎歷數了高崗從散佈「軍黨論」、「陝北救中央」、反對劉少奇的言論、封官許願拉邦結派，一直發展到圖謀取代劉少奇坐上黨內僅次於毛澤東的第二把交椅等事例。含蓋了後來定性：「分裂黨」、「陰謀篡奪黨和國家最高權力」的全部內容，並直接點明其性質是「反黨活動」。需要指出的是，周恩來說，在 12 月的中央書記處擴大會上，「毛澤東當時還詢問了誰合適在他休假期間代替他，有人都同意劉少奇，只有高崗一人表示反對」[73] 這個話並不真實。如前文所述，實際情況是毛澤東提出問題在先，劉少奇明知 1953 年多次受到毛的批評，故表示由書記處同志輪流主持為好，周恩來等主張仍由劉少奇主持，高崗表示贊成輪流主持，朱德也表示贊成輪流。在黨中央的正式會議上，提出不同意見完全是正常的事，既不違紀，更不違法，何況問題是毛澤東先提出來的。周恩來在這裏説：「只有高崗一人表示反對」，明顯是為説明高有政治野心作鋪墊。

由此，是否可以認為，周恩來的談話已把內定高崗「篡黨奪權」的底牌清晰地向尤金表達了出來。2 月 13 日，劉少奇、周恩來向尤金通報中共七屆四中全會的內容，除向尤金説明高崗和饒漱石在

73　尤金與劉少奇、周恩來談話記錄，1954 年 2 月 2 日。《俄羅斯解密檔案——中蘇關係》，第五卷，頁 13–17。

會上的發言，有自我批評的成分，但很不夠徹底外，同時說明，全
會結束後，一批中央委員繼續同高崗、饒漱石進行談話，力爭使他
們更深刻地、從原則上認識自己的錯誤，進行更深刻的自我批評。
而「高崗在談話中表示，按照你們的看法，我是貝利亞，還是張國
燾？」[74] 這也表明當時同高崗的談話，已直接挑明他的問題的性質是
「陰謀篡黨奪權」了。

3 月 26 日，毛澤東向尤金吐露心結

　　值得關注的是，周恩來直接向尤金點明高崗的作為是「反黨活
動」。根據當時的歷史條件，這絕不可能是劉少奇、周恩來背着毛
澤東的自作主張。如前所述，1953 年周恩來、劉少奇多次受到毛澤
東的批評和指責。因「新稅制」問題，周恩來年初被毛澤東批評犯
了「分散主義」錯誤，周當即主持起草了中共中央《關於加強中央人
民政府系統各部門向中央請示報告制度及加強中央對於政府工作領
導的決定 (草案)》；隨後，又發出了《關於撤銷政府黨組幹事會的通
知》〔注：周恩來為黨組幹事會書記〕。5 月，毛澤東兩次批示，凡用
中央名義發出的文件電報未經他看過，擅自發出，是錯誤的，是破
壞紀律的。6 月，毛澤東在過渡時期總路線報告中，舉例批評偏離
總路線的右傾思想以後，劉少奇先後在全國財經工作會議和組織工
作會議上公開檢討錯誤。在這種政治氛圍下，若無毛澤東的授意，
劉、周斷不敢向尤金如此深談高崗、饒漱石問題。

74　尤金與劉少奇、周恩來談話紀要，1954 年 2 月 13 日。《俄羅斯解密檔
　　案——中蘇關係》，第五卷，頁 17–19。

那麼，對高崗問題的定性，毛澤東又是何時同劉少奇、周恩來等領導人商定的呢？這從 1954 年 3 月 26 日毛澤東與尤金的談話中似乎可以找到答案。

3 月 17 日，毛澤東由杭州回到北京。26 日，尤金拜會毛澤東。

毛澤東與尤金談到高崗、饒漱石事件時說：「很長一段時間以來，他老覺得黨內外有什麼地方出了點問題。就像一場大地震即將來臨前一樣，覺察到這兒震動一下，那兒震動一下，但就是不知道震中在哪裏。在去年的 6–7 月間中共中央召開的財經問題會議上，這種感覺尤其明顯。不久，在 1953 年 7–9 月間，我強烈地感覺到黨內存在着兩個中心，一個是黨的中央委員會，但是另一個卻隱而不現。震動開始變得越來越劇烈。12 月 24 日在政治局內對這一問題進行討論之後，事情變得明晰起來。現在我們知道這些震動都是從哪兒而來的了。當然，這並不意味着地震就不會在其他地方發生。」「高崗、饒漱石反黨集團進行其秘密活動：聲稱擁護毛澤東和林彪，但是首先打擊劉少奇和周恩來……當然這並不是針對具體的某幾個人的問題，而是事關整個黨的團結的問題。」「正是因為分裂分子借他的名義欺騙了很多同志，他才要迅速明確地表明自己的態度和立場，否則黨派鬥爭就會像傳染病一樣在黨內迅速蔓延。」[75]

毛澤東與尤金的上述談話，人們不難看出定性高崗「反黨」的背後原因：「正是因為分裂分子借他的名義欺騙了很多同志，他才要迅速明確地表明自己的態度和立場」。這就是高崗背着毛澤東，在高級幹部中散佈毛澤東私下與他談論對劉少奇的不滿言論被揭發以後，使毛澤東感到了問題的嚴重性，這將使本已存在的「蘇區」幹部與「白區」幹部之間隔閡的情緒進一步蔓延〔注：如前所述，在全國財經會

75　尤金與毛澤東談話記錄，1954 年 3 月 26 日。《俄羅斯解密檔案——中蘇關係》，第五卷，頁 39–41。

議期間，高崗帶領東北和四野的幹部去看在西山休養的林彪，林彪曾尖銳地提出「現在白區黨控制着中央的權力」的問題。財經會議結束時，毛澤東與高崗和張明遠談話，也曾說：「譚震林對我說，中央有兩個司令部，白區黨的人掌握着黨權（組織、人事部門）、政權（政法部門）和財權（財經部門）；另一個是以我為首的司令部，大權旁落，這很危險，應該把權奪回來。」毛主席說：「這種說法是錯誤的，我已經批評了譚震林，不能說什麼『白區黨』、『蘇區黨』。只有一個中國共產黨，一個司令部，就是黨中央。」[76]），可見，高崗私下傳播毛澤東對劉少奇的不滿言論，直接影響到黨內高層的相互信任和團結，也使毛澤東自己處於一種尷尬的困境，在權衡利弊以後，毛澤東決定「迅速明確地表明自己的態度和立場」，與高崗劃清界線。

由上可見，1953 年 12 月 24 日，毛澤東在中央政治局擴大會議上把高崗的問題提高到：「北京有兩個司令部，一個是以我為首的司令部，就是刮陽風，燒陽火，一個是以別人為司令的司令部，叫做刮陰風，燒陰火，一股地下水。」就是說明 1953 年毛澤東自己在中央會議上對「新稅制」、「確立新民主主義秩序」等問題進行尖銳批評，他是「刮陽風，燒陽火」。而高崗借他的名義私下散佈反對劉少奇的言論，則是「刮陰風，燒陰火，一股地下水」。這就直接向人們點明高崗是在搞「陰謀活動」。

毛澤東在與尤金談話中，還提出「一個尤其值得重視的事實是高崗和饒漱石都曾被逮捕過」，「現在，中央想弄清高崗究竟和帝國主義者有無聯繫」。[77] 這又從組織上對高崗的歷史提出了質疑。

76　張明遠：《我的回憶》（北京：中共黨史出版社，2004），頁 381、382–383。

77　尤金與毛澤東談話備忘錄，1954 年 3 月 26 日。《俄羅斯解密檔案——中蘇關係》，第五卷，頁 39。

毛澤東是何時定性高崗「陰謀反黨」的

以上對毛澤東與尤金談話的剖析，是否可以得出如下結論：劉少奇、周恩來會前向尤金點明高崗問題的性質是「反黨活動」，絕非是他們自己的意見，而是事先毛澤東同他們商定了的。

從 1953 年 12 月 15 日中央書記處擴大會議，決定毛澤東外出期間中央書記處會議由劉少奇、周恩來、朱德、陳雲、鄧小平、高崗、彭德懷參加，集體討論解決問題之後，高崗向鄧小平游説：「少奇政治上不穩，不宜主持中央的工作，還是輪流好」。16 日，鄧小平向毛澤東彙報高崗「拉攏」他反對劉少奇。從 17 日到 23 日，毛澤東先後與鄧小平、陳雲、周恩來、譚政、鄧子恢、李富春、彭德懷、黃克誠、劉伯承、陳毅、賀龍、葉劍英、劉少奇、朱德、羅瑞卿、楊尚昆等談話；23 日晚十時，毛澤東召集劉少奇、周恩來、彭德懷、鄧小平開會。經過這一系列緊張活動，就已經得出了高崗問題的性質是「陰謀篡黨奪權」？毛澤東下面這段談話似乎也有助於對問題的理解。

毛澤東向尤金説：「自己在去年年底心情很不好。蘇聯對貝利亞事件的處理有助於中共中央找到一個揭露高崗反黨活動的恰當方式。」是否可以認為，高崗私下散佈的言論，造成黨內高層不正常的氛圍，這個原來為他信任和重用的部下，使他陷入了「心情很不好」的困境。而當四中全會按預定方案做好多數中央委員的工作，相信高崗另有「圖謀」以後，「他現在感覺好多了，因為這些都有利於形勢的好轉」。即：經過這一系列工作，維護了黨內高層的團結，也維護了他本人在黨內的威望。

把對高崗問題的定性，提前到毛澤東「兩個司令部」説的 1953 年 12 月 24 日，可以作為另一旁證的是，1954 年 1 月 3 日，毛澤東

在杭州會見前來出席鞍山三大工程完工典禮的蘇聯部長會議副主席
捷沃西安，毛澤東與捷沃西安的談話，師哲有下面一段記錄：

> 毛澤東在與捷沃西安的談話中説道：我們黨內，或許也
> 是國內要出亂子。自然，我今天説的只是一種可能性，將
> 來情況如何變化，還要等等看，這個亂子的性質用一句話來
> 説，就是有人要打倒我，我們中國歷史上曾出現過秦滅六
> 國，秦滅了楚。秦就是他們陝西（説着，毛澤東又用手指了
> 指師哲），楚就是湖南（説着，毛澤東又用手指了指自己）。
> 這是歷史上的事實，那麼現在怎麼樣？還要等等看。[78]

高崗即是陝西人，毛澤東在這裏暗示高崗要打倒他，顯然是「陰
謀反黨」無疑了。

那麼，這與毛澤東指示的四中全會開會方針：討論加強黨內
團結問題的決議，「應盡可能做到只作正面説明，不對任何同志展
開批評」又如何統一呢？可以理解的原因是，毛澤東即是把高崗問
題定性為「陰謀反黨」，但並不願在處置上做得過分。可以佐證的
是，前引 1 月 28 日，毛澤東與楊尚昆談話中強調：四中全會的方
針是堅持正面批評，「懲前毖後，治病救人」。爭取逐步改變環境，
造成不利其陰謀活動的環境，給一條路讓他走，有好路可走，就不
走絕路了，當作一種可能性來爭取。這就是毛澤東當時的真實心
態。

總之，以上蘇聯檔案提供的不同信息，是重考「高饒事件」不可
忽視的重要歷史文獻，儘管我們還不能依此草率地做出最後結論，
但卻使人們可以看到歷史的複雜性和多面性。劉少奇、周恩來 2 月

---

78 《文匯讀書周報》，1993 年 2 月 27 日，第 4 版。

2 日與尤金談話中，點明高崗問題的性質是「反黨活動」，絕非是他們自己的意見，而是事先毛澤東同他們商定了的。

第四編

定性「反黨聯盟」導出的後果

　　高崗被定性為意欲篡黨奪權的資產階級野心家，是帝國主義和資產階級在黨內的代理人，這不能不使他感到絕望，最後憤而自殺。就毛澤東來說，儘管從1953年12月就明指高崗搞的是「陰謀反黨」活動，但對高崗的處置也並非要一棍子打死。所以這個結果，也不是他所想看到的。

　　然而，這場黨內鬥爭，並不僅限於高崗、饒漱石本人，還株連出兩個「反黨集團」。即：東北局的「高

崗反黨集團」；山東分局的「向明反黨集團」。不久，饒漱石又與潘漢年、揚帆一起定為「反革命集團」。

反對高崗、饒漱石「反黨聯盟」這場黨內鬥爭，搞得如此慘烈，絕非偶然，指導黨內鬥爭的基本理論觀點是：「黨內鬥爭是黨外階級鬥爭的反映。」而且，革命越深入，階級鬥爭越尖銳。可見，得出「高崗、饒漱石反黨聯盟的活動是我國階級鬥爭形勢複雜化和深刻化的反映」的結論，就是邏輯的必然，並在此後的黨內生活中長時期發生着影響。

第十三章

高崗之死與毛澤東的複雜心態

在處理高、饒事件的過程中，毛澤東前後的心態如何，最終的
結果，是他願意看到的嗎？

決定棄高是為了劃清界限

對於高、饒事件的發生，尤其是高崗敢於進行反對劉少奇的活
動，鄧小平曾經說過：「老人家也有責任。」鄧說：

高崗敢於那樣出來活動，老人家也有責任。老人家解放
初期就對少奇同志、總理有意見，而對高崗抬得比較高，組
織「經濟內閣」，也就是計劃委員會，幾個大區的頭頭都是委
員，權力很大，把政務院管經濟的大權都拿出去了。高崗又
從毛主席那裏探了消息，摸了氣候，好像老人家重用他，又
有四個大區的支持，因此暈頭轉向。高崗也確實抓住了少奇
同志的一些小辮子，高崗批評少奇同志的東西，不是完全批
評錯的，有批評對了的。例如土改時搬石頭、反五大領袖；

天津講話，還是有缺點錯誤。最近報刊上好幾篇文章都説，
天津講話沒錯誤。高崗誇大事實，但少奇同志確有講得不妥
當的地方，起碼語言不準確。[1]

但從 1953 年 12 月 15 日中央書記處擴大會議的結果，高層的多
數人仍贊同由劉少奇代理主持中央工作的情況來看，尤其是在鄧小
平、陳雲先後向毛報告高崗的私下活動以後，毛澤東不得不考慮黨
內的權力平衡和維護高層的團結，於是決定與高崗劃清界限，這就
有 1953 年 12 月 24 日毛澤東關於北京有「兩個司令部」的講話，把
高崗的私下活動提到「兩個司令部」的高度，無疑使高崗問題的性質
跌到了「陰謀反黨」的邊緣。

毛澤東並非要徹底「倒高」

毛澤東在這裏明指高崗是搞「陰謀活動」。但對高崗如何具體處
置，毛澤東似乎又認為應留有餘地，這就是他在給劉少奇的信中多
次提及：「關於四中全會開會的方針，除文件表示者外，對任何同志
的自我批評均表歡迎，但應盡可能避免對任何同志展開批評，以便
等候犯錯誤同志的覺悟。」由犯錯誤的同志「按決議精神，只作『自
我檢討』；對具體事實不深究，講到別人，暫不深問；檢討一次不
好，可作二次，這次不好，以後還可説。」強調七屆四中全會要開一
個「和平會議」。這表明，毛澤東在迴避親自參加四中全會，直接出
面處理高崗問題的同時，顯然有意保高崗「過關」。

1　鄧小平 1980 年 3 月 19 日的談話，張秀山回憶手稿。

對座談會既成事實的認定

但在高崗問題、饒漱石問題兩個座談會召開以後，毛澤東對兩個座談會的結論是同意或認可了的，而且對周恩來在高崗問題座談會的結論講話稿上還親筆加寫了一段話。2 月 28 日，毛澤東致信劉少奇並中共中央書記處各同志：

> 恩來同志二月二十五日的發言提綱，經胡喬木、陳伯達
> 二同志作了一些修改，我同意這些修改，請你們考慮酌定。

在提綱講到高崗的黑暗面（個人主義和私生活的腐化）長期沒有得到糾正和制止，而在全國勝利後更大大發展了之後，毛澤東加寫：「高崗的這種黑暗面的發展，使他一步一步地變成為資產階級在我們黨內的實際代理人。」在提綱的「高崗在最近時期的反黨行為，就是他的黑暗面發展的必然結果」之後，毛澤東加寫：「同時也就是資產階級在過渡時期企圖分裂、破壞和腐化我們黨的一種反映。」[2]

高崗被定性為資產階級野心家，「成為資產階級在我們黨內的實際代理人」，這不能不使高崗感到失望。如果說，1954 年 2 月 17 日高崗第一次自殺（未遂），是由 16 日陳雲等在座談會上的發言，揭露高崗想當黨中央副主席，所謂「你一個，我一個」，引起的話；那麼，8 月 17 日，高崗自殺身亡的原因，當年高崗的秘書、管教小組組長趙家梁有如下評述：

> 在漫長的管教期間，高崗反省、檢討、違心認罪，卻無
> 人理睬他送上去的檢討書，也沒有人來找他談話、做他的思
> 想工作，他的一切要求都沒有回音。他深感自己已被遺棄，

2　中共中央文獻研究室編：《毛澤東年譜（1949–1976）》（北京：中央文獻出版社，2013），第 2 卷，頁 223。

猶如被打入冷宮。他在寂寞與痛苦中煎熬，在悲哀中掙扎，
他終於明白：路，已經沒有了。

對高崗的自殺身亡，1955 年《關於高崗、饒漱石反黨聯盟的決
議》認定：「在黨的七屆四中全會向反黨分子提出嚴重警告以後，高
崗不但不向黨低頭認罪，反而以自殺來表示他對黨的最後的背叛。」

就在這次黨代表大會上，毛澤東在開幕詞中説：「高崗、饒漱
石反黨聯盟的出現，不是偶然的現象，它是我國現階段激烈階級鬥
爭的一種尖鋭的表現。這個反黨聯盟的罪惡目的，是要分裂我們的
黨，用陰謀方法奪取黨和國家的最高權力，而為反革命的復辟開闢
道路。」

四年後的內心真言

上面這段話，是不是毛澤東當年內心世界的真實表達，我們無
從解讀。問題是時隔四年之後，1959 年 8 月 16 日，毛澤東在中共
八屆八中全會上的講話中卻明白無誤地訴説了另一種感情，他帶有
一種自責的心情説道：

> 高崗這件事，我有責任，就是時間延誤了。我本來想同
> 習仲勛談，我與他約了，目的就是跟習講。因為那時高崗想
> 去陝北，我們保留他的黨籍，還想保留中央委員，讓他回延
> 安去工作，本人也願意。可是遲了一步，我沒有來得及講。
> 他自殺了，竟這樣結局，我也覺得遺憾。所以這事怪我，這
> 是個很不好的事。[3]

3　李鋭：《廬山會議實錄》(鄭州：河南人民出版社，1994)，頁 310。

　　毛澤東這一席話，與他親自閱改的周恩來在高崗問題座談會的
結論、1955 年在全國黨代表會議上講話的差距之大，是不言而喻
的，它反映了毛澤東在高崗問題上內心深層的複雜心態，因為，高
崗終究曾經是他的一員愛將。

第十四章

饒漱石被開除黨籍之後

由保留黨籍到開除黨籍

　　1955 年 3 月 4 日，中央書記處會議通過了鄧小平關於黨代表
會議的各項意見。其中饒漱石是否出席大會，要請毛澤東決定。3
月 13 日，中央政治局擴大會議討論和通過了經多次修改的《關於高
崗、饒漱石反黨聯盟的報告》。報告中提到保留饒漱石黨籍，有人不
同意，劉少奇就此問題作了解釋，認為這樣處理比較有利。3 月 19
日，中共七屆五中全會第一次會議，在討論《關於高崗、饒漱石反
黨聯盟的報告》時，毛澤東說：這個文件也搞了一年，幾經反覆才
寫成現在這個樣子，即是指出他們的聯盟是一個陰謀集團，不是什
麼堂堂正正地拿出自己的主張來爭取領導，而是燒陰火，煽陰風，
見不得太陽，這樣來說它比較恰當些，也是合乎實際的。會議同意
不開除饒的黨籍，只撤銷中央委員。[4]

　　3 月初，饒在家聽候處理。有一天，他家裏的「紅機子」電話響
了（饒停職反省期間，他家的「紅機子」未拆除），這本是中央機關

4　《毛澤東年譜（1949–1976）》，第 2 卷，頁 356。

39 局（電話局）試打各戶「紅機子」，饒不知情，產生錯覺，以為他的問題可能很快解決了將恢復或分配工作，因而情緒激動，向其妻和陳麒章（饒的秘書，負責對饒管教）發牢騷，說：中央還是相信他的，他沒有反黨，是陳毅有意挑起要報復他。饒還指責陳麒章「充當了陳毅的打手」……陳麒章當時負有「每周寫個『饒漱石情況簡報』送交中央辦公廳」的任務，楊尚昆還曾當面交代陳麒章「有重要情況可以隨時到中南海，直接向我彙報」。於是陳隨即將饒這一情況詳細給中央報告，在當時政治氣候下饒妻也寫了內容相似的報告交給楊尚昆。

全國黨代表會議期間，二人的書面彙報被作為會議資料散發給與會代表。剛聽過毛澤東講「階級鬥爭形勢嚴峻」的代表們立即把饒的「鬧翻案」同「以特反特」問題聯繫起來，認定饒的活動已超過內部矛盾範圍，屬敵我矛盾，於是對饒的處理陡然「升級」。

全國黨代表會議最後通過的《關於高崗、饒漱石反黨聯盟的決議》，決定開除饒漱石的黨籍。

所謂「饒潘揚反革命集團」

上海市公安局局長揚帆，1954 年 9 月以「重用、包庇和掩護一批反革命分子」的罪名被逮捕，同年 12 月 31 日被送往北京隔離審查。潘漢年 [5]（中共上海市委第三書記、上海市副市長），是上海市公安、政法的實際領導人，揚帆的頂頭上司，1955 年 4 月，向中央交代 1943 年被李士群挾持秘密會見汪精衛一事，隨以「內奸」罪名於

5　潘漢年，1906 年 1 月生，1925 年秋加入中國共產黨，長期從事隱蔽戰線工作，1949 年全國解放後任中共上海市委第三書記、上海市副市長，1955 年被懷疑內奸被捕入獄，1977 年 4 月病故。

4 月 3 日被捕入獄。饒漱石，因直接領導潘漢年、揚帆在反特方面的工作，故而受到懷疑，也隨即被捕入獄。

1957 年整個偵訊工作結束，公安部把饒、潘、揚三個專案組的偵訊報告合寫成一個給中央的結案報告，斷言：「實際上是一個反革命集團」。但此案長期擱置，沒有移交檢察司法機關。饒漱石在功德林度過了近 5 年的鐵窗生涯後，1960 年 3 月 15 日，饒漱石和潘漢年被轉移到了新建成的秦城監獄。1963 年 1 月 9 日，最高人民法院正式開庭審理潘漢年案，最高法院以「內奸、反革命罪」，終審判決潘漢年有期徒刑 15 年，剝奪政治權利終身。[6] 與潘漢年同案的揚帆，1965 年 8 月，以「反革命罪」判處有期徒刑 16 年，剝奪政治權利終身。同年 8 月 30 日，最高人民法院對饒漱石作出終審判決。判決書確認：「被告人饒漱石犯有嚴重的反革命罪行，他在上海工作期間，利用中共上海第一書記和華東局第一書記的職務，採取兩面手法，不僅重用了內奸分子揚帆，把中統潛伏特務分子胡均鶴安插在上海市公安局內，而且在揚帆等人大量使用特務反革命分子的問題被揭發後，中央、華東公安部一再向他提出要徹底處理時，他仍然不予置理，使這一大批特務反革命分子猖狂地進行反革命破壞活動，達 5 年之久，嚴重地危害了人民的利益。」根據中華人民共和國懲治反革命條例第 13 條的規定，判處饒漱石有期徒刑 14 年，剝奪政治權

6　關於潘漢年案的判決，時任最高人民法院助理審判員彭樹華回憶說，當時由曾漢周（刑庭庭長）、丁汾（審判員）、彭樹華三人組成的合議庭在認真審閱了案卷、核對證據的基礎上，對起訴內容提出了八個問題的質疑。當時，最高人民法院院長是謝覺哉，曾漢周等三位向謝老彙報後，謝老說：「你們辛苦了。你們對潘漢年案卷材料看得很仔細，提出了你們的看法，很好。不過你們提出的問題，我們最高人民法院是搞不清楚的。德峰同志（注：吳德峰，最高人民法院副院長）跟你們說過了吧，潘漢年案是中央交辦的案子，我們只是辦理法律手續。」《書摘》，2011 年第 1 期，原載於彭樹華：《潘漢年案審判前後》（北京：中國青年出版社，2010）。

利 10 年。隨後裁定假釋，移交公安部門管制、改造。「文化大革命」期間，1967 年 5 月 22 日，饒漱石、潘漢年、揚帆從他們所在的勞改農場重又逮捕，送進秦城。

1975 年病逝秦城

　　1975 年 3 月 2 日，饒漱石患中毒性肺炎在復興醫院病逝。據秦城監獄的工作人員何殿奎回憶：饒漱石在 1974 年冬就訴說胸部不適，儘管 201 監區每層樓都有醫生，有「24 小時醫護人員值班室」，但醫生顯然對饒漱石的病情並沒有在意，也沒有作全面檢查。直到 3 月 1 日晚病情惡化，才由何殿奎陪同送往復興醫院，第二天八點半即病逝。逝後遺體由復興醫院在押犯病房樓（稱 207 特區）的工作人員火化。當時正是「四人幫」猖狂之時，饒漱石火化時用的什麼名字，骨灰如何處置，都不得而知。

　　在 1980 年代撥亂反正和平反冤假錯案期間，饒漱石的胞妹饒玉蓮於 1983 年 5 月 26 日，由其丈夫谷思義先生代寫了一封給陳雲的信，信中說：「饒漱石是我的大哥，他被捕後我們一直不知他的消息，作為他的妹妹，我希望知道他的情況。如果他活着，我們想去探監；如果他死了，我們想知道他的骨灰葬在何處⋯⋯」陳雲收信後，將它批轉給公安部。1983 年 6 月 14 日，公安部第十三局給饒玉蓮複了一函：

　　（83）公審發 132 號。
　　饒玉蓮同志：五月二十六日來信收到，現將饒漱石的病情和骨灰、財物處理情況簡告如下：一九七五年三月一日晚上，監管人員發現饒漱石突然說話不清，兩手發顫，當即將

他送到復興醫院檢查，確診患中毒性肺炎，病情嚴重，醫院立即組織搶救，經治療，病情稍有緩和，三月二日晨八時，突又患感染性休克，導致呼吸循環衰竭，經搶救無效，於八點三十分病亡在復興醫院。經請示中央批准，饒漱石的遺體於同年三月十二日送北京西部火葬場火化，骨灰未予保存，對他個人的一些財物上繳國庫。此覆（公安部第十三局公章）一九八三年六月十四日。[7]

未作平反的「平反」

潘漢年、揚帆「反革命」冤案在 1982 年、1983 年先後得到徹底平反。

中共中央於 1982 年 8 月 23 日發出的《關於為潘漢年同志平反昭雪、恢復名譽的通知》，對潘漢年的一生作了高度評價。通知全面否定了 1963 年強加給潘漢年的「內奸」等三條罪名。指出：潘漢年被錯定為「內奸」，最主要的原因，是在他被逮捕當時的歷史背景下，嚴重地忽視了對敵隱蔽鬥爭的特殊性，混淆了是非界限和敵我界限，以致作出錯誤的決定。中共中央鄭重宣佈：「把潘漢年同志定為『內奸』，並將其逮捕、判刑、開除黨籍，都是錯誤的。這是建國以來的一大錯案，應予徹底糾正。」「撤銷黨內對潘漢年同志的原審查結論，並提請最高人民法院依法撤銷原判，為潘漢年同志平反昭雪，恢復黨籍，追認潘漢年同志的歷史功績，公開為他恢復名譽。」1982 年 9 月 7 日，最高人民法院作出《刑事判決書》，宣佈潘漢年無罪，撤銷 1963 年的原判。

7　有關資料均參見景玉川：《饒漱石》複印件。

1980 年 4 月，揚帆冤案得到初步平反，結論是，「原判認定的事實失實，定性不准，判處不當，撤銷 1965 年的判決書，宣告揚帆無罪釋放。」直到 1983 年 8 月才又作出新的結論，平反決定指出：過去認定揚帆同志是內奸、反革命分子，包庇重用大批特務反革命分子，使用敵特電臺給臺灣敵人提供情報引起敵機轟炸上海等問題，均不是事實，應予否定。1955 年後，對揚帆隔離、逮捕、判刑都是錯誤的。揚帆同志蒙冤二十餘年，應予平反，恢復名譽，消除影響。

在潘漢年、揚帆先後平反以後，饒漱石的「反革命」案無疑也得徹底推翻。但中共中央一直未有表態。1986 年《毛澤東著作選讀》出版，對其中一條饒漱石注釋的寫作經過，參與編輯的徐天在《1986 年版〈毛澤東著作選讀〉的誕生》中寫道：

> 新增的 167 條注釋中，最費思量的是對其中幾個人物的注釋。其中之一是饒漱石。入選的篇目中提到饒漱石的是《論十大關係》，共兩處，分別涉及他的兩大罪名。
>
> 第一處，涉及「高饒反黨聯盟」，正文是這樣說的：「我們建國初期實行的那種大區制度，當時有必要，但是也有缺點，後來的高饒反黨聯盟，就多少利用了這個缺點。」
>
> 龔育之告訴曾憲新，他去中央開會時，聽到中央討論高、饒的事，認為此二人確實有錯，但很難說他們倆有聯盟。「老龔專門給我們打招呼，說注釋裏不要提『聯盟』」，因此，關於「高饒反黨聯盟」的第 428 條注釋，在介紹高饒二人的原職務後寫道：「1953 年，他們陰謀分裂黨，篡奪黨和國家最高權力。1954 年 2 月，中共七屆四中全會對他們進行了揭發和批判。1955 年 3 月，中國共產黨全國代表會議總結了這一重大鬥爭，通過決議開除了他們的黨籍。」從頭到尾，都沒有提「高饒反黨聯盟」這六個字。

另一處，則涉及饒漱石更大罪名──讓他因此被判有期徒刑 14 年、剝奪政治權利 10 年的「饒潘揚反革命集團」。

正文中寫道：「機關、學校、部隊裏面清查反革命，要堅持在延安開始的一個不殺，大部不捉……胡風、潘漢年、饒漱石這樣的人不殺，連被俘的戰犯宣統皇帝、康澤這樣的人也不殺。」對此，注釋組派出三人，先後去公安部、中組部查閱卷宗和檔案，核實確認：饒漱石的罪名確是因潘漢年和揚帆而得，而這二人都已於 1982 年和 1983 年分別獲得平反。既然「饒潘揚反革命集團」已不能成立，曾憲新一度想過，以「高饒事件」來解釋饒的反革命罪。但龔育之否定了這一做法。「老龔說，不要扯高崗的事情，這樣太囉唆，不直接。而且正文裏分明是把潘漢年和饒漱石連起來提的，也說明饒潘揚的事情，跟高崗沒關係。」曾憲新介紹。

最終，第 436 條注釋如此寫道：「饒漱石（1903–1975年），江西臨川人。1925 年加入中國共產黨。抗日戰爭和解放戰爭時期，曾任新四軍政治部主任和華東軍區政治委員。上海解放後，任中共中央華東局第一書記和上海市委第一書記。在這期間，他直接領導潘漢年等在反特方面的工作。由於潘漢年被錯定為『內奸分子』，饒漱石主持反特工作中的一些活動被錯定為內奸活動，他因此而被認為犯有反革命罪並被判刑。」這條注釋最後報胡喬木，經他審定。

對此，中共中央文獻研究室原主任逄先知明確稱，對饒漱石的這兩條注釋可以稱為這部書注釋工作的一個「突破」。把對饒漱石定罪的根據否定了，所謂「內奸活動」等也就不能成立了。「這在一定意義上，可以說起到了平反的作用」。[8]

8　中華人民共和國國史學會主辦：《國史參閱》，2013 年第 5 期，頁 12–13。

第十五章

東北局株連出一個「高崗反黨集團」

　　1954年2月，中共召開的七屆四中全會揭露「高崗、饒漱石反黨事件」，雖說沒有像以後的黨內鬥爭引起那麼廣泛的株連，事實上也有株連問題。這就是在高崗問題座談會之後，東北局召開的高幹會議就搞出了一個「五虎上將」案。

　　所謂高崗在東北局的「五虎上將」，指的是張秀山、張明遠、趙德尊、馬洪、郭峰五人，後來又加了一個陳伯村。張秀山時任東北局第二副書記，張明遠為第三副書記，趙德尊為東北局委員、秘書長兼農村工作部部長，馬洪原為東北局委員、副秘書長（時任國家計劃委員會專職委員、秘書長），郭峰為東北局委員、組織部部長兼黨校校長（1953年11月調任中央組織部副部長，未到職），陳伯村原為東北局組織部副部長（時任旅大市委第二書記）。有關這個冤案，除1955年毛澤東、鄧小平在全國黨代表會議上的講話和報告談及外，其具體詳情均少有披露。那麼，這個冤案是怎樣造成的呢？

周恩來指示東北高幹會重點在揭露高崗

在 1954 年 2 月舉行的高崗問題、饒漱石問題兩個座談會結束後，周恩來與東北局來京參加高崗問題座談會的林楓（東北局第一副書記）、張秀山、張明遠三人談話，對如何開好東北地區黨的高級幹部會議作了指示。周恩來指示的要點是：

> 對高崗的揭發必須徹底，要有集中的、歷史的認識。要打破高崗「一貫正確」，「政治上對、組織上錯」，「東北正確，到北京不好」的觀念。
>
> 高崗的錯誤與東北局每個人的錯誤要區別開。會議重點在揭發高崗，聯繫自己作檢討。對高崗要深挖毒瘤，這樣會傷害大家一些健康的肌膚，要正確對待。
>
> 東北局所負責任與中央不同，中央是失察。中央失察與東北局責任不同。東北局在思想上、政治上、組織上犯有原則性錯誤。個人檢討要深挖，陷下去的要拔出來，陷下去的不要有顧慮，不要計較有人責備。
>
> 東北不少幹部受高崗影響。但好處是有朝氣，中央可以多說好的方面，但東北局、個人應多檢討。對幹部要使他們瞭解社會存在黑暗面，黨存在黑暗面和缺點，警惕性、經驗不夠。他們歷史經驗不足，要使他們知道個人主義發展就成小集團習氣。要鼓勵他們開展和發揚批評與自我批評的作風。
>
> 周恩來強調，東北高幹會議的重點是揭發高崗，認識其錯誤，要鼓舞大家的鬥志，要分清東北局的責任及個人責任，啟發大家，強調團結。[9]

---

9   參見張明遠：《我的回憶》（北京：中共黨史出版社，2004），頁 389–391。
張秀山：《我的八十五年——從西北到東北》（北京：中共黨史出版社，2007），頁 315–316。

1954 年 3 月 26 日，東北地區黨的高級幹部會議在瀋陽舉行，出席會議的有 517 人，列席的有 170 人。會議由東北局第一副書記林楓主持，會議領導小組由東北局委員和省、市委書記組成。原東北局副秘書長馬洪、原東北行政委員會工業部副部長安志文作為高崗事件的知情人，也來瀋陽參加會議。

周恩來親自到會，在會上作關於黨的七屆四中全會決議和高崗、饒漱石問題的傳達報告。周恩來詳細介紹了高崗、饒漱石進行反黨分裂活動的主要事實，批判了高、饒資產階級極端個人主義的思想。同時指出，東北解放以來，東北地區的各級黨組織（包括東北局），基本上是遵照中央的正確路線方針進行工作的。雖然有缺點錯誤，但成績還是主要的。周恩來還指出：東北局過去基本執行了中央的幹部政策，不能因為高崗的問題，就說過去提拔的幹部都提錯了，也不能說過去處分的幹部都處分錯了。對於過去分配和使用幹部不適當或錯誤的，應作具體研究和具體處理。對於在高崗問題上犯了錯誤的同志，以至犯了嚴重錯誤的同志，都必須採取嚴肅的態度，徹底揭發和批判這些同志的錯誤，分析錯誤的性質和根源。只要犯錯誤的同志，以至犯了嚴重錯誤的同志，能夠和高崗劃清界限，徹底認識自己的錯誤，能徹底改正就要歡迎，並要給予誠懇的幫助。在檢查和肅清高崗的影響時，必須注意區別哪些是不利於黨的團結的言論和行為，哪些是有利於黨的團結的言論和行為，區別流言蜚語、個人攻擊和黨內批評與自我批評，區別破壞黨的非法活動和一般性的自由主義。[10]

10　張秀山：《我的八十五年——從西北到東北》，頁 316–317。

張秀山的檢討發言

周恩來因有外事任務，在瀋陽停留了兩天隨即返回北京。東北局高幹會議由林楓主持，公安部部長羅瑞卿以中央書記處觀察員身分指導會議。

高幹會在揭發批判高崗的同時，張秀山、張明遠等東北局負責人先後在會上作了檢討發言，聽取大家批評。

張秀山講了四個問題：一、七屆四中全會的歷史意義及對我的教育；二、對高崗本質的認識；三、高崗在東北的反黨活動；四、我的檢討。張檢討說：

> 中央指出：高崗的錯誤不是政策路線的錯誤，而是特殊的陰謀家、野心家的錯誤。但高崗的問題不是孤立的，黨內的個人主義、自由主義、宗派主義情緒是他發展的溫床。
>
> 建國初期，在全國政治、經濟發生重大轉折時期，黨內領導對建國的指導思想、方針、政策發生了一些分歧。主要是：和平民主新階段問題、土地會議問題、對資產階級政策問題、富農黨員問題、農村互助合作問題、職工會問題、一長制問題、整黨問題、供銷合作社問題等。以 1952 年新稅制問題和 1953 年全國財經會議上的爭論，及對農村互助合作問題的分歧為最突出。我一直認為這些都是屬黨內問題，可以通過討論或批評的方式進行解決。
>
> 高崗在東北主要以討論或談論這些政策問題，以及在傳達中央領導同志的意見中，加進個人的觀點和意見，散佈對劉少奇的不滿，表現自己的正確。

張秀山對自己的錯誤檢討說：

過去，我和高崗一塊工作 23 年，雖然也看到他的一些毛病和缺點，但認為他的本質是好的，政治路線是正確的，對他盲目的信任。雖然也看到他誇張自負，但認為是一般的思想作風的缺點。雖然也和他作過鬥爭，內戰時期，因為他搞女人，開過鬥爭會，撤銷了他的政治委員的職務（我當時任紅 42 師黨委書記）；抗戰時期，也批評過；我離開延安時也曾給他提過意見，來東北後也批評過幾次，而且在他不虛心時，我拍過桌子。但我沒有把這些問題提高到黨性及政治品質的高度來看。

財經會議後，高崗有些言論，我也同意的，並對東北局的一些同志、省市的同志，以及中南、西北局的個別同志談過對少奇的意見。既有會議上的發言和當面談話，也有背後議論。談過蘇區白區黨的正確路線代表問題，議論過安子文同志提的政治局名單「有薄無林」問題，毛主席批評譚震林同志講的「三權」問題，少奇同志掌握政策不穩等。這是妨礙黨的團結的錯誤行為，是嚴重的自由主義。

過去，我對安子文同志的印象還好，以後由於看到他在使用幹部上有缺點，財經會議後，又聽到傳言說他有圈子，聽說他提的政治局委員名單「有薄無林」，我發過義憤。因此，我對他有了意見。全國第二次組織工作會議時，我在會上講了話。

我在第二次全國組織工作會議上所講的這些意見，都是和毛主席交換過看法的，得到他的同意。少奇同志也是要我來講的。並且是安子文請我到組織工作會議上，給中央組織部的工作提意見的，在大會發言時，少奇、子文同志也在場，發言結束後，少奇同志對我作了明確表態。意見講完了，事情也就過去了。但我沒有遵照毛主席的指示，先去找

少奇同志説，這是錯誤的。[11]

會上，對東北局領導及工作中的一些原則性問題發生了爭論，張秀山在發言中作了如下説明和解釋：

關於東北局執行的路線。會上有人説高崗在東北有一條錯誤路線。張秀山説：「事實上，那時東北局執行的路線都是黨中央、毛主席制定的路線。高崗在東北並沒有提出自己的一條政治路線，也沒有説過中央的路線是錯誤的。在高崗到中央工作後，按中央規定，東北局每兩個月都向中央作一次書面工作彙報。有重大問題時，隨時向中央請示報告。這些報告和彙報都是由專人或東北局政策研究室起草，經東北局常委會討論通過，由林楓和我審批後報給中央的。」

關於幹部政策。會上有人説東北局使用幹部有宗派。張秀山説：「幾年來，東北局執行的是中央的幹部政策。」東北局與中央組織部保持着密切的聯繫。只要中央提出如四野南下要幹部、為中央政府組建配備幹部、抗美援朝後勤工作需要幹部，東北局是毫無保留的、挑選優秀的、有能力的幹部去。他們在各自崗位上負起了重任。同樣，東北局缺幹部，如需吉林省委書記、東北地區 68 項重點工程需要的幹部，也報請中央批准和委派。如果是宗派還能向中央報告嗎？這一點不存在派性。當然，「我自己思想上的片面性和宗派情緒，對某些同志看得優點多一些，對某些同志看得缺點多，對青年幹部教育不夠，對犯錯誤和有毛病的同志幫助不夠，對個別幹部的工作分配不當。過去我擔任東北局的組織部長，後來雖不擔任組織部長了，但東北局分工我仍管組織工作，因此，東北局幹部政策上的缺點和錯誤，首先應由我負責。」對有些同志的工作安排，受

11　張秀山：《我的八十五年 —— 從西北到東北》，頁 317–319。

高崗的影響，我們在看法上「有錯誤」，但「在使用上是沒有受影響的」；在執行紀律方面「有畸輕畸重的現象，有些是由於我瞭解情況不全面，處理問題發生了偏差」。「對有些幹部的提拔、調動、處分不對的，則是屬一般性的錯誤，如『三反』中的問題，不屬宗派性的錯誤」。

針對有人指責東北局組織部門提拔青年幹部是配合高崗搞宗派的問題，張秀山嚴肅表示：「馬洪作為東北局委員，是東北局討論通過的，但我是要負責的。另外，提了一些青年幹部，凡是提錯的，我負責任。這些青年同志自己不負責任，這些同志自己不要背包袱。」「至於各省市和各部門的領導幹部，是黨的領導幹部。他們過去擁護高崗，服從高崗的領導，因為高崗是東北局的書記。大家只能服從組織，盲目信任。這些同志並不是高崗的宗派。」

關於東北局的領導。在高崗問題出現之前，針對有人說東北局是宗派班子的說法，劉少奇曾對陳伯村（東北局組織部副部長）說：東北局的幹部是中央調配的，而不是高崗自己拉去的。你回去跟大家說清楚。實際上，在中央的安排下，東北局的領導來自不同地區，戰爭年代從事不同的工作，有在白區搞地下工作的，有從事學生運動、工人運動的，有創建革命根據地、搞武裝鬥爭的。為東北的經濟恢復和建設，為抗美援朝勝利，「我們是互相尊重的」，各盡其責，並不是為高崗個人工作。

至於和林楓的關係，張秀山說：「我與林楓同志沒有什麼個人成見」，只是「接近很少，談心不夠，互相批評也很少」。高崗調中央工作後，林楓代理書記，東北局的任何重大問題，給中央的報告都是經過林楓同志的，兩人的「關係有了改進，遇事商量請示，內部團結是不斷增強的」。[12]

12　張秀山：《我的八十五年——從西北到東北》，頁 319–320。

捕風捉影的高崗「五虎上將」

　　中共黨內鬥爭，自 1937 年批判張國燾及此後的延安整風，總有一些人為表現自己更加革命，與犯有錯誤的人劃清界限，就會站出來捕風捉影，無限上綱，羅織罪名，打擊別人。這次東北局高幹會也不例外。就在張秀山、張明遠接受批評的過程當中，東北軍區副政治委員周桓在發言中說，賀晉年（東北軍區副司令）為高崗親信，張秀山、張明遠、趙德尊、郭峰、馬洪五人是高崗的「五虎上將」。[13] 於是在會上引起轟動，紛紛抓住不放。

　　對當年會場上這種極不正常的氛圍，張明遠回憶說：

　　　　高幹會第一階段是由我們幾個書記在主席團（我是主席團成員之一）會議上做檢查，接受大家的批評。我認真地進行了自我批評，並就自己所知揭發了高崗的問題。絕大多數與會者認為我的檢查是誠懇的、實事求是的，基本上比較滿意。羅瑞卿也表示我的檢查是實事求是的。

　　　　我第二次檢討針對同志們提出的問題作了必要的解釋說明。大多數同志比較滿意，少數同志提出一些問題需要進一步檢查。應該說，這一階段會議的進展是正常的。

　　　　但後來情況發生了突變，個別同志在發言中無中生有地說我與賀晉年（東北軍區副司令）是「高崗的親信」，把我與其他同志的正常交談說成是「搞串連」、「訂攻守同盟」，甚至把東北局的幾個主要負責同志與高崗工作關係說成是封建幫派式的「五虎上將」關係，等等。一些不明真相的同志受了這些不實言論的影響，非常氣憤和激動。會場的氣氛驟然緊張起來，我的發言不時被打斷，甚至根本不讓我說話。

13　張秀山：《我的八十五年——從西北到東北》，頁 321。

在這種極不正常的情況下，許多幹部感到自危，不敢說話。

對於這種缺乏事實依據又無限上綱的「批判」，我當然不能接受。但幾次想申辯，想說明真相，都因下邊起哄而中斷，甚至被轟下臺來。不久，就以我的「態度不好」為理由，不再讓我參加會議，並被停職反省了。[14]

有關周桓揭發「五虎上將」一事，趙德尊回憶說：

東北高幹會議期間的一個晚上，周桓到我家，很同情地與我談話，讓我如實地把與高崗的事情講清楚。我當時看他很親切，就把我到北京時高崗向我說的對劉少奇的三點不同看法說了，也說了在高崗休假期間我們在杭州吃飯的事情。但周桓過後就在大會上作了揭發，說我在北京捎來了三封信，實際上就是高崗對我說的三點不同看法。

周桓在大會上揭發我們時用了「五虎上將」這個名稱。

周桓揭發後，對我的揭發批判開始升級，說我跟着高崗跑，反對劉少奇，而反對劉少奇就是反對毛主席，反對毛主席就是反黨。[15]

張明遠也說：

周桓平時對高崗十分崇拜，吹捧到令人肉麻的地步。高崗問題揭發後，他的表現極左，鼓動不明真相的部隊幹部大哄大嗡，極力想借機把軍區副司令賀晉年打成「高崗同夥」。在一次會議休息時，我與趙德尊說到自己過去對高崗的問題

---

14 張明遠：《我的回憶》，頁 392–393。
15 戴茂林、趙曉光：《高崗傳》（西安：陝西人民出版社，2011），頁 391。

毫無覺察，真該好好接受教訓。周桓看見我和趙德尊在一起，便捕風捉影地造謠，說我與趙德尊「搞串連」、「訂攻守同盟」，藉以蠱惑不明真相的同志。周桓在發言中使用了「五虎上將」這種帶濃重封建色彩的比喻。還有一些人懷着不同的心理，也抓住我們不放。比如林楓，我在東北局工作六年，從未聽他說過與高崗有什麼不同的意見，但這時卻說自己受高崗排擠，「當了幾年小媳婦」，說我們「幫助高崗孤立」他。[16]

張秀山認為還有更深層的原因，他說：

> 東北軍區的周桓，過去與高崗關係很密切。在這次高幹會上，卻把我、張明遠、趙德尊、郭峰、馬洪五個人說成是高崗的「五虎上將」。周桓講這個話，在東北工作過的高級幹部一聽就明白他說的目的。東北解放戰爭初期，由於東北局領導對東北的工作方針、策略有爭議，在 1948 年東北局高幹會議上，東北局領導成員曾批評過林楓和其他同志搞「宗派」，說他們是「桃園三結義」。這次他們就把我們說成了「五虎上將」。[17]

張秀山說：

> 1979 年，在經歷「文革」之難後，周桓住在中組部招待所。他病臥在床，我去看他時，他含着淚說：「秀山，是我那個話把你們害了，我對不起你們！」[18]

如果說，周桓的發言只是一種個人行為；那麼，羅瑞卿以中央

16　張明遠回憶手稿。
17　張秀山：《我的八十五年——從西北到東北》，頁 321。
18　同上，頁 321。

聯絡員的身分在會上的發言、林楓作為會議主要主持人作的會議總
結，其分量就不同一般了。

羅瑞卿對高崗「反黨宗派」的論證

有關羅瑞卿在東北高幹會期間的情況，張秀山有如下回憶：

> 在會議期間，羅瑞卿與我談話說：你在全國組織工作會
> 議上發言是反對劉少奇的，反對劉少奇同志就是反黨。我不
> 同意他的說法。我說：在黨的會議上，對黨的工作，對黨的
> 負責人當面提出批評意見不是反黨。「我對黨中央和毛主席的
> 無限信任是毫無疑問的，因此不能說，我反對少奇同志 (提
> 意見) 和其他同志 (給安子文提意見) 就是反黨」。為此發生
> 了爭論。

> 在一次談話中，羅瑞卿突然問我：你們查看劉少奇的檔
> 案是什麼目的？我聽後感到很不對頭，便對他說：這件事我
> 建議你核實一下。

> 我說：1953 年初，高崗對我說，毛主席讓看一下東北敵
> 偽檔案中有關劉少奇 1929 年在奉天被捕的情況，要我去組織
> 落實。我當時問高崗這件事跟其他人說過沒有，他說跟陳雲
> 說過。我又問他，東北呢？他說沒有。我說，這件事不能擴
> 大，傳開不好。說這事時，高崗的秘書在場。之後，我在東
> 北局組織部佈置工作時，將審查幹部工作分成兩個組，一個
> 組查現實表現；一個組查閱敵偽檔案，查閱的對象不做特別
> 規定，避免給人留下是專門查看某個人的印象。這件事即使
> 是後來任組織部長的郭峰，和具體承辦這項工作的同志也不

知道查閱敵偽檔案的目的，查閱結果是按敵偽檔案的原本情況上報的。

　　羅瑞卿聽後沒有再說什麼。但是從以後的情況看，這件事顯然是起了激化矛盾的作用，不然怎麼會給我加上「用了極其惡劣的手段攻擊劉少奇同志」的罪名。[19]

　　4 月中旬，林楓、羅瑞卿到北京向中央彙報說：「高崗在東北地區已形成了以他為核心的反黨宗派」，「東北局內的若干成員和它的主要領導成員中的若干人，例如張秀山、張明遠同志等參加了以高崗為核心的反黨小集團」。這個集團的活動綱領或口號就是：「東北特殊」、「東北先進」、「東北一貫正確」。[20]據林楓說，這個結論得到了毛澤東的認可。[21]

4 月 24 日，羅瑞卿在大會發言。

羅首先對參加這次東北地區高幹會的幹部，對劉少奇在七屆四中全會上的報告和全會通過的《關於增強黨的團結的決議》的竭誠擁護，「對黨中央對高崗、饒漱石的罪惡行為的適時揭發和堅決制止的真誠擁護，並對於高崗的滔天罪行和饒漱石的反黨行為，表示極端的仇恨」的情緒，作了高度肯定，說：

　　這是一種革命的情緒，是一種黨性的表現，是東北黨組織的同志首先是東北黨組織絕大多數高級幹部同志們緊緊團結在黨中央和毛澤東同志的周圍共同為社會主義革命和社會主義建設的事業而準備進一步獻出自己一切力量的表現。

按照七屆四中全會《決議》的基調，羅指出：

19　張秀山：《我的八十五年 —— 從西北到東北》，頁 321。

20　同上，頁 323。

21　張明遠：《我的回憶》，頁 395。

我們黨內出現了一個反黨反中央並企圖爬上黨的和國家
領導地位的陰謀野心家分子高崗和一個實際上形成同高崗反
黨聯盟的饒漱石，是不是一件特別奇怪而不可思議的事呢？
不是的，這是更加尖銳的階級鬥爭在我們黨內的反映，這是
帝國主義、資產階級在我們實行社會主義革命即社會主義改
造的時期企圖分裂和破壞我們黨的一種反映。我們的敵人一
定要千方百計地尋找各種機會在我們黨內來製造分裂，製造
反黨的派別活動，並利用這種派別作為他們在我們黨內的代
理人。這一點，我們隨時都要保持清醒的頭腦。

接着，羅斷言：

高崗這個資產階級個人野心家，他的反黨反國家反人民
的罪惡活動，就今天已被揭發的事實來看，是早就開始了
的，這是一種有計劃地在黨內進行煽動和組織宗派，以便分
裂黨和奪取黨和國家領導權力的陰謀活動。高崗在東北地區
已形成了以他為核心的反黨反中央的宗派，他把他所領導的
地區，當作獨立王國和反黨反中央的資本，並且着手按照他
所代表的資產階級個人主義的面貌來進行改造東北地區的黨
組織。我們東北地區的某些黨組織首先是東北局，或者已經
受着他的操縱或者在政治上、組織上遭到了不同程度的損害
和腐蝕。

對此，羅以自問自答的方式提問說：我們為什麼這樣說呢？這
樣說是不是符合客觀實際呢？是不是有充分根據呢？羅說：

為什麼說：高崗分裂黨，在黨內煽動和組織宗派，陰謀
奪取中央權力的罪惡活動是長期的、有計劃的呢？大家知

道，高崗的這種活動至遲是在一九四九年就開始的，到現在的時間有五年之久。開始還是在小範圍內活動，以後逐漸擴大，到全國財經會議和組織會議期間則在全國範圍內進行活動，開始還是偷偷摸摸地進行活動，以後就逐漸擴大放肆、逐漸大膽活動起來，他們活動的口號，或者叫做活動綱領，一方面強調「東北特殊」、「東北先進」、「東北一貫正確」。所謂「東北特殊」、「東北先進」和「東北一貫正確」論，實際上是要拿來和中央競爭領導地位，把東北地區和中央對立起來。另方面認為中央領導同志是他進行篡奪中央權力的障礙，所以拼命反對黨中央的領導——首先是劉少奇同志一系列的錯誤，硬說彭真同志在東北初期所犯的錯誤是來源於少奇同志和受少奇同志的支持的。高崗極其卑鄙的誣衊少奇同志有宗派。他為了要奪取中央的權力，反對少奇同志和中央其他同志，他捏造出所謂我們的黨是軍隊創造的「軍黨論」以及什麼紅區白區二元論的荒謬「理論」，他在不少人中進行反覆地挑撥，背着黨中央政治局和黨的主席進行違反黨的紀律的非法活動，採取兩面手法，對這個人這樣說法，對那個人那樣說法，對另外一個人又是另外一種說法。為了使人相信不惜製造很多謠言，無中生有，甚至不惜把謠言造在黨的主席身上，造在斯大林同志的身上。高崗的這種反黨反中央的宗派活動還不是有計劃的嗎？

高崗的這些反黨言論與反黨活動完全背着中央、背着政治局和黨的主席進行的。他的理論和活動是完全非法的，是黨的紀律所不允許的，是與黨的正確的政治原則和正確的組織原則相違背的。現在我們且丟開這些不說，來看看他的那些理論有沒有一點道理，有沒有一點根據呢？原來是一點道理一點根據也沒有的。不僅沒有道理沒有根據，而且有些理論如「軍黨論」、「東北特殊論」在本質上就是反動的，對於這

些問題，周恩來同志傳達報告中都已經說得很清楚，但我根
據會議的揭發，還願意就下面幾個問題重複說一點意見。

羅瑞卿在對所謂「東北特殊論」、「東北先進論」、「東北一貫正
確」論逐一批駁後說：「高崗反黨反中央在黨內煽動和組織宗派的另
一方面的綱領就是他拼命的反對少奇同志。」進而得出結論說：

> 如果我們上述的認識和分析不錯誤，那麼高崗長期的有
> 計劃地抓住上述問題進行的反黨活動，在黨內煽動和組織宗
> 派的目的，還不是很清楚嗎？他的篡黨、篡軍、篡政的罪惡
> 步驟，就是要把東北地區變成他的獨立王國，企圖把他的
> 「獨立王國」的影響超過中央的影響，無恥地胡說他比中央還
> 正確，配合他的反對劉少奇同志的煽動，以便他推翻中央的
> 領導，奪取黨和國家的權力黨和國家的領導地位。而他的這
> 一切罪惡活動的根本目的，就是要把我們工人階級共產黨變
> 為資產階級個人主義的黨，就是要把我們這個偉大的在工人
> 階級領導下的人民民主專政的國家重新變為帝國主義和國內
> 反革命統治的國家。

針對人們對高崗在東北地區有一個「反黨宗派」的疑問，羅說：

> 說到這裏，或許又有人出來說：「反黨反中央大概是有
> 的，獨立王國大概也是有的，但那是高崗個人的事。沒有什
> 麼反黨宗派，沒有什麼反黨小集團，我們這些人都是頭腦簡
> 單，盲目性加上一點自由主義等等。」當然，盲目性、自由主
> 義上了高崗當的人確實是有的，卻恰恰不是發出這種議論的
> 人，請問高崗一個人能夠搞起一個獨立王國嗎？請問有那麼
> 若干人，在高崗的周圍受高崗的指揮，不受黨的指揮，按高
> 崗所規定的紀律辦事，不按黨所規定的原則辦事。背着黨、

背着中央，同高崗一模一樣地到處進行反黨活動，按高所規定並為若干人同意了的反黨政綱到處宣傳。這樣一些人不叫反黨宗派，亦即反黨小集團，那麼又應叫做什麼呢？

羅瑞卿據此推論説：

如果我們上述的一些説明和批判不錯，那麼，我們就完全有理由責備沒有負起自己的責任，由於它的主要領導成份中的若干人，參加了高崗反黨的宗派活動，東北局在某種程度和某種意義上説，已經被高崗利用為反黨反中央的工具，東北局必須要有徹底的檢討和整頓。

接着，羅瑞卿點名説：

正如會議許多同志所指出的，東北局組織內的若干成員和他的主要領導成份中的若干人，例如張秀山、張明遠等同志參加了以高崗為首領導核心的反黨小集團，他們犯了極其嚴重的錯誤。

對張秀山等人在會上的檢討，羅瑞卿表態説：

他們的錯誤同高崗的罪惡是有區別的，對於高崗的某些陰謀，他們有可能還不知道或者知道得不很清楚，但他們的錯誤決不是一種普通性質的錯誤。他們這次雖然也進行對於錯誤的檢討，但是檢討得還很不深刻，很不老實。這就無法證明他們確實拋棄了錯誤，確實與高崗劃清了界限，確實與那個宗派斷絕了一切聯繫，重新回到了黨的立場上。他們這種不徹底檢討錯誤甚至是堅持錯誤的態度，當然是不能取得黨、取得同志們的原諒與寬恕的。應該説明，高崗已經自絕於黨，高崗的叛黨問題的性質已經不是黨內問題的性質，但

參與高崗反黨反中央宗派活動和高崗還有區別的一些同志，
他們所犯錯誤的性質則還屬黨內問題的性質，因此黨仍然希
望他們迅速改變態度，繼續檢討，徹底交代，堅決拋棄自己
的錯誤，堅決拋棄那個反黨宗派，停止任何的非法活動並要
有決心同那個宗派內的堅持錯誤的任何人決裂，黨歡迎任何
同志改正自己的錯誤。黨對於任何犯錯誤的人以至犯了很
嚴重錯誤的人，都盡一切可能幫助和等待他自己的覺悟，只
要他們願意改正錯誤。黨都實行毛澤東同志所指示的「懲前
毖後」、「治病救人」的政策，這個政策對東北局所有犯錯誤
的同志都是適用的。但是應向這些犯有嚴重錯誤的同志發出
警告，如果他們不改正錯誤態度，堅持自己的宗派立場，那
麼，就一定會錯上加錯，把自己拋向一個很危險境地上去。[22]

林楓贊同對高崗「反黨宗派」的定性

4 月 26 日，在羅瑞卿發言之後，林楓作為會議主持人做了總結
發言。他強調說：

> 「這次會議開得很好」，「會議根據黨的七屆四中全會和周
> 恩來同志報告的精神，進一步揭發了高崗的資產階級個人主
> 義野心蓄謀已久，其企圖奪取黨和國家領導權的陰謀活動，
> 早已積極進行」。「會議也揭發了東北局某些負責同志實際上
> 積極參加和支持了高崗反黨反中央罪惡的派別活動」。

22　〈羅瑞卿在東北地區黨的高級幹部會議上的發言〉，1954 年 5 月 4 日，中共
　　中央轉發。西安地區軍隊院校協作區黨史政工組編印：《黨史資料》，第 7
　　期，頁 37–43。

接着，林楓説：

　　東北局對於高崗問題是負有嚴重責任的。我和東北局一部分同志，對於高崗反黨反中央的罪惡活動，喪失了嗅覺，沒有能夠識破高崗資產階級個人野心家的面貌。對於他反對中央領導同志的流言蜚語，高崗的派別性的幹部政策及其極惡劣地把個人放在組織之上的領導作風，失掉了原則立場，既沒有進行批評和抵制，又沒有向中央反映。

然後，林楓把話鋒一轉，説：

　　在高崗離開東北以後，東北局某些負責同志，仍然幫助高崗把持東北局的領導，進行反黨反中央的宗派活動。這種嚴重情況，我和東北局一部分同志也沒有察覺。

　　東北局某些負責同志的資產階級個人主義已發展到積極參加高崗陰謀奪取黨和國家領導權的宗派活動，如公開製造流言蜚語，指桑罵槐，挑撥離間，污蔑中央負責同志，幫助高崗把持東北局的領導，甚至肆無忌憚地進行中央委員補選的非法活動等，這是黨的紀律所絕對不能允許的。

林楓表態説：

　　這些同志在高崗問題上所犯的嚴重錯誤，羅瑞卿同志已在發言中作了詳細的分析，我完全同意他的意見。在高崗問題上犯了嚴重錯誤的同志，他們的第一次檢討是不誠懇、不老實的，與會同志一致表示極大不滿。經過同志們的批評和幫助，他們的第二次檢討，其中某些同志是有不同程度進步的，我們表示歡迎。但個別同志是沒有進步的，一般説來，他們的檢討還是不徹底的，個別同志在某些方面的檢討比較

好些，有的人仍是很不徹底，很不老實，甚至是仍然沒有什麼檢討的。希望這些同志繼續深刻檢討、徹底交代，認真改正錯誤，否則他們就會犯更大的錯誤。[23]

中共中央批准對「五虎將」的處理

4 月 24 日，會議通過了《東北地區黨的高級幹部會議關於擁護七屆四中全會和討論高崗、饒漱石問題的決議》、《東北地區黨的高級幹部會議向中央的建議》。

《決議》說：

> 會議認為東北局對於高崗反黨反中央的非法活動，對於他反對中央領導同志的言論，對於他的派別性的幹部政策及其家長式的領導作風，失掉了原則立場，既沒有批評和抵制，又沒有向中央報告。在高崗的影響下東北局的不少同志往往錯誤地強調了東北地區的特殊性，往往誇大東北地區在支援抗美援朝和進行經濟建設中的成績。往往在工作中缺乏實事求是的態度，對中央報喜不報憂，甚至以各種藉口抵制中央的檢查和批評，對中央的某些政策採取不忠實的態度。更加嚴重的是在幹部與群眾中，不注意宣傳黨中央的領導對於東北的工作的決定作用，不注意鞏固與提高中央威信，不注意宣傳黨的集體領導的原則，提倡個人崇拜，替高崗個人捧場吹噓，捏造高崗個人的功勞，包庇高崗的錯誤。對於高

23　〈林楓在東北地區黨的高級幹部會議上的發言提綱〉，1954 年 5 月 4 日，中共中央轉發。西安地區軍隊院校協作區黨史政工組編印：《黨史資料》，第 7 期，頁 28–29。

崗那種腐化生活的大量事實熟視無睹，東北局有些同志或者
有不同意見和不滿情緒，但也沒有在事實上正式提出意見或
報告中央。會議認為東北局沒有負起中央代表機關的責任，
有負中央的委託。

《決議》認定：

　　根據同志們揭露的事實，證明東北局某些負責同志為了
達到他們的卑鄙的個人目的，不顧黨的紀律，在不同程度上
與不同範圍內追隨高崗污蔑和攻擊中央領導同志，破壞中央
威信，挑撥黨內是非，製造黨內不和，實行派別性幹部政
策，因而在實際上參加了高崗的反黨反中央的宗派活動，形
成了一個以高崗為核心的反黨反中央的宗派。東北局若干負
責同志接受高崗的策動，接受高崗的所謂「東北特殊論」和
「東北先進論」這些反黨的觀點，在實際上把東北局和中央
對立起來，同時，這些同志一方面在高崗的指使和支持下，
故意地孤立林楓同志，即在高崗離開東北後，致使林楓同志
難以行使職權。這是一種嚴重的違反黨的組織原則和政治原
則、破壞黨的團結的不可容許的錯誤。會議指出，這些參加
高崗反黨反中央的宗派活動和在高崗問題上犯了嚴重錯誤的
同志，必須繼續進行深刻檢討，停止一切宗派性的活動，脫
離原來宗派的立場，把宗派活動的情況向黨徹底交代，以便
回到黨的立場上來；否則他們就會犯更大的錯誤。[24]

　　據此，會議向中央作出如下建議：

24　中國人民解放軍國防大學黨史黨建政工教研室編：《中共黨史參考資料》，
　　第 20 冊（北京：國防大學出版社，1986），頁 297。

　　　　東北局轉報中央：東北地區黨的高級幹部會議鑒於張秀
　　山、張明遠、郭峰、馬洪、趙德尊等同志均積極參加高崗反
　　黨反中央的宗派活動，錯誤十分嚴重，特建議中央撤銷他們
　　現任東北局副書記和東北局委員及其他黨內職務。[25]

　　4月25日，東北局向中央上報了《關於東北地區黨的高幹會議
所通過的決議和建議向中央的請示》：

　　中央：

　　　　東北地區黨的高幹會議已於四月二十五日結束，會議詳
　　情及各省市如何傳達的問題，將另作專門報告。

　　　　大會後，東北局委員會於四月二十五日召開了全體會
　　議，一致通過了這次高幹會議所通過的《東北地區黨的高級
　　幹部會議關於擁護七屆四中全會和討論高崗、饒漱石問題的
　　決議》和《東北地區黨的高級幹部會議向中央的建議》，並將
　　上述決議和建議附上，請中央審閱指示。同時鑒於東北局
　　過去在工作中，特別是在高崗問題上犯了極其嚴重的政治錯
　　誤，特懇請中央給予組織紀律處分，以嚴肅黨紀並教育全黨
　　同志。

　　　　　　　　　　　　　　　　　　　　　　　　東北局[26]

　　5月4日，中共中央批准了東北局上報的《決議》和《建議》，並
下發各中央局、分局，省（市）委，各大軍區、省軍區、志願軍並轉
軍以上黨委和中央各部委，中央人民政府各黨組。中央指出：

　　　　1、《東北地區黨的高級幹部會議關於擁護七屆四中全會

25　《黨史資料》，第 7 期，頁 7–8。

26　同上，頁 4。

和討論高崗、饒漱石問題的決議》和《東北地區黨的高級幹部
會議關於撤銷張秀山、張明遠、郭峰、馬洪、趙德尊五同志
現任東北局副書記和東北局委員及其他黨內職務問題向中央
的建議》已經由 4 月 28 日政治局會議批准。現將東北局向中
央的請示報告及上述兩個文件和林楓同志、羅瑞卿同志在東
北局高幹會議上發言一併發給你們。

2、關於東北局請示處理的問題，中央認為：對參加高
崗反黨反中央的宗派活動的犯了嚴重的錯誤的張秀山、張明
遠、馬洪、郭峰、趙德尊五同志已撤銷了黨內的職務。對東
北局即可免於處分。[27]

「五虎上將」冤案就此鑄成，並先於中央對高崗、饒漱石作出正
式結論和處理而定案了。那麼，東北局這一冤案何以處理得如此之
快，張明遠有一段回憶說：

林楓很快從北京回來，立即傳達了黨中央對東北高幹會
決議和東北局對我們五個人處分建議的批示。「建議」指出，
有五個人參加了「高崗反黨集團」，並給予撤銷黨內職務的處
分（當時我兼任的東北行政委員會副主席並未撤銷，而是在
後來撤銷大區時自然撤銷的）。傳達完中央的批示，即宣佈散
會。

散會後，我當場向林楓要求看中央的批示，他讓機要秘
書給我看了中央的電報，不讓記錄，看後當即收回去了。我
對林楓說，高幹會決議對我的錯誤上綱過高，處理不當，表
示要向中央提出申訴。他說：「你就不要再申訴了，這是毛主
席決定的。我們這次去中央彙報，起先周總理認為對你們幾

---

27 《黨史資料》，第 7 期，頁 4。

個要分別處理。後來向毛主席彙報以後，就提到反黨聯盟的
高度了。主席說，對東北的幾個人要從嚴處理。毛主席站得
高、看得遠。你再提意見，可能會更加重處分……」我要求
看中央正式文件，他說現在文件還沒下來，以後會給你的。[28]

由「五虎將」受撤職、降職處分開頭，因高崗問題，東北局處分
了一大批幹部。張秀山回憶說：

> 東北各省、市的主要領導幹部幾乎全部被撤換，有的降
> 級，有的降級下放，有的長期不分配工作。像鞍山市委八個
> 常委全部撤換，市委書記華明是大學生，在陝甘寧邊區建設
> 廳當過工程師，年輕、有能力，只因他曾給高崗當過秘書，
> 被逼自殺（未遂，「文革」中被迫害致死）。黑龍江省省長李
> 常青被撤職下放，死在鄉間。原遼西省委代書記兼省長楊易
> 辰，降職到黑龍江省任副省長，80年代調中央，任最高人民
> 法院院長時，在其檔案中還夾有與高崗有牽連的材料。大連
> 市委副書記陳伯村也受到降職處分等等。[29]

被重新安排卻未平反的「五虎將」

1954年4月28日，中央政治局會議批准《東北地區黨的高級幹
部會議關於撤銷張秀山、張明遠、郭峰、馬洪、趙德尊五同志現任
東北局副書記和東北局委員及其他黨內職務問題向中央的建議》下達
以後，張秀山、張明遠、馬洪、郭峰、趙德尊均被降職使用：張秀

28　張明遠：《我的回憶》，頁394–395。
29　張秀山：《我的八十五年——從西北到東北》，頁324。

山被貶為遼寧盤山農場副場長，張明遠到中科院任辦公廳副主任，馬洪貶到北京第三建築公司任副經理，趙德尊貶到東北製藥廠任副廠長，郭峰貶到旅大機械五金總廠任副廠長。後被添加到反黨集團的陳伯村則被貶到哈爾濱市水泥廠任廠長。

經過 25 年之後，張秀山、張明遠、馬洪、郭峰、趙德尊、陳伯村六人在 1979 年先後得到了重新安排：張秀山，任國家農委副主任；張明遠，任國家機械工業委員會副主任；馬洪，任中國社會科學院副院長 (中共十二大被選為候補中央委員)；郭峰，任中共遼寧省委書記；趙德尊，任中共黑龍江省委書記；陳伯村，任國務院水電部副部長。

中央在重新安排這幾個人的工作時，陳雲對張秀山說：過去的事情就不要再提了。[30] 薄一波在與張明遠談話時說：「中央對五個人的工作安排，不受過去問題 (指『高饒事件』) 的影響，高崗是高崗的問題，你們是工作關係，沒問題，後來東北追查歷史根源，搞了張、張、趙、馬、郭沒道理，風馬牛不相干。」[31]

對此，張明遠感嘆說：這就是說，僅僅在安排工作時不再提及這個問題，或者不受這個問題的影響，但這個問題究竟是否存在呢？後來六中全會《關於建國以來黨的若干歷史問題的決議》依然是既不肯定，也不否定，僅僅是「不再提了」，這是中共歷史上少有的。[32]

30　張明遠回憶手稿。

31　張明遠：《我的回憶》，頁 434。

32　張明遠回憶手稿。

當事人對強加罪名的申訴和答辯

中共黨章規定，被處分的黨員有為自己進行辯護的權利。但在實際生活中，被批判的人事實上是被剝奪了發言權的，只能接受無理批判，無權進行答辯。直到 1989 年和 1990 年，張秀山還先後兩次向中央提出申訴。張秀山的申訴書明確提出：

（一）把我定為高饒反黨聯盟的成員是不符合歷史事實的。一九四九年我調到東北局工作，和高崗在一起共事。一九五三年高崗調到中央工作，任國家計劃委員會主席兼東北局書記。那時，林楓是東北局第一副書記，主管全面工作。我是第二副書記。工作中，雖然在對一些問題的看法、意見上與高崗一致，但這僅僅是工作關係，在他和我之間並不存在有反黨的聯盟或非組織的活動。至於高崗到中央以後的工作情況和他的所作所為，我是不清楚的。不能因為我和他在一起工作的時間較長，在工作中有些看法與意見一致，就是搞宗派，就打入高饒反黨聯盟。

（二）關於在第二次全國組織工作會議上的發言。這次發言，我是受當時組織部安子文同志的要求講的。在我發言之前，我又向毛主席彙報過我發言的內容，並徵詢了毛主席的意見。我在會議上發言時，也是當着少奇、子文同志的面講的。作為一個黨員，對黨的工作是有權向組織上提出自己的看法和意見的。至於這個講話本身有什麼問題，中央可以複查。講話中如有講的不對的地方，是屬批評的問題。不能因在講話中涉及對中央組織部的工作和少奇同志的意見，就以此把我定為高饒反黨聯盟的成員。

（三）關於東北局的工作。東北地區是全國最早全部解放的地區，是一個重工業基地。一九四八年遼瀋戰役以後，

便轉入了恢復生產、建設的高潮。東北地區對支援全國的
解放戰爭、支援抗美援朝戰爭，為全國社會主義建設提供技
術裝備和技術人才，都作出了應有的貢獻，這是有目共睹的
事實。當時，東北局執行的是黨中央制定的路線、方針和政
策，工作上並沒有離開黨的總路線。東北地區所取得的這些
成績，也正是東北局執行了黨中央的正確路線的結果。當
然，在我的工作中肯定會有缺點和不足。但不能因為高崗是
東北局的主要負責人，他犯了錯誤，就把東北的工作看成一
團漆黑，我在工作中的失誤也成了參與高饒反黨聯盟活動的
內容之一。更不能因為高崗出了問題，東北局就要挖出一個
跟隨高崗的反黨集團，在東北工作的幹部就要受到株連。這
樣看問題、處理問題是不實事求是的，是不恰當的。其後果
是傷害了許多幹部。高崗是高崗，高崗的老部下是高崗的老
部下，兩者應該分清，絕不能任加株連。

儘管多次申訴沒有結果，但事實終究是不容歪曲的。

張秀山在談到當年這樁冤案時說：說到高崗在東北局搞宗派，
有一個「五虎將」，這是不夠客觀的。我們之間都是工作關係。因為
我在歷史上與高崗有着長期的工作關係進行株連，還可連得上。張
明遠與高崗有什麼聯繫，無非就是多幹了些工作。馬洪是一位很有
才幹的年輕同志，1952 年時，就隨着高崗調國家計委工作了。尤其
是郭峰、趙德尊兩人，還是在高崗去中央工作之前，才到東北局來
的。趙德尊是由黑龍江省委書記調到東北局任農村工作部部長。郭
峰是遼西省委書記調到東北局任組織部部長。當時他們都是較為年
輕、有能力的幹部，作為培養對象調來的。而且由一個省委書記調
到東北局當一個部長，這也是很正常的人事調動。這種人事調動安
排，從各方面看，也是適當的。當初高崗說過他們是年青優秀的幹

部，這也是事實。但是批判高崗時，也就因為這些把他們打成「五虎將」裏去了。這種搞法顯然不實事求是。[33]

張明遠對這一歷史冤案如是說：

> 就我個人而言，無論從歷史上還是從現實來看，與高崗都沒有任何個人「宗派關係」……相比之下，我同劉少奇、彭真、薄一波等同志的關係遠比高崗更密切……一位同志告訴我，當年在中央討論我們幾個人的問題時，彭真曾說過，他對我比較瞭解，在工作上作為高崗的助手，和高崗接觸多，跑上跑下，出主意，這都是正常的。但要說跟着高崗反黨反中央，「我看不會」。彭真的話是實事求是的。
>
> 其他幾個人，張秀山雖然與高崗從三十年代就一起工作，但他到東北，是受中央的委派，而不是高崗拉山頭。從他在東北的工作情況來看，他對高崗也並非言聽計從，而是有自己的見解，在一些問題上甚至與高崗發生爭論。無論在北滿時期還是在東北解放以後，他所主管的工作成績有目共睹。
>
> 按照毛主席的說法，把他劃為「五虎將」，是因為組織會議期間饒漱石同張秀山配合進行反黨活動看出來的。但據我所知，張秀山一直是不想去會上發言的。是安子文一再堅持要他講，劉少奇也要他一定去講，毛主席又說同意他的意見，支持他到會上去講。在這種情況下，他才去講的。就算他的發言有問題，甚至有錯誤，也不能說是「反黨活動」。因為他是在黨的會議上對工作提出意見，而不是在會下亂講；是當着劉少奇、安子文的面講，而不是在背後散播。他的行為沒有違反黨的組織原則和組織紀律。這怎能說成是「反黨

33　張秀山回憶手稿。

活動」? 至於張秀山「配合饒漱石」,更沒有根據,他的發言除徵求過東北局幾個同志的意見外,事先根本沒有與饒漱石商量。

　　郭峰被打成「高崗反黨集團」的「五虎將」,按毛主席的說法是:「從饒漱石的話裏看出來的。饒漱石說,『今後中央組織部要以郭峰為核心』。組織部是饒漱石為部長,高崗的心腹郭峰去作核心。那很好嘛!團結得很緊嘛!」事實是,郭峰原是遼西省委書記,任東北局組織部副部長、部長僅一年多時間。沒有任何根據說他是高崗的「心腹」。1953 年秋,中央同時調郭峰和宋平分別擔任中組部和勞動部的副部長 (這兩個部都是饒漱石任部長),饒漱石向部裏的同志打招呼說:郭峰 (宋平) 是新來的副部長,今後部裏發的文件要先送他 (指郭或宋) 看過以後,再送給我。就是這樣一句話,後來被歪曲成「中組部要以郭峰為核心」。其實,郭峰根本沒來得及去上任,就被打成了「五虎將」。

　　馬洪是一個才智出眾的青年幹部,高崗的許多報告和文章多出自馬洪的手筆。但這一點不能成為他是「高崗的親信」的理由。

　　趙德尊原是黑龍江省委書記,到東北局任秘書長兼農村工作部部長還不到一年,他與高崗更談不上有什麼特別的關係了。

　　這些事實說明,把我們幾個人劃入「高崗反黨集團」,打成「五虎將」毫無根據。[34]

34　張明遠回憶手稿。

第十六章
華東株連出一個「向明反黨集團」

　　向明，時任中共中央山東分局的代理書記，1953 年初最先向中央反映「新稅制」問題，引起毛澤東的關注並作了嚴厲批示。1953 年夏的全國財經會議和此後的全國組織工作會議，按毛澤東批評薄一波的「黨內資產階級思想」和檢查中央組織部工作的指示精神，山東分局參會者的發言都有涉及被稱為「批薄射劉」、「討安伐劉」的內容，但在高崗、饒漱石被定為反黨以後，向明在揭批饒漱石問題的座談會上，沒有揭發饒漱石什麼問題，於是被認定參與了高、饒「反黨集團」，進而株連了山東分局和省、市的一大批幹部。

華東局會議並未按圖索驥

　　如果說，東北地區高幹會對張秀山、張明遠、趙德尊、馬洪、郭峰冠以高崗的「五虎上將」帽子，定性為「高崗反黨集團」的罪名。那麼，中共華東局為「肅清」饒漱石的影響召開的會議，情況卻有所不同。此次會議向中央的報告稱：

　　1954 年 4 月 1 日至 15 日，中共中央華東局召開擴大會議（出席華東局委員、華東局各部委、華東軍區及各省市高級幹部 60 人），除了認真討論四中全會的決議，進一步揭發高崗、饒漱石的反黨陰謀外，會議以絕大部分時間着重檢查了華東局的領導。會議開始時，陳毅、譚震林、舒同三同志均作了自我檢討，並要求大會給以嚴格批評。會議是成功的，對於肅清高、饒的影響，增進華東黨內團結和改進華東局的領導有極大的建設意義。

　　會議認為：饒漱石是一個十分奸滑、巧於偽裝的陰謀家，其平時的一些活動和錯誤思想常常都是隱蔽在馬列主義、中央路線和所謂「穩重」、「嚴肅」、「樸素」等外衣之內，有時雖也暴露出一些問題，但一般同志往往從正常的方面去着想或作為一般負責同志難以避免的缺點而加以諒解，故不易察覺其搞陰謀的本質。另一方面也說明在華東黨內還存在着適宜於個人野心家發展的「土壤」和「氣候」……這些都是為什麼饒漱石的陰謀詭計雖曾有若干暴露，但終未能及早地、系統地予以揭露的重要原因。會議中不少同志都沉痛地檢討了自己在這方面的缺點和錯誤。會議認為每一個高級幹部都應該從饒漱石問題中檢查自己，吸取應得的教訓；但同時也指出：不應該不按事實而按印象去「按圖索驥」，去追查什麼「支持者」、「宣傳員」、「抬轎人」，找什麼「小饒漱石」等，因為那樣不但會誇大饒的影響作用，而且會鬥錯人，造成不應有的損失。至於華東黨內是否有積極支持饒漱石反黨活動的人物，是否有人雖然與饒無直接聯繫卻有一套錯誤的東西，會議對這一問題暫不肯定，留待各省、市的會議上進一步加以檢查。[35]

---

35 〈中共中央華東局關於召開華東局擴大會議傳達和討論中央四中全會決議

以上表明，華東局召開的高幹會議，沒有像東北局高幹會那樣按印象去「按圖索驥」，追查饒漱石在華東有什麼「反黨集團」，為防止搞無辜株連，會議採取了謹慎的態度。但在此後，中央檢查山東工作期間，卻認定山東分局代理書記向明參加了「高、饒反黨集團」，並株連出一個「向明反黨集團」。關於把向明打成「高、饒反黨集團」的有關原始資料，迄今少有披露。據知情者的回憶錄、文章所見，大致情況如下。

陳毅奉命檢查向明問題

向明原名巨同璞，山東臨朐縣人，1909 年出生。1929 年夏參加共青團，同年轉為共產黨員，歷任濟南市委書記、山東省委組織部部長。抗日戰爭時期，先後任河南省委副書記、新四軍游擊支隊二總隊政委、豫皖蘇區黨委副書記、蘇中四地區書記、軍分區政委、新四軍三師八旅政委。解放戰爭時期，向明擔任魯中區黨委書記、軍分區政委、華東野戰軍八縱隊政委、膠東區黨委書記。1950 年到 1954 年，向明先後擔任山東省政府副主席、省軍區副政委、中共山東分局副書記、第二書記、代理書記等職。

在華東局擴大會議以後，中央派華東局第二書記陳毅、中紀委副書記錢瑛到山東檢查山東分局代理書記向明同高崗、饒漱石的關係，及向明在山東的工作表現。據說，起因主要是：向明參加了批判薄一波的財經會議，但在饒漱石問題座談會上，對饒漱石沒有揭

的報告〉，1954 年 5 月 10 日，載《中共黨史參考資料》，第 20 冊，頁 311–312、314。

發，毛澤東説：「向明我支持他，他不支持我。」[36] 在第二次全國組織工作會議上，山東分局副書記賴可可的發言，與東北局張秀山的發言內容一致，批評了安子文，實際上批評了劉少奇。再就是在此之前，中央組織部派黨員管理處處長王甫、辦公室主任趙漢到山東考察瞭解開展新「三反」運動和農村整黨的情況，傳達劉少奇提出的整黨六條標準，對這六條標準，向明持有不同意見，王、趙二人認為無法開展工作，在徵得安子文同意後返回北京，安子文隨即向劉少奇做了彙報，劉少奇也感到向明有驕氣。陳毅離京前曾見毛澤東，毛向陳毅説，你到山東檢查向明問題要實事求是，不要受我的影響。

對此次陳毅到山東檢查向明問題的過程和情況，時任山東分局副書記的高克亭回憶説：

> 陳毅到山東後，首先找山東分局委員徵求對向明的意見。他提出幾種情況：向明基本上是好同志，但有缺點毛病；向明基本上不好，但還有許多優點；鬧獨立王國；參加高饒反黨聯盟。大家聽了以後，一致表示向明基本上是好的，但有問題，特別是進城以後產生了驕傲自滿情緒。陳聽了大家意見並無任何表示，只是説我要聽聽下面意見。這一時期，陳毅找了許多同志談話，大家對向明提了不少意見

36　毛澤東説：「向明我支持他」一事，是指 1953 年初新稅制頒佈實行引起市場紊亂，1 月 9 日，山東分局代理書記向明向中央報告稱：「在執行新稅制當中物價的調整過於倉促草率，因而造成了嚴重的市場混亂，群眾不滿……加之調整幅度較大，變更多端，造成了人為的市場極度混亂，為幾年來所未有，各地意見很多」。由此引發：「私商疑為物價波動，發生搶購現象」；「奸商投機有空即鑽」；「市場恐慌私商觀望」；「內部思想混亂，外部群眾不滿」等。報告強調指出：「以上情況我們認為是嚴重的，政治上損失是大的。」由此引起毛澤東對新稅制問題的重視，並當即致信周恩來等進行查詢。

……檢查後期調譚啟龍同志來主持日常工作。陳毅同志給我
們交代，要多和向明同志聯繫，你們和他一起共事，要勸勸
他做自我批評。提起千斤，放下四兩，關鍵是檢討。向明在
中央會議上如果表現得好，做個很好的檢討並揭發饒的陰謀
活動，中央也不至於檢查他的問題。但是這個同志到現在尚
不覺悟。[37]

　　此後，陳毅又到青島、膠州檢查向明問題。在深入檢查的基礎
上，召開分局擴大會議，集中力量搞清向明問題。「在檢查向明問題
快要結束時，陳毅同志指出，向明問題已基本弄清，因此決定拿出
三天時間要大家談向明的好處，只許講好的不許講壞的，以全面瞭
解向明。臨到要向中央彙報向明問題時，陳毅同志又找向明談話，
指出向明的問題查清了，要向中央彙報，詢問向明有什麼意見，一
併帶到中央。」
　　高克亭説：「我總感到在這次檢查向明問題中陳毅同志比較講
理。例如他在幹部大會上講：過去我們華東局是支持向明的。這次
檢查向明問題與其說檢查山東分局，不如說檢查華東局。」[38]
　　從上述高克亭的敘述中，可以認為陳毅在山東對向明問題的檢
查，並未得出「向明問題很嚴重」的結論。

中央認定向明「參加高饒反黨聯盟」

　　然而，陳毅在向中央彙報後，「中央認為向明問題很嚴重，參加
高饒反黨聯盟」。

37　高克亭：《我的革命生涯》(濟南：山東人民出版社，2000)，頁 416。
38　同上，頁 417。

高克亭回憶說:「陳向中央彙報之後,回上海路過濟南,對我們說,中央認為向明問題很嚴重,參加高饒反黨聯盟,分局書記不能幹了。你們和他一起工作,也要受點輕微處分,不然向明也不服氣。我先回上海,然後再來山東。」[39]

陳毅於 8 月初再次來到山東,奉命召開山東黨的第一次代表會議,解決向明問題。

這裏需要說明的是,1954 年 10 月 22 日,中共中央批轉陳毅 6 月 21 日關於向明問題的報告,明顯與上述情況有所出入,給人的印象是「向明問題很嚴重」出自陳毅向中央的報告,而不是陳毅向中央彙報後,中央提出的不同看法。下面是報告的原文:

> 向明的錯誤是異常嚴重的。他的錯誤業已發展到在山東搞獨立王國,支持高饒的陰謀活動,進行反黨反中央的地步。
>
> (1) 向明的資產階級思想,是有系統的,他在工作上犯有一系列的對抗中央政策的右傾錯誤。主張土改後,允許富農存在和發展的階段,反對中央「愛國豐產運動」的口號,另提「愛國發家豐產運動」的口號。認為「現在生產剛剛恢復,限制富農過早」。主張對私營經濟首先「談發展,而不談限制」,現階段的資本主義「應該是團結的對象,不應該作為鬥爭的對象」。主張公私經濟「一視同仁」,「共同發展」,「自由競爭」。
>
> (2) 從上述資產階級思想和富農路線的發展,在山東的領導工作上表現出嚴重的資產階級個人主義,驕傲自滿,狂妄跋扈,欺上壓下,建立獨裁,並在「山東困難」、「山東特殊」、「山東創造」的藉口下,向中央鬧獨立性,犯了地方主義和搞獨立王國的嚴重錯誤。

39　高克亭:《我的革命生涯》,頁 417。

（3）為了貫徹他的資產階級和富農路線，必須排斥異己，實行個人統治，因而在處理黨內鬥爭問題上，處處都表現了徹頭徹尾的國民黨資產階級作風。

（4）更嚴重的錯誤，是在政治上、組織上、精神上積極支持饒漱石，參加了高、饒反黨聯盟，進行反黨反中央的活動。

他在全國財經會議上的發言，企圖擴大事態，硬說薄一波的錯誤是路線性的錯誤。暗示薄在華北有個「圈圈」。提出鞍鋼檢查組和東北一黨員的匿名信問題，追查薄的政治品質。

在第二次組工會議前，積極收集有關整黨及所謂王甫同志在山東進行「反黨活動」的材料，於9月26日以分局名義寫信給中組部，供給饒進行反中央鬥爭以武器。會議期間。策動賴可可（分局副書記）在會上「大膽發言」，並佈置分局繼續收集材料，配合高、饒對中央發動進攻。賴在發言中攻擊安子文關於「利用冬季農閑季節，集中力量，以整黨工作為中心……」的提法，實際上是說中央對整黨工作指導有錯誤。[40]

對這個報告是否為陳毅在山東檢查後自己向中央彙報的內容，筆者表示質疑。從上述這四點中，人們可以明顯看出前三點有可能是山東幹部對向明錯誤的反映；而第四點支持高、饒反黨的內容，陳毅在山東檢查中未見有人提及，而這只能是北京對向明的看法，聯繫陳毅路過山東同高克亭等人的談話來看，這個報告顯然是在陳毅向中央彙報後，綜合了山東和北京兩方面的意見而以陳毅的名義寫出來的。

---

40 〈陳毅同志關於檢查向明同志錯誤和山東分局領導向中央的報告〉，1954年6月21日。中共中央1954年10月22日轉發（抄件），國防大學黨史黨建政工教研室資料室存。

強加給向明的錯誤結論

　　正是根據上述報告的基調，陳毅在山東黨的第一次代表會議上作了報告，向明做了檢查，幾位副書記也做了檢查。與會者揭發、批判了向明和山東分局領導的錯誤。8 月 13 日，大會通過《中國共產黨山東省第一次代表會議決議》，對向明問題作出如下結論和處理：

> 　　中央派陳毅同志來山東主持檢查向明同志的錯誤和山東分局的領導，在檢查中發現向明同志的資產階級思想，資產階級個人主義和國民黨資產階級作風是極為嚴重的，已經發展到搞獨立王國和積極參加高崗、饒漱石的反黨聯盟，提出了一系列的反黨綱領，實際上已經成為資產階級在我們黨內的代理人，給山東黨的工作造成了很大的損失和嚴重的危害。
>
> 　　黨代表會議認為向明同志的錯誤是異常嚴重的，他提出了一系列的反黨綱領，積極參加了高崗、饒漱石的反黨聯盟，實際上已成為資產階級在我們黨內的代理人。
>
> 　　為了嚴正黨的紀律，特建議中央和華東局給予嚴格的處分，考慮他的黨籍問題。[41]

　　《決議》認為，山東分局的若干領導幹部，在向明同志的影響下，也犯了不同程度的嚴重錯誤，提出了對這些犯錯誤同志的處理建議：

> 　　分局副書記賴可可同志，一年多來對向明同志是積極支持的，在一九五三年秋季全國第二次組織工作會議上，更犯

41　轉引自任全勝：〈建國後山東最大的冤案「向明事件」〉，載《炎黃春秋》，2005 年第 6 期。

了嚴重的政治錯誤……建議中央和華東局撤銷其分局委員和副書記的職務。

分局委員兼秘書長張輯五同志，一年多來對向明同志是積極支持的，錯誤是很嚴重的……建議中央和華東局撤銷其分局委員兼秘書長的職務。

分局組織部副部長王建民同志，過去積極支持向明同志，在這次檢查向明同志過程中，他又採取兩面態度，背後散佈不滿言論，對抗檢查，為向明同志進行辯護，錯誤是嚴重的……必須進行深刻檢討。

分局副書記高克亭、任質斌兩同志，思想上存在着驕傲自滿和患得患失的個人主義，一年多來盲目維護向明同志，積極參加了向明同志所策動的反分散主義的錯誤鬥爭，錯誤是很大的……建議中央和華東局撤銷他們的分局副書記職務。

分局統戰部副部長吳若岩、宣傳部副部長王眾音、副秘書長段林等同志，對向明同志迷信甚深，盲目崇拜，在向明同志策動的反分散主義鬥爭中犯有錯誤……可讓他們在實際工作中轉變。[42]

1955 年 9 月，中共山東省委向中央報告，認定「以向明為首的反黨集團」，提議開除向明的黨籍。10 月 10 日，中共中央批覆同意開除向明的黨籍。

但問題並未到此結束，從 1955 年 2 月至 1956 年夏，山東省委以檢查各級黨組織的形式，在全省範圍開展肅清向明影響的鬥爭，僅省級機關就株連廳局級以上幹部 50 餘人，還有濟南市、青島市、

42　轉引自任全勝：〈建國後山東最大的冤案「向明事件」〉。

膠州地委、萊陽地委等多位地市委書記。[43]

　　向明，1955 年 5 月調中共河北省委農村工作部。同年 10 月起被隔離審查達 7 年之久。1963 年中共山東省委為向明甄別平反，調河北省委工作。「文化大革命」開始後再受衝擊，1969 年 12 月 18 日向明去世。1977 年中共河北省委將其定為叛徒，開除黨籍。

遲到的平反昭雪

　　中共十一屆三中全會後，經中共中央和河北省委複查，認為過去對向明的認定和處理是錯誤的，屬錯案，肯定向明的一生是「革命的一生，戰鬥的一生」。1980 年 3 月 3 日，在北京八寶山革命烈士公墓禮堂為向明召開了追悼大會。經中共中央審定的悼詞說：

> 　　向明同志是我們黨的一位久經考驗的無產階級忠誠戰士，是我黨的優秀黨員。但在建國後較長的時間內，接連受到批判和處分。一九五四年被認定參加了「高饒反黨聯盟」；一九五五年又因山東省委認定「以向明為首的反黨宗派集團」，被長期隔離審查，直到一九六三年甄別平反；文化大革命十年浩劫，又遭受……殘酷迫害，身心受到嚴重摧殘，於一九六九年十二月二十八日含冤病逝，終年六十歲。向明同志去世後，一九七七年河北省委又對他結論定為叛徒。直到黨的十一屆三中全會後，經中央和省委複查，認為過去認定向明同志「在政治上、組織上、精神上積極支持饒漱石，參加了高崗、饒漱石的反黨聯盟」不是實事求是的，是不能成

43　轉引自任全勝：〈建國後山東最大的冤案「向明事件」〉。

立的。過去省委對向明同志所做「叛徒」，清除出黨，按人民
內部矛盾處理的結論也是錯誤的，實屬錯案。現在對向明同
志一生的革命活動，作出全面、公正的評價，決定為向明同
志平反昭雪，推倒過去強加給向明同志的一切不實之詞，恢
復名譽，恢復黨籍。[44]

由饒漱石問題株連的向明冤案至此才算澄清。

44　《人民日報》，1981 年 4 月 3 日。

第十七章

評《黨史》二卷對高、饒結論的修正

删去了「奪取黨和國家的領導權力」的罪名

歷史終究是不能被欺騙的。

1955 年《關於高崗、饒漱石反黨聯盟的決議》定的「罪名」主要有兩條：一是「在同志中進行挑撥離間，煽動對於黨中央領導同志的不滿，進行分裂黨的活動」；二是「結成了反黨聯盟，向黨的中央委員會首先是中央政治局舉行進攻，企圖推翻以毛澤東同志為首的久經考驗的黨中央的領導核心，以便奪取黨和國家的領導權力」。結論是：「他們實際上已成為資產階級在我們黨內的代理人。」1981 年《關於建國以來黨的若干歷史問題的決議》的結論是：「反對野心家高崗、饒漱石陰謀分裂黨、篡奪黨和國家最高權力的重大鬥爭。」

2011 年，由中共中央黨史研究室著，經中共中央批准出版的《中國共產黨歷史》第二卷 [45]，稱高崗、饒漱石的問題，是「分裂黨」，沒有寫「篡奪黨和國家的領導權力」，「實際上已成為資產階級在我

45　《中國共產黨歷史》第二卷「後記」寫參加本書第一編寫作人員名單中有林蘊暉的名字，需要說明的是，本人只是參加了 1998 年底完成的被稱為「中卷初稿」的寫作。

們黨內的代理人」的問題。原文如下：

> 在開始大規模經濟建設和全面社會主義改造的過渡時
> 期，黨內發生了高崗、饒漱石反黨分裂活動的重大事件。
> 　　高、饒的陰謀活動，其實質是利用黨內某些本屬正常的
> 不同意見或看法，挑撥中央領導成員之間的關係，並故意將
> 某些個別的、局部的、暫時的、比較不重要的缺點或錯誤誇
> 大為系統的、嚴重的缺點或錯誤，從而造成黨的分裂。
> 　　反對高崗、饒漱石分裂活動的鬥爭，是中國共產黨在全
> 國執政後，為維護和加強黨的團結而進行的一次重要的黨內
> 鬥爭。……清除了黨內的分裂分子，黨的團結不但沒有受到
> 損害，反而進一步加強了。[46]

這段敘述，人們不再看到有「野心家」、「篡奪黨和國家最高權
力」的字樣了。看來絕不是偶然的。

當年誣稱高、饒企圖奪取「黨和國家的領導權力」所依據的事
實，一是在 1953 年 12 月 15 日的中央書記處擴大會議上，毛澤東
提出在他外出休假期間，由誰代理主持中央工作，徵詢與會人員的
意見時，高崗主張由書記處成員輪流主持；二是陳雲說，高崗曾向
他提出中央「多設幾個副主席，你一個，我一個」。如前文所作的考
證，在中央的正式會議上討論問題，發表不同意見，為黨章規定的
黨員權利，並不違紀。至於所謂「你一個，我一個」，大概也不足以
構成定「罪」的事實依據。所謂高崗自認為「現時應當擔任黨中央總
書記或副主席，並擔任國務院總理」，完全是審查者的主觀推論而強
加的無據之詞。

因此，可以認為，經中共中央批准出版的《黨史》二卷所保留

46　中共中央黨史研究室第一研究部：《中國共產黨歷史》，第二卷（北京：中共
　　黨史出版社，2011），頁 289、291、294。

的「分裂黨」罪名，儘管仍很嚴重，並繼續肯定這場鬥爭的歷史必要
性，但不再提「奪取黨和國家的領導權力」這一條，畢竟還是向人們
透露出一個重要信息，這就是對 1955 年全國黨代表會議決議所作的
結論已有所修正，從黨的實事求是的思想路線來說，不能不承認是
一個不小的進步。

「分裂黨」的帽子也待商榷

所謂「分裂黨」，實際上主要是指財經會議和組工會議的「倒劉」
風波。如前文的考證，這場「倒劉」風波，不僅風源來自毛澤東對
劉少奇「鞏固新民主主義制度」的言論和主張不滿，而且這兩個會議
所以出現「批薄射劉」、「討安伐劉」的場景，也是毛澤東親自出的題
目——批判「黨內的資產階級思想」、「檢查中組部的工作」。所以，
鄧小平講到高崗問題時說：「老人家也有責任」。在這場「倒劉」風波
中，高崗的問題，按張明遠的說法，只是比別人「跳得高」而已。高
崗真正的錯誤，是他私下散佈了毛澤東與他談論對劉少奇不滿的一
些議論。

究竟應該怎樣認識高崗、饒漱石的錯誤？筆者認為，毛澤東在
1959 年講到高崗問題時說的這段話，是我們一個重要的參照依據。
毛說：「我本來想同習仲勛談，我與他約了，目的就是跟習講。因為
那時高崗想去陝北，我們保留他的黨籍，還想保留中央委員，讓他
回延安去工作。」[47] 這表明，在毛澤東的心裏，明顯只是把高崗作為犯
了嚴重組織紀律錯誤來處理，既不能上綱為「分裂黨」，更談不上「奪
取黨和國家領導權力」，不然怎麼不僅「保留他的黨籍，還想保留中
央委員」呢？所以，《黨史》二卷現有的表述，仍然是有待商榷的。

47　李銳：《廬山會議實錄》，頁 310。

結束語

黨內鬥爭理論的謬誤導致的惡果

　　通過以上梳理，不難看出，高饒事件發生的背景是毛澤東與劉少奇在建設新民主主義問題上的分歧。1953 年，毛澤東在提出向社會主義過渡總路線的同時，為把全黨高層的思想統一到總路線上來，毛澤東以薄一波「新稅制」錯誤為靶子，嚴厲批評所謂的「黨內資產階級思想」和「分散主義」，並以此檢查中央組織部的工作，在政治上和組織上對劉少奇、周恩來進行敲打。這才是全國財經工作會議和隨後的組織工作會議引發「批薄射劉」、「討安伐劉」風波的真實原因。

　　毛澤東在 8 月 12 日財經會議閉幕那天的講話，明確指出：

　　　　對於財經工作中的錯誤，從去年 12 月薄一波同志提出「公私一律平等」的新稅制開始，到這次會議，都給了嚴肅的批評。新稅制發展下去，勢必離開馬克思列寧主義，離開黨在過渡時期的總路線，向資本主義發展。

　　　　薄一波的錯誤，是資產階級思想的反映。它有利於資本主義，不利於社會主義和半社會主義，違背了七屆二中全會的決議。

　　在這次會議上，劉少奇說有那麼一點錯誤，小平同志也
說有那麼一點錯誤。無論任何人，犯了錯誤都要檢討，都要
受黨的監督，受各級黨委的領導，這是完成黨的任務的主要
條件。[1]

　　請看，毛澤東在這裏明白無誤地既批了「薄」，又點了「劉」。當
年 10 月，劉少奇在全國組織工作會議上，做了較財經工作會議更為
全面的自我批評，其政治壓力顯然是來自毛澤東，而非高崗、饒漱
石。劉少奇在中共七屆四中全會上再做自我批評，更有毛澤東的親
筆指示。

　　所以，親歷 1953 年全國財經會議的張明遠回憶說：「真正引導
批評薄一波並涉及到劉少奇的，正是毛主席在 6 月 15 日的那篇關於
總路線的講話。」「我認為，高崗的錯誤並不在於他借批薄來批劉，
而在於他『跳得高』，可是，既然是毛主席的號召，誰能不跟着『跳』
呢？」歷史事實是，高崗在會上的發言是 8 月 10 日，已是全國財經
會議的尾聲。說高崗是「批薄射劉」的主謀，顯然與事實不符。

　　把全國組織工作會議上的「討安伐劉」，說成是高崗與饒漱石
合謀，更無道理，不僅毛澤東指示會議要檢查中組部工作在先，要
東北局第二副書記張秀山到會發言，更有劉少奇親自簽發的電報在
後，而張秀山的發言內容事先也已向毛澤東簡要彙報，為毛首肯。

　　高饒事件的真實誘因，是 1953 年 12 月 15 日中央書記處擴大
會議，討論毛澤東外出休假，由誰代理主持中央工作一事。歷史並
非如薄一波所說：毛澤東提出在他休假期間委託劉少奇代理中央領
導工作。少奇謙遜地提出，還是由書記處同志輪流負責為好。正當
大多數同志表示還是由少奇同志主持，不贊成搞輪流時。高崗立即

1　《毛澤東選集》，第 5 卷（北京：人民出版社，1977），頁 90、92、96。

出面反對，主張要「輪流做莊」。他一再堅持説：「輪流吧，搞輪流好。」高崗的意見理所當然地被否決。

歷史的真實是，在此次中央書記處擴大會上，毛澤東並未直接指定由劉少奇代理主持，而是以徵詢意見的口吻提出由誰主持的問題。1953年劉少奇多次受到毛的批評，所以劉當即表示由書記處同志輪流主持的意見。正是在這種討論問題的氛圍中，高崗表示贊同「輪流」、朱德也表示贊同「輪流」。何況，此次會議的結果，並未決定由劉少奇代理，會議決定：「毛澤東外出期間中央書記處會議由劉少奇、周恩來、朱德、陳雲、鄧小平、高崗、彭德懷參加，集體討論解決問題。」

高崗的問題就出在會後，他向鄧小平遊説。即鄧小平在事隔多年以後説：

> 毛澤東同志1953年底提出中央分一線、二線之後，高崗活動得非常積極。他首先得到林彪的支持，才敢於放手這麼搞。那時東北是他自己，中南是林彪，華東是饒漱石。對西南，他用拉攏的辦法，正式和我談判，説劉少奇不成熟，要爭取我和他一起拱倒劉少奇同志。我明確表示態度，説劉少奇同志是好的，改變這樣一種歷史形成的地位不適當。高崗也找陳雲同志談判，他説：搞幾個副主席，你一個，我一個。這樣一來，陳雲同志和我才覺得問題嚴重，立即向毛澤東同志反映，引起他的注意。[2]

以上表明，高崗所以「跳得高」，一方面，從延安到東北到1949年建國，高崗深得毛澤東的信任，不僅是中央人民政府六位副主席之一，更居於與政務院平行的國家計劃委員會主席的實職。另一方

---

2 《鄧小平文選》，第2卷（北京：人民出版社，1994），頁293。

面，對向社會主義過渡的基本思路，高崗與毛澤東完全一致，對劉少奇則抱有不滿和對立情緒，加上毛澤東在高崗面前對劉少奇1949年春的天津講話（所謂資本家剝削越多，功勞越大）；允許農民單幹勞動致富和富農黨員，批評以互助合作就可以將農民引向集體化的主張，是落後的、反動的農業社會主義思想；現在要為鞏固新民主主義而鬥爭等政策思想，多有不滿的表示和嚴厲批評，使高崗對毛澤東的意圖發生誤判，即把毛澤東敲打劉少奇，誤認為要變更劉少奇的第二把「交椅」，故私下散佈了很多毛對劉的不滿言論。而當高崗的私下活動被鄧小平、陳雲先後向毛澤東反映以後，問題的性質就變得嚴重起來。這不僅是在黨內搞非組織活動，為黨的組織紀律所不容，更直接影響到中央核心的團結，這就使毛澤東不得不以增強黨的團結為名把高崗端了出來。

從毛澤東提出召開中共七屆四中全會的方針，對任何同志的自我批評均表歡迎，但應盡可能避免對任何同志展開批評，以便等候犯錯誤同志的覺悟；同時指示劉少奇也應在會上做自我批評來看，顯然是各打五十大板，開一個「和平會議」保高過關。然而，毛澤東明確指示只作自我批評，不作相互批評的四中全會一閉幕，隨即轉向開展面對面揭發的座談會，將高崗、饒漱石的問題定性為「反黨」，並瞬間出現一面倒的局面，應該說有着更深層的原因，這就是錯誤的黨內鬥爭理論：「黨內鬥爭是階級鬥爭的反映」。

關於中共黨內鬥爭的歷史經驗和教訓，早在1945年4月，中共六屆七中全會通過的《關於若干歷史問題的決議》，在總結開展黨內思想鬥爭的經驗教訓時，就批判了「左」傾路線時期在黨內搞「殘酷鬥爭，無情打擊」的錯誤；強調要堅持「懲前毖後，治病救人」，「既要弄清思想，又要團結同志」的方針。毛澤東在《整頓黨的作風》報告中對這一方針曾有詳盡說明。毛說：

　　最後，我們反對主觀主義、宗派主義、黨八股，有兩條
宗旨是必須注意的：第一是「懲前毖後」，第二是「治病救
人」。對以前的錯誤一定要揭發，不講情面，要以科學的態度
來分析批判過去的壞東西，以便使後來的工作慎重些，做得
好些。這就是「懲前毖後」的意思。但是我們揭發錯誤、批判
缺點的目的，好像醫生治病一樣，完全是為了救人，而不是
為了把人整死。一個人發了闌尾炎，醫生把闌尾割了，這個
人就救出來了。任何犯錯誤的人，只要他不諱疾忌醫，不固
執錯誤，以至於達到不可救藥的地步，而是老老實實，真正
願意醫治，願意改正，我們就要歡迎他，把他的毛病治好，
使他變為一個好同志。這個工作決不是痛快一時，亂打一
頓，所能湊效的。對待思想上的毛病和政治上的毛病，決不
能採用魯莽的態度，必須採用「治病救人」的態度，才是正確
有效的方法。[3]

　　但是，建國後高饒事件這第一場黨內鬥爭所採取的方針，恰恰
與之相反。不是「懲前毖後」，「治病救人」；而是開了「殘酷鬥爭」，
「無情打擊」的先河。

　　應該說，把高崗、饒漱石的錯誤由黨內問題掛到敵我問題上
去，首先在「增強黨的團結的決議」就埋下了伏線：

　　　　帝國主義者和反革命分子破壞我們的最重要方法之一，
就是首先破壞我們黨的團結，並在我們黨內尋找他們的代理
人，我們黨內產生過張國燾，蘇聯黨內產生過貝利亞，這樣
重大的歷史教訓表明，敵人不但一定要在我們黨內尋找他們
的代理人，而且曾經找到過，在今後也還可能找到某些不穩

3　《毛澤東選集》，第 3 卷，頁 827–828。

定的、不忠實的、以及別有企圖的分子作為他們的代理人，
這是我們必須嚴重警惕的。

這就把黨的團結重要性同敵我鬥爭聯繫了起來。

正是基於這樣的認知，在高崗問題座談會中，當陳雲揭露高崗
提出，多設幾個副主席，你一個、我一個的問題時，人人都會將高
崗散佈對劉少奇的不滿言論，認定是企圖取劉少奇而代之的「陰謀
家」、「野心家」。參會者為了表明自己的立場，與高崗、饒漱石劃清
界限，紛紛高調發言，上綱上線就不足為奇了。

對當年的會場氣氛，直接參加座談會的張明遠說：

> 揭發高崗問題的座談會每天下午在周總理辦公室隔壁的
> 小會議室進行，一開始火藥味就很濃，認為高崗散播對劉少
> 奇的不滿，是對黨中央、毛主席的攻擊。有人提出高崗搞陰
> 謀、有野心，企圖篡奪黨和國家的最高權力等。但高崗只承
> 認他反對劉少奇，不承認他反對毛主席和要「奪取黨和國家
> 的領導權力」。[4]

趙家梁也說：

> 在15日和16日的座談會上，高崗對與會者的揭發和批
> 判也進行了一些辯解，認為自己雖然對劉少奇同志有意見，
> 但並不能因此就說成是反黨。他還承認自己有自由主義、宗
> 派主義，這兩個東西發展下去就會分裂黨。但高崗強調說這
> 是客觀的，不是自己故意的，也不是現在就有的。然而，不
> 管高崗作何辯解，他在座談會都是孤立的。[5]

4　張明遠回憶手稿。
5　高崗秘書趙家梁談高崗問題，林蘊暉、沈志華2005年2月2日訪問趙家梁
　　記錄。

　　1955 年中共全國黨代表會議《關於高崗、饒漱石反黨聯盟的決議》斷言:「高崗、饒漱石反黨聯盟的活動是我國階級鬥爭形勢複雜化和深刻化的反映。」並定性:高崗、饒漱石在國內外階級鬥爭極度嚴重的形勢下結成反黨聯盟,「向黨的中央委員會首先是中央政治局舉行進攻,企圖推翻以毛澤東同志為首的久經考驗的黨中央的領導核心,以便奪取黨和國家的領導權力。他們的這種反黨活動無疑是適應了帝國主義和資產階級反革命分子的願望。他們實際上已成為資產階級在我們黨內的代理人。」[6] 並冠之以「陰謀家」、「野心家」的帽子。

　　上述結論的理論依據,顯然是從斯大林那裏抄來的,黨內鬥爭是階級鬥爭反映的所謂馬克思主義理論觀點。

　　斯大林在《論聯共 (布) 黨內的右傾》中專有一節講「階級變動和我們的意見分歧」,其中說:「我們黨內的意見分歧是在最近發生的階級變動和階級鬥爭尖銳化的基礎上產生的,這種階級變動和階級鬥爭的尖銳化造成了屬性的轉變。」[7]

　　毛澤東的《矛盾論》「對抗在矛盾中的地位」一節也有同樣的論述,毛說:

　　　　共產黨內正確思想和錯誤思想的矛盾,如前所說,在階級存在的時候,這是階級矛盾對於黨內的反映。這種矛盾,在開始的時候,或在個別的問題上,並不一定馬上表現為對抗性的,但隨着階級鬥爭的發展,這種矛盾也就可能發展為對抗性的。[8]

6　中國人民解放軍國防大學黨史黨建政工教研室編:《中共黨史參考資料》,第 20 冊,頁 537。

7　斯大林著,中共中央馬克思恩格斯列寧斯大林著作編譯局譯:《斯大林全集》,第 12 卷 (北京:人民出版社,1955),頁 11。

8　《毛澤東選集》,第 1 卷,頁 335。

劉少奇在《論黨內鬥爭》中更有專論，劉説：

　　大家知道，我們的黨是無產階級的政黨，是一個領導廣
大群眾戰鬥的黨。黨為了要實現自己所負擔的歷史任務，便
要和各種不同的革命的階層和階級聯合。黨從出生的那一天
起，便沒有一刻鐘不是處在嚴重的戰鬥環境中。黨與無產階
級是經常處在其他各種非無產階級 —— 大資產階級、小資產
階級、農民、甚至封建殘餘勢力的包圍之中。這些其他各種
階級，便在同無產階級的鬥爭或在同無產階級的聯合中，經
過黨與無產階級內部不穩定的成分，侵入到黨與無產階級的
內部來，在思想意識上，在生活習慣上，在理論上，在行動
上，經常影響黨與無產階級。這就是黨內各種錯誤和不良傾
向的來源，這就是黨內各種機會主義產生的社會根源，這也
就是黨內鬥爭的來源。

　　黨內鬥爭是黨外階級鬥爭的反映。[9]

　　既然屬階級鬥爭的性質，當然是鬥一個你死我活，窮追猛打，
每鬥必上綱為「反黨集團」。高崗、饒漱石事件被定性「反黨」，對此
後的黨內鬥爭產生了深遠影響，不只是如法炮製，更是步步升級。
如——

　　1958年軍隊系統開展的反教條主義鬥爭，彭德懷在總結發言中
說：「錯誤的軍事路線產生的主要根源是：過渡時期，資本主義和社
會主義，資產階級和無產階級，兩條道路，兩個階級的鬥爭，在我
軍內部的反映。」於是，以蕭克同志為首的資產階級軍事路線和反
黨宗派活動的罪名，定性解放軍訓練總監部部長蕭克「反黨」。對這

9　中共中央文獻編輯委員會編：《劉少奇選集》，上卷（北京：人民出版社，
　　1981），頁178–179。

場突如其來的鬥爭，蕭克回憶說：「會上竟編造出一個『以蕭克為主帥、李達為副帥的反黨宗派集團』，說我們是『有計劃、有組織地向中央和軍委的正確路線猖狂進攻』。」「事情發展到這一步，我們已經沒有申辯的權利，只能坐在被告席上挨鬥。」「眼前發生的這一切真是觸目驚心！這是我入黨以來見所未見、聞所未聞的事情。而且竟發生在一千幾百位我軍高級將領參加的會上！我真是痛心極了。更讓我無法接受的是逼着我承認『反黨』，我無論如何不接受這個『罪名』。那些日子裏，我常常徹夜不眠，眼望天花板，一直到天明。」[10]

　　1959 年夏季的廬山會議，彭德懷因上書毛澤東闡明對「大躍進」的意見，中共八屆八中全會《關於以彭德懷同志為首的反黨集團的錯誤的決議》，稱彭德懷「實質上卻在煽動黨內的有右傾思想的分子、對黨不滿的分子、混入黨內的投機分子和階級異己分子，起來響應國內外反動派的污蔑，向黨的總路線、向黨中央和毛澤東同志的領導舉行猖狂進攻。」「他所犯的錯誤不是個別性質的錯誤，而是具有反黨、反人民、反社會主義性質的右傾機會主義路線的錯誤。」[11]

　　中共八屆八中全會的《決議》還將彭德懷等與高崗事件掛起鈎來，說什麼：

> 　　現在已經查明，彭德懷同志和黃克誠同志早就同高崗形成了反黨的聯盟，並且是這一聯盟中的重要成員。張聞天同志也參加了高崗的宗派活動。在反對高饒反黨聯盟的鬥爭中，黨中央已經知道了彭德懷同志和黃克誠同志參與這一反黨聯盟的若干事實，給了他們以嚴肅的批評，希望他們得到教訓，從此悔悟，並沒有加以深究。但是彭德懷同志和黃克誠同志雖然表面上作了檢討，實則不但沒有認識和改正自己

10　蕭克：〈憶 1958 年軍隊反「教條主義」鬥爭〉，載《百年潮》，1997 年第 2 期。
11　《中共黨史參考資料》，第 23 冊，頁 119。

的錯誤，反而長期對黨隱瞞他們參加這一反黨聯盟活動的某
些重要事實，並且繼續發展他們的反黨分裂活動。高崗在手
法上是偽裝擁護毛澤東同志，集中反對劉少奇同志和周恩來
同志；而彭德懷同志卻直接反對毛澤東同志，同時也反對中
央政治局常委其他同志，同政治局的絕大多數相對立。

《決議》甚至還說：彭德懷從「社會主義改造剛一開始，他就同
高崗結合起來進行反黨活動。」[12] 1962 年 1 月 27 日，劉少奇在七千
人大會上講到不能為彭德懷的「右傾機會主義」平反時更說：長期以
來，彭德懷同志在黨內有一個小集團，他參加了高崗、饒漱石反黨
集團，是這個集團的主要成員。「到底是高、饒聯盟，還是高、彭聯
盟呢？恐怕是彭、高聯盟。」[13]

在中共八屆八中全會後召開的軍委擴大會議上，對彭德懷有一
個所謂的「軍事俱樂部」進行狂熱追逼的現場，彭德懷有如下追憶：

> 在會議的過程中，我採取要什麼就給什麼的態度，只要
> 不損害黨和人民的利益就行，而對自己的錯誤作了一些不合
> 事實的檢討。唯有對所謂「軍事俱樂部」的問題，我堅持了實
> 事求是的原則。對於這個問題，在廬山會議期間，就有追逼
> 現象，特別以後在北京開的軍委擴大會議時期（八月下旬至
> 九月上旬），這種現象猶為嚴重。不供出「軍事俱樂部」的組
> 織、綱領、目的、名單，就給上不老實、不坦白、狡猾等罪
> 名。有一次，我在軍委擴大會議上作檢討時，有一小批同志
> 大呼口號：「你快交代呀！」「不要再騙我們了！」逼得我當時
> 氣極了，我說：「開除我的黨籍，拿我去槍斃了罷！你們哪一

---

12 《中共黨史參考資料》，第 23 冊，頁 119–120、121。
13 王焰主編：《彭德懷年譜》（北京：人民出版社，1998），頁 774。

個是軍事俱樂部的成員，就自己來報名吧！」[14]

對這次廬山會議把彭德懷、張聞天、黃克誠、周小舟定為「反黨集團」，直接參會的李銳感嘆說：「這是中央委員會，這是我們黨最高領導層的會議，怎麼竟沒有一個人敢於出來講半句公道話呢。」[15]何以如此，請看以下兩例：

當年直接參會的薄一波在回顧上廬山前後的心態時說：

> 六月間，我請了一位同志按照我的意見準備了一篇題目叫做《從一年來大躍進中吸取的經驗教訓》的發言稿，有一萬多字。我因工作不得脫身未按時到會，是七月中旬才上廬山的。上廬山後，有位同志告訴我，會議的風向變了，因而我準備的發言稿未拿出來。由於我預先準備的發言稿未在會上爆光，故未受到牽累。[16]

與上述薄一波緊跟風向的表現相反，在追查「軍事俱樂部」的軍委擴大會議期間，在揭批彭德懷的火熱氛圍中，瀋陽軍區司令員鄧華上將認為，彭德懷還是有功勞的，希望中央能寬大處理。對有人指責彭德懷是「偽君子」，鄧華指出，在幾十年戰爭中，彭德懷跟戰士們同甘共苦，是表裏如一，首尾一貫的。怎麼一個人一犯了錯誤，優點就變成了缺點？而總裝備部部長萬毅中將，因在廬山會議上的發言，認為彭德懷寫信給毛澤東，把自己考慮到的主要問題提出來，對此次會議討論有推動作用，提出意見，精神是好的，是赤膽忠心的。但是有的問題說得簡單一些，如果再多說幾句話，多加

---

14 彭德懷：《彭德懷自述》（北京：人民出版社，1981），頁 278–279。

15 李銳：《廬山會議實錄》（鄭州：河南人民出版社，1994），頁 265。

16 薄一波：《若干重大決策與事件的回顧》，下卷（北京：中共中央黨校出版社，1993），頁 867。

分析就清楚了。就因為為彭德懷說了幾句公道話，鄧華、萬毅，還有總後勤部部長洪學智上將都被定為參加了「軍事俱樂部」的反黨集團成員。[17]

以上薄一波和鄧華等人的兩種表現、兩種結果，充分反映了「黨內鬥爭是階級鬥爭的反映」這一理論謬誤導致的人人自危的政治氛圍和惡果。

緊接着在 1962 年又造出一個「彭、高、習反黨集團」。1962 年初的「七千人大會」期間，劉少奇稱彭德懷不能平反，理由是「裏通外國」。彭德懷向中央遞交了「八萬言書」進行辯誣。同年 8 月，毛澤東在北戴河中央工作會議上重申：階級鬥爭為綱。認為彭是在搞「翻案」。於是，在 9 月召開的中共八屆十中全會上，掀起了批判「翻案風」的風潮。康生乘機誣稱李建彤寫的小說《劉志丹》是為高崗翻案。當 9 月 24 日毛澤東在十中全會上講話時，康生向毛遞了一張紙條：「利用小說進行反黨活動，是一大發明。」毛讀後接着說：「凡是要推翻一個政權，總要先造成輿論，總要先做意識形態方面的工作。革命的階級是這樣，反革命的階級也是這樣。」[18] 於是，會議將彭德懷的「八萬言書」和小說《劉志丹》掛起鈎來，造出了一個「彭（德懷）、高（崗）、習（仲勳）反黨集團」。

習仲勳後來回憶說：「在全會上，那個『理論權威』（理論權威，指康生）欺騙和煽動一些人向我發動攻擊，各種莫須有的帽子，一齊向我拋來，在這種情況下，使出席全會的同志一時無法明瞭事實真相。」會議的氣氛處於異常緊張和扭曲狀態。習仲勳的辯解和發言被視為「不老實」、「和黨對抗」，而違心承認又招致沒完沒了的追逼

17　參見辛子陵：《毛澤東全傳·卷四：文革悲劇》（香港：利文出版社，1999），頁 294–295。

18　轉引自叢進：《曲折前進的歲月》（鄭州：河南人民出版社，1989），頁 512。

批判。習仲勛無奈找到周恩來，表示向全會請假。他說：「我最好不再參加會議，讓我好好想想問題，花點時間準備一下，檢查我的錯誤。」[19]

1966 年 5 月，中共中央政治局擴大會議通過的《中國共產黨中央委員會通知》(史稱：「五一六」通知) 更斷言：「混進黨裏、政府裏、軍隊裏和各種文化界的資產階級代表人物，是一批反革命的修正主義分子，一旦時機成熟，他們就會要奪取政權，由無產階級專政變為資產階級專政。這些人物，有些已被我們識破了，有些則還沒有被識破，有些正在受到我們信用，被培養為我們的接班人，例如赫魯曉夫那樣的人物，他們現正睡在我們的身旁……。」於是，彭 (真)、羅 (瑞卿)、陸 (定一)、楊 (尚昆) 被定為所謂「陰謀反黨集團」；劉少奇被扣上「叛徒、內奸、工賊」三頂帽子。

毛澤東的「資產階級就在共產黨內」，可謂是「黨內鬥爭是階級鬥爭的反映」這一「理論」發展到了登峰造極的地步。

「黨內鬥爭是階級鬥爭的反映」，這一謬誤的理論觀點，在建國後黨內不同意見的紛爭中，其實質所指，一是毛澤東的領導權威，二是所謂社會主義道路，還是資本主義道路。1953 年的「批薄射劉」、「討安伐劉」原本就是批劉少奇的「為鞏固新民主主義而鬥爭」，在毛澤東看來，繼續搞新民主主義，就是發展資本主義，與他提出的向社會主義過渡的總路線——建立單一公有制和集中統一的計劃經濟的社會主義相背離，這正是過渡時期無產階級同資產階級、社會主義和資本主義兩個階級、兩條道路鬥爭的反映。雖然原本高崗政見與毛澤東一致，但高崗的活動攪亂了毛澤東的部署，有傷毛澤東絕對領導的權威，故以資產階級野心家、陰謀家、代理人

19　中央文獻出版社編：《習仲勛文選》(北京：中央文獻出版社，1995)，頁315。

定性。1959年彭德懷被定為反黨,將彭德懷上書言事,誣為是反對毛澤東、反對毛澤東提出的多快好省的總路線、大躍進、人民公社「三面紅旗」。所以毛澤東明言:廬山出現的這一場鬥爭,是一場階級鬥爭,是過去十年社會主義革命過程中資產階級與無產階級兩大對抗階級的生死鬥爭的繼續。[20]至於把彭德懷與高崗掛起鉤來,完全是欲加之罪,何患無詞,是為了說明彭有「前科」罷了。「文化大革命」所反對的所謂「修正主義」更是以是否堅持單一公有制和計劃經濟體制劃線,指責當年曾經一度實行的「三自一包」(農民的自留地、個體手工業的自負盈虧、自由市場,農業生產包產到戶)政策,是搞修正主義、復辟資本主義。

前車之鑒,後事之師。在重考「高饒事件」的結尾,值得指出的是:「黨內鬥爭是階級鬥爭的反映」這一錯誤理論導致的惡果,這種黨內鬥爭的惡劣傳統導致的慘痛教訓,值得後人永遠銘記。

---

20 中共中央文獻研究室編:《毛澤東年譜(1949–1976)》(北京:中央文獻出版社,2013),頁154。

附 錄

附一

尤金與毛澤東談話紀要：
貝利亞事件和王明問題 [1]

No. 13014（1954 年 1 月 4 日）

摘自 Π. Φ. 尤金的工作日記

1954 年 2 月 23 日

絕　密

與中華人民共和國中央人民政府主席毛澤東的談話記錄

1954 年 1 月 4 日

　　今天在杭州毛澤東的休假地，我向毛澤東宣讀了對貝利亞事件的最後判決。在場的還有蘇方翻譯B. B. 瓦西科夫（大使館官員）和師哲（毛澤東的私人翻譯）。

　　毛澤東聽得很認真。他對判決書中的如下部分提出了一些問題：貝利亞在內戰中的變節行為，在偉大衛國戰爭之前和戰爭中的變節行為以及在斯大林死後的變節行為。毛澤東對關於貝利亞與外國間諜和帝國主義機構的關係也表現出興趣。毛澤東對貝利亞破壞

1　沈志華主編：《俄羅斯解密檔案選編 —— 中蘇關係》，第四卷（上海，中國出版集團東方出版中心，2015），頁 448–449。

蘇聯在資本主義國家情報機構的工作表現出強烈憤慨。

在宣讀了判決書之後，毛澤東強調指出，對貝利亞的揭露不僅對於蘇聯，而且對於國際共產主義運動都具有重要意義。毛澤東說，中國共產黨中央委員會為揭露貝利亞一事向蘇聯共產黨中央委員會表示感激。毛澤東認為，揭露貝利亞對於中國共產黨和其他兄弟黨是具有重大意義的事件。談到中國共產黨的形勢，毛澤東提到最近出現了一些不健康的現象。這些現象沒有蔓延，但是由於這些現象甚至影響到了中央委員會中的成員，因而不對其引起重視是不可能的。

毛澤東說，某些人試圖使政治局中的一部分委員反對另一部分委員。有些人企圖把一些政治局成員的偶然失誤或者錯誤公式化，以此來玷辱這些同志的名譽。毛澤東說：我們正在研究這個問題。我們時刻把保持黨的各級組織的團結和凝聚力牢記心頭，因為這是完成我黨面臨的各種任務的重要條件。中國共產黨正在草擬一份關於黨的團結統一的特別文件，它不會公開發表。這一文件將在兩或三周內完成。毛澤東說這份文件完成後，他將通知我，讓我知道其內容。

接下來，毛澤東說，中國共產黨中央委員會已經準備了關於在過渡時期總路線的一份文件。毛允諾將告知我這一文件的內容。在討論中，毛表示了將貝利亞事件的判決通報中央委員會的一些成員和政治局委員的願望。毛承諾他將以適當的方式將此事通知劉少奇。

當提及判決書中貝利亞在國內戰爭期間的變節行為時，毛讓我注意，在北京從國民黨手中解放後，中共獲得的檔案文件顯示，張國燾（中國共產黨的一個著名叛徒）早在 1920 年就被中國的秘密警察收買了。毛還讓我注意，1930 年王明在上海曾被蔣介石的秘密警察逮捕過。儘管他（王）在當時已經是聲名顯赫的共產黨活躍分子，

但竟能設法出獄。同時，一些不那麼有名的共產黨活躍分子卻被國民黨處決了。

　　談話進行了大約 4 小時，大使館官員B.B.瓦西科夫和毛的私人翻譯師哲在場。

蘇聯駐中華人民共和國大使

П. Ф. 尤金

АВПРФ, ф. 0100, оп. 47, п. 379, д. 7, л. 41–43

附二

尤金與劉少奇、周恩來談話記錄：
通報高崗—饒漱石事件 [1]

No. 13405（1954 年 2 月 2 日）

摘自 П. 尤金的工作日記

1954 年 2 月 23 日

絕　密
第 143 號

　　今天下午，劉少奇、周恩來邀請我就中共中央全會《關於增強黨的團結與統一決議（草案）》進行會談。劉少奇說，根據毛澤東的指示，昨天已將即將舉行的中共中央全會關於增強黨的團結與統一問題的決議草案轉交給我。在這次會談中，他和其他同志想讓我瞭解迫切準備這樣的文件和專門召開中共中央全會的事實和原因。

　　劉少奇說，最近一段時期以來，在中共內部暴露出派別活動，這些活動在較大範圍內涉及相應的黨的高層工作者。這些派別活動的領導人之一就是高崗，然後就是饒漱石（中共中央委員會書記和中共中央組織部部長）。由此，在黨內出現了嚴重的狀況。根據毛澤

1　沈志華主編：《俄羅斯解密檔案選編——中蘇關係》，第五卷（上海，中國出版集團東方出版中心，2015），頁 13–17。

東的指示，研究了這個問題，並專門召開中共中央全會。

全會將對上述人員的宗派活動進行認真的討論，對與此相關的人員進行了嚴肅的批評。但劉少奇同時強調，在全會上將不具體指出參與宗派活動人士的姓名，在中共中央全會決議中也將同樣不提及具體的姓氏。全會的過程將反映出高崗、饒漱石以及與其有連絡人士是如何表現的，相應決議的性質將取決於他們的態度。為此，劉少奇說，所涉及的問題由周恩來做更詳細、具體的介紹。

周恩來的談話則由高崗的活動在客觀上具有對抗中共中央的性質開始。周恩來說，正如毛澤東多次指出，黨是領導軍隊的力量，應當是統一的，牢不可破的組織。而高崗對此認識恰好相反。他在黨的高層工作者中廣泛散佈，似乎軍隊是中國革命的主要力量，而黨取決於軍隊的觀點。高崗就是如此把軍隊淩駕於黨之上。周恩來說，中國共產黨在自身的發展過程中經歷過高潮和低谷、緊要關頭與失敗。高崗按自己的方式，錯誤地理解黨在困難時期的發展歷史。高崗對這個問題的看法與黨的觀點不同。周恩來強調，中國共產黨是在俄國十月革命影響下產生的，黨首先誕生在城市，然後開始擴大自己的活動和在農村的影響。陳獨秀的投降主義路線導致了 1925–1927 年大革命的失敗。城市中許多黨的幹部遭到殘殺，大批黨員前往農村，在那裏積蓄力量並建立有爭議的革命根據地，同時，在城市的地下工作仍在繼續。李立三、王明所執行的錯誤冒險主義路線使當時黨在城市中的地下工作遭受了巨大損失。完全可以說，國民黨人當時屠殺了中共在城市中幾乎 99% 的黨員。這一切嚴重地影響了黨的工作以及在農村的工作。在同國民黨反革命鬥爭的 30 年代，在陝西 [2] 省建立了大量的「蘇區」。以王明（毛澤東同志當時不是黨的領導成員）為代表的黨的錯誤領導路線造成「蘇區」喪失，

2　原文如此，應為江西——譯注。

紅軍被迫長征，移師陝北。長征期間的 1935 年，在江西[3] 召開了政治局擴大會議，毛澤東在會上擔任了領導職務。此後，黨中央會議採取果斷措施，糾正了黨內因王明等人活動結果造成的困難局面。與此同時，黨經歷了由張國燾叛徒分裂帶來的困難。黨在毛澤東的領導下戰勝了這些困難。

高崗當時在陝北領導着游擊鬥爭，紅軍主力和中共領導機關也將那裏作為根據地，因此在當地建立了最大的解放區。周恩來沒有把談話內容停留在詳細介紹這個區的歷史上，而是進一步強調了以這個區為基地，開始了全面的解放戰爭，最終獲得了勝利，並成立了中華人民共和國。

周恩來強調，高崗不能正確、並錯誤地認識在革命進程中的自我以及中共的歷史。例如，他把黨分為兩部分：第一部分是黨內的正統部分，在解放區內的黨的軍事組織；另一部分是在國統區從事地下工作，犯過各種錯誤和遭受敵人迫害過的同志。高崗實際上認為似乎存在兩個黨，而真正的黨的幹部是當時來自解放區軍隊的。周恩來説，如果我們正確理解中國共產黨的歷史就會清楚，黨既不屬高崗的，也不屬王明的，而是屬中共中央的。我們沒有兩個黨，而是只有一個在自己的存在期間統一的黨。黨在個別時期內當然經歷了巨大的困難，無論是在地下工作中，還是在解放區的工作中，都遇到了失敗和挫折，特別是在叛徒或有偏差的人在黨內執政時期。但在毛澤東擔任黨的領導工作後，黨的狀況朝好的方面發生了明顯變化。軍隊在中國之所以強大，是因為它在自己黨的領導和監督之下。在武裝革命同武裝反革命鬥爭中，尤其在中國，軍隊是強大的力量。正因如此，如果軍隊脱離了黨的監督，將會非常危險。毛澤東對此從來都是極為關注的。周恩來説，高崗的錯誤主要表現

3　原文如此，應為遵義──譯注。

在以下方面：

1. 眾所周知，高崗負責了陝北地區的游擊運動，紅軍主力和黨的領導機構在 1935 年移師那裏作為根據地。但高崗試圖認為，如果沒有他領導的游擊區存在，那麼黨和紅軍也就沒有開展革命的落腳點，革命也就會因此而喪失。在 1942–1943 年黨「整風運動」期間，無論是對解放區，還是對國統區黨在工作中的錯誤和缺點進行了全面批評。1945 年黨的七大期間，對黨在解放區、敵佔區工作中的錯誤和缺點再次進行了嚴肅的批評，犯過錯誤的同志對此已進行了檢討。七大後，許多新人被推薦負責黨的領導工作。在七大後，高崗違背黨的紀律，繼續暗地散佈黨分為兩部分的觀點，竭力把由劉少奇領導的國統區地下工作中曾遭到的失敗和所犯錯誤的責任歸咎到劉少奇身上。

2. 因在一系列問題上與劉少奇有分歧，高崗竭力煽動對劉少奇臆造的錯誤，而且這一切不是公開的，是在暗地中。他不願意同劉少奇見面，進行坦誠的交流，不把自己與劉少奇的分歧向中共中央提出，而是在黨的領導幹部中暗地散佈對劉少奇的各種臆測和污蔑。高崗的這些行為對黨的團結與統一事業帶來了危害。為達到自己的宗派目的，高崗企圖利用一些犯過錯誤的領導同志，在自己周圍結成聯盟和派系。例如，他企圖利用在解放國民黨統治的東北期間犯過嚴重錯誤的彭真（政治局委員）、前財經部長薄一波和其他同志。周恩來強調，高崗自 1952 年到北京工作後，特別是 1953 年，更變本加厲地散佈對劉少奇的污蔑。高崗不僅對劉少奇本人進行污蔑，而且還污蔑其他同志，極力在工作人員之間製造矛盾，搬弄是非。高崗的這些反黨活動是為達到狹隘的個人主義和功名主義目的。

3. 高崗在黨內具有較高的威望，其中在華北 [4] 的工作中曾有過不

4　原文如此，應為東北──引者注。

少功績。中央領導器重並信任了他，但高崗利用自己的威信和領導
對其良好的態度，為追求個人的功名目的，抬高自己的地位。為突
出自己，高崗千方百計地誇大別的同志的錯誤和缺點。他企圖利用
高層中一些人具有驕傲情緒和功名主義思想情況，而這些人則陷入
了高崗的詭計。例如，他向一些人說，如果願意的話，可以使他們
當中的一些人成為中共中央委員。但周恩來強調，應當指出，高崗
企圖勸說的許多人對此曾給予了回擊，最終的結果使高崗自己暴露
了出來。

　　談到高崗如此積極反對劉少奇的原因問題，周恩來強調，高崗
的所作所為純粹是為了自己的功名利益，他想在黨內佔有更高的位
置。眾所周知，七大以後，劉少奇是毛澤東最親密的和信任的人。
毛澤東到外地去，都是由劉少奇代替主持中央工作。高崗想到，除
了劉少奇外，自己沒有其他的競爭對手。因此高崗認為，如果得以
打倒劉少奇，那麼他自然就可以取代劉少奇的位置。

　　周恩來說，不久前，毛澤東鑒於自己的健康狀況、工作勞累過
度及年齡的原因向中央委員會書記處提出減少自己目前的工作量，
以便能有更多的精力研究重大理論問題和主要實際工作問題，因此
毛澤東請書記處成員考慮設立黨的副主席或黨的總書記職務。高崗
極力反對此項建議，因為他清楚，如果贊同決定，設立這樣或那樣
的職務，顯然，劉少奇將會被選舉為黨的副主席或黨的總書記。高
崗在私下談話中表示，自己完全有資格擔任這個職務。周恩來說，
高崗的宗派活動現在暴露出來，給黨的團結和統一帶來了巨大損
害。周恩來繼續通告，毛澤東準備在 12 月份休假，而劉少奇知道高
崗對自己的態度，建議毛澤東不在期間，由高崗在內的 7 人，集體
輪流主持領導工作。毛澤東當時還詢問了誰合適在他休假期間代替
他，所有人都同意劉少奇，只有高崗一人表示反對。

周恩來強調，作為政府的副主席，高崗認為，這對他來講還太少。他竭力想成為毛澤東在黨內的副手，然後成為國家元首。高崗的宗派活動，在去年夏天召開的財經會議期間和中共中央召開的黨的組織工作會議期間表現得尤為突出，長期同高崗一起工作的陳雲對其宗派活動從前就有所知曉。周恩來說，高崗的宗派活動曾有廣泛表現，但關於他想成為毛澤東在黨內的副手這一情況，只是在最近才為人所知。談到饒漱石的宗派活動，周恩來說，饒漱石曾在上海工作，1952年調到北京。他同高崗一樣有功名主義傾向，現在已經暴露出來，但與高崗有所不同的是，他做得更隱蔽。到北京工作後，他與高崗聯繫，並加入了高崗的宗派集團。作為中共中央組織部長，他與該部其他所有工作人員對立，指責許多工作人員，包括自己的副職（安子文），強加許多臆造的錯誤並百般加以誇大，是在犯政治錯誤。儘管劉少奇在政治局中負責組織工作，饒漱石從不向劉少奇彙報任何問題，對其不予理睬，採取躲避中央的做法。特別是在全國組織工作會議上（1953年9月），饒漱石的宗派活動得以積極地施展。在這次會議上，饒漱石千方百計地把自己的看法同中央的觀點對立，而會議是由劉少奇主持的。饒漱石的宗派活動導致了會議氣氛的不健康。為改變局面，毛澤東召見饒漱石參加中央委員會書記處會議，對其行為進行了批評。但此後，饒漱石在會議上繼續從事宗派活動。周恩來談到，饒漱石是僅次於高崗的人物。

涉及目前的情況，周恩來說，中央正在對與高崗有聯繫的人做工作，大部分人開始理解高崗反黨活動的危害性，但少部分人至今對高崗反黨活動的嚴重性及危害性認識不足。不能不認為，部分同志相信了高崗散佈的謠言，以為這是經毛澤東同意的，因此信以為真。周恩來深信，大部分黨的領導工作者認清了高崗的錯誤路線，少部分受高崗蒙蔽的人遲早會明白，他們受到高崗的欺騙。在追

隨高崗的人當中，有一小部分是在思想上蛻化和在理論上不成熟的人。儘管如此，這些人在認清高崗反黨活動的真相後，最終會反對高崗。談到高崗、饒漱石宗派活動產生的根源，周恩來指出，在取得革命勝利和中華人民共和國成立後，黨的工作重點落到了實際工作上，結果削弱了黨對許多問題的警惕性，忽略了黨內功名主義與追求個人利益主義傾向的危險性。周恩來說，高崗、饒漱石以及其他人的宗派活動，客觀上是在中國共產黨領導幹部中資產階級思想的表現。

周恩來通告，全會決議的草案已散發給中共中央委員。高崗和饒漱石清楚決議所指的，是他們的所為，並在當前儘量同許多同志進行談話、交流。在這些談話和交流中，他們承認自己所犯的部分錯誤，對內心的功名目的避而不談。根據周恩來的看法，在全會上，高崗可能會承認自己的錯誤，但只是為了蒙混過關。周恩來說，不排除在全會上一些人揭發高崗從前與其進行的反黨談話，高崗可能會拒絕承認這些事實，進行抵賴；同樣不排除地採取膽怯的做法，聲明自己被逼到絕路，除結束生命外，別無選擇。周恩來說，從高崗方面來講，這種情況不能排除，因為他將在所有人面前受到揭發。例如，高崗在與陳雲談話時表示，準備去任弼時（前中央委員會書記，1951 年去世）去的地方。周恩來說，毛澤東指示劉少奇、朱德、周恩來、陳雲以及其他人同高崗談話，目的是給高崗一個擺脫其目前陷入困境的機會，並加以改正。毛澤東指示，無論是報告中、討論時還是在決議裏都將對高崗、饒漱石不指名道姓。在中央全會上對高崗、饒漱石不準備做任何組織結論。周恩來說，如果高崗、饒漱石在此次全會上根本不承認自己的錯誤，那麼黨將繼續並觀察他們在未來是如何表現的。周恩來在談話中強調，「貝利亞事件」迫使他們高度重視加強黨的警惕性的必要性。也正是這個

事件喚醒中共中央如此嚴肅地提出高崗的宗派活動問題。

　　在劉少奇提出，我是否認為有必要就今天通告的信息同毛澤東會面的問題時，我回答説，目前沒有看到在此問題上的必要性。談話結束時，劉少奇、周恩來請求將這絕對保密的信息通報給蘇共中央。

　　談話進行了三個半小時，出席的有朱德、陳雲、中華人民共和國駐蘇聯大使張聞天以及蘇聯大使館參贊B. B. 瓦西科夫。談話是由B. B. 瓦西科夫擔任翻譯的。

蘇聯駐中華人民共和國大使

П. 尤金

АВПРФ, ф. 0100, оп, 47, п. 379, д. 7, л. 23–25

附三

尤金與劉少奇、周恩來談話紀要：
通報中共七屆四中全會情況 [1]

No.13406（1954 年 2 月 13 日）

摘自 П. 尤金的工作日記

1954 年 2 月 23 日

絕 密

第 144 號

　　今天，受莫斯科的委託，我拜會了劉少奇、周恩來。我向他們通告，蘇共中央對中國同志通報給他們的，有關中共中央就黨的團結與統一特別全會的信息表示感謝。劉少奇、周恩來對此表示非常滿意。後來，在回答劉少奇提出的詢問時，我向他和周恩來通報了蘇共中央對行將到來的斯大林逝世周年所做出的決定。劉少奇、周恩來感謝向他們通報此信息，並表示中共中央考慮到蘇共中央的決定，紀念斯大林逝世 1 周年。

　　根據捷沃相 [2] 返回莫斯科前與劉少奇的談話內容，我通告道，蘇

1　沈志華主編：《俄羅斯解密檔案選編 —— 中蘇關係》，第五卷（上海，中國出版集團東方出版中心，2015），頁 17–19。

2　捷沃相，時任蘇聯部長會議副主席兼冶金工業部部長 —— 編注。

聯政府決定滿足中華人民共和國政府的請求，加快對鞍山鋼鐵公司
1150 初軋鋼機設備的提供；擴大富拉爾基重型機器廠的生產能力。
劉少奇、周恩來請我轉告蘇聯政府，非常感謝對中華人民共和國政
府的這一請求給予的滿足。

後來，劉少奇、周恩來主動向我介紹了中共中央關於黨的團結
與統一問題全會的結果。全會自 2 月 4–9 日召開了 4 天[3]，所有中央
委員和中央候補委員出席了會議。非中央委員和候補委員中的黨的
高層工作人員，除 9 人缺席外，其餘 52 人參加了全會。劉少奇表
示，將稍後轉交給我報告的內容和決議的最終文本。受毛澤東的委
託，劉少奇在全會上做了報告。在討論後，贊同對擬定決議草案做
部分修改，但與會人員對提交的決議草案未提出任何其他重要的修
改意見。如同計劃的一樣，全會沒有指出具體姓名，主要是在全會
召開前已向許多中央委員通報了高崗、饒漱石反黨活動的事實，而
對其他人是在全會工作過程中通報的。在發言中，有充分根據和原
則性地批判了具體的現象，而且全會的大多數成員都清楚說的是什
麼，談的是誰。許多同志做了嚴肅的自我批評，承認了全會決議中
所提到的他們所犯的錯誤。在高崗和饒漱石的發言中，有自我批評
的成分，但很不夠徹底。較之高崗，饒漱石做了更多的自我批評。

劉少奇說，全會結束後，一批中央委員繼續同高崗、饒漱石進
行談話，力爭使他們更深刻地、從原則上認識自己的錯誤，進行更
深刻的自我批評。至於高崗，直到現在仍然威脅說他準備自殺。同
時，他表示自己準備好離開領導崗位，做一個老百姓。一部分同志
指出了高崗執迷不悟，繼續從事嚴重破壞活動的危害性。作為對劉
少奇的談話的補充，周恩來強調，無論是高崗，還是饒漱石，都竭

3　此處原文有誤，中共七屆四中全會召開的時間為 1954 年 2 月 6–10 日——
　　編注。

力迴避承認自己的錯誤,進行搪塞,兩人甚至企圖把自己的反黨活動盡可能拉近更多數量的人,指責他人的錯誤和反黨言論。但他們企圖惡意攻擊的這些同志都做了自我批評,而高崗、饒漱石考慮的是自己的功名,他們從整體上繼續堅持自己的錯誤,沒有誠意。

在詳細談到饒漱石的行為時,周恩來說,饒漱石的工作範圍一直比高崗小,只限於華東(上海)。現在,當提出饒漱石宗派活動問題時,所有與其在華東一起工作的同志都公開斥責他在過去工作中所犯的錯誤以及現在的宗派活動。考慮到這些,不懷疑他最終將完全承認自己的錯誤。與高崗不同,饒漱石的問題將會在不久得以解決。話題轉到高崗的行為上,周恩來說,就高崗的工作量和範圍,無論是過去,還是現在都比饒漱石大。高崗先在西北,後在東北負責主要工作,最後在北京擔任重要職務。他與黨的工作者具有廣泛的聯繫,直到現在還在他們中間享有威信。許多同志沒有完全認清高崗的本來面目。利用這一切,一方面,高崗迴避承認自己的錯誤,另一方面,他企圖用威脅的辦法向中央施加壓力,準備用自殺的方式結束其生命。饒漱石是一個口是心非、善於隱藏的人,當向他指出宗派活動事實後,他驚慌失措。高崗則是另外一種性格,表現相反,竭力威脅並用無賴的方式加以抵抗。最近一段時間,高崗在個人精神上有崩潰的跡象。

周恩來繼續說,高崗承認計劃打倒劉少奇,並以此為目的,在黨的成員中做了相應的工作,但他堅決拒絕承認自己打倒劉少奇的目的是為了取代他的位置。高崗承認自己有功名主義傾向,但從整體上說,他不是鑽營家。高崗在談話中表示,按照你們的看法,我是貝利亞,還是張國燾?高崗承認自己存在個人主義成分,但他聲明自己絕對不是資產階級的個人主義者和自私自利者。

周恩來說,目前正組織一批負責同志一起給高崗保留在他們面

前承認錯誤的機會，這能使高崗在未來停止其在個別人中間散佈各種流言蜚語的秘密活動。周恩來指出，所有接觸過高崗和瞭解他的人在全會上都擁護中央的路線，只有少數不完全瞭解高崗宗派活動的與會人員對他的罪行程度有所懷疑。周恩來説，同高崗解決問題要比饒漱石困難、複雜得多。他要麼以自殺相要挾，要麼散佈不符合事實的情況和要逮捕他的説法。周恩來指出，如果高崗或其他人在自己的反黨宗派鬥爭中走得太遠，蓄意危害黨的事業，那麼在他們面前，黨不會停止對那些人的逮捕，無論他們在過去有過什麼功績。周恩來説，儘管高崗有錯誤行為，中央在審查他的問題上嚴格遵照毛澤東的指示，對一切犯過錯誤和有錯誤認識的人，應當採取「治病救人」而不是排斥的辦法。

　　談話進行一個多小時，使館參贊 B．B．瓦西科夫和師哲出席了談話。

蘇聯駐中華人民共和國大使

П. 尤金

АВПРФ, ф. 0100, оп. 47, п. 379, д. 7, л. 36–40

尤金與毛澤東談話記錄：高崗事件與黨內團結 [1]

No. 13015（1954 年 3 月 26 日）

摘自 П. 尤金的工作日記

1954 年 3 月 31 日

絕　密

蘇聯駐華大使尤金與毛澤東同志談話記錄
1954 年 3 月 26 日

根據中央的指示，我拜會了毛澤東，談到關於召集中國共產黨、朝鮮民主主義人民共和國、越南（民主共和國）的主要領導人在蘇共中央會面，研究即將召開的日內瓦會議問題，同時向他透露了蘇斯洛夫同志信中的內容。我對這兩件事情分別做了會談紀要。

在有關上述問題的討論結束之後，我正要離開，毛讓我再待一會兒，他希望像同志那樣跟我談談。在我先前對中國的幾次訪問中，我們也經常這樣交談。

1　沈志華主編：《俄羅斯解密檔案選編 —— 中蘇關係》，第五卷（上海，中國出版集團東方出版中心，2015），頁 39–41。

一、他説他在杭州得到了很好的休息和療養。在休假的最後三五天裏，他常去爬山。毛澤東説：「在我外出時，他們開始向外散播我有嚴重的健康問題的謠言，有人説我得了肺結核，還有人説我有心臟病。他們還謠傳説，我過世之後，高崗會接替我的職位。不過，你可以看到，我健康得很，離死還差得遠呢。」

接着這一話題，他開始談到高崗。毛説，很長一段時間以來，他老覺得黨內外有什麼地方出了點問題。就像一場大地震即將來臨前一樣，覺察到這兒震動一下，那兒震動一下，但就是不知道震中在哪裏。在去年的 6–7 月間中共中央召開的關於財經問題的會議上，這種感覺尤其明顯。不久，在 1953 年 7–9 月間，我強烈地感覺到黨內存在着兩個中心，一個是黨的中央委員會，但是另一個卻隱而不現。震動開始變得越來越劇烈。12 月 24 日在政治局內對這一問題進行討論之後，事情變得明晰起來。現在我們知道這些震動都是從哪兒而來的了。當然，這並不意味着地震就不會在其他地方發生。

毛對我詳細描述了「高崗事件」的一些細節。他告訴我説，在 2 月份的中共中央全體會議之後，組織了兩個委員會，工作了兩個星期，最終澄清了大量的事實。一個尤其值得重視的事實是高崗和饒漱石都曾被逮捕過。他們履歷中的某些部分以前很含混不清，但是現在清楚一些了。在個人生活上，高崗是個很不檢點的人。他有很多女人，其中有幾個是敵對分子。現在，中央想弄清高崗究竟和帝國主義者有無聯繫。很多揭露高崗個人生活的有價值的材料都是他的秘書們提供的。

毛澤東繼續説，高崗在因貝利亞一事飛往莫斯科並返回之後，變得異常活躍。一個明顯的事實是，他沒有對任何人提及蘇共中央的兩個最重要的決定 —— 即宣揚個人崇拜的危害性和黨內集體領

導的重要性。另一事件也很典型，從莫斯科回來之後，高崗沒有回家，而是立即趕到各省來京出差的黨員幹部下榻的北京飯店，並在他們中間開展工作。高崗、饒漱石反黨集團採用了這一策略來進行其秘密活動：聲稱擁護毛澤東和林彪，但是首先打擊劉少奇和周恩來。毛說：「當然，這並不是針對具體的某幾個人的問題，而是事關整個黨的團結的問題。」我說，這是分裂分子通常採取的戰術，因為他們無力公開反對毛澤東。毛回答說，正是因為分裂分子借他的名義欺騙了很多同志，他才要迅速明確地表明自己的態度和立場，否則「黨派鬥爭就會像傳染病一樣在黨內迅速蔓延」。高崗事件暴露之後，絕大多數黨員能正確理解黨中央的行動，但有些同志會責怪中央的行動稍微遲緩了一些。接着，毛半開玩笑地說，是毛澤東提議讓高崗成為政治局委員，並提名他當中央政府副主席的。現在同志們一方面通過了處理高崗事件的各種辦法，一方面詢問中央為什麼沒有及時注意到這件事。毛回答說，顯然是因為他自己瞎了眼。於是同志們又問道，既然你眼瞎了，怎麼還能工作呢。對此毛回答說，他現在又複明了。在這方面，毛注意到自己在去年年底心情很不好。蘇聯對貝利亞事件的處理有助於中共中央找到一個揭露高崗反黨活動的恰當方式。那時他懷疑高崗在進行反黨活動，但還不是很確定，這是他在與高崗交往時保持警惕的原因。我說，我現在可以理解為什麼在杭州會議時，當你要求把貝利亞一事通報給政治局成員，卻沒有提到高崗。毛說，那時中央還沒有把事情完全搞清楚。起初他們認為沒有必要召開一次全體會議，後來決定必須召開一次全會。毛說，他自己現在感覺好多了，因為這些都有利於形勢的好轉。目前不斷有關於高崗的新材料揭露出來，很多細節得到了澄清。最後的決定將會在下一次中央委員會全體會議上宣佈。我引用列寧的話說，當一個黨清除了自己內部的敵人後，它就鞏固了自

己，目前中共正是處於一個鞏固自己的時期。毛説，這並不排除以後還會出現黨內分裂分子的可能性。我回答説，只要有階級存在，就會有階級鬥爭，即使在黨內也是如此。毛澤東説，外表看來黨的一切都很好，但實際上其內部並不一定是這樣。

後來，提到高崗是科瓦廖夫的朋友，毛問我是否看過科瓦廖夫給斯大林的信。我回答説我沒看過，但是斯大林同志跟我説過。毛澤東説，這封信在他的手裏，他説會給我看，其中提到的每一件事都是高崗暗示的。信的大意是除了高崗，黨中央沒有一個好同志。當然，在高崗説中共中央的某些委員有親美傾向，其他一些委員則有反蘇意圖時，他是在企圖誤導科瓦廖夫。很明顯，高崗心懷叵測已經有很長時間了。

毛問科瓦廖夫現在在哪裏工作，我説，我曾聽説他原來是個鐵路工作人員，後來投身政治，我不太清楚他的情況。他在中國是個無足輕重的人物。（參加談話的師哲説，他現在可能是煤炭部的副部長。）

二、然後，毛澤東對我談到了中央的組織工作。他告訴我，目前他很少處理日常事務，而是交給政治局的其他同志去處理。這些同志在做出重大決策時會向他徵求意見。這樣的話，一方面提高了每一位中央委員的主動性，另一方面，也使他自己能抽出精力來研究和準備最重要的問題和決定。經驗表明這種組織工作的方式能達到最佳的效果。毛評論説：「在杭州的最後兩個月，我幹的事情遠比在北京被日常雜務纏住時要多。」毛澤東説，在那段時間他編寫了以下文件：（1）關於中共黨中央工作的一個文件；（2）在中央2月中央全會上關於黨的團結的一個決議；（3）周恩來關於高崗事件的一篇文章；（4）有關中央2月中央全會的新聞稿；（5）中華人民共和國的憲法草案以及其他一些文件。毛接着説，最近中央開始推行一

種新的做法，毛或者政治局其他委員起草的文件可以交給一些中央委員會領導同志聯合審議。這種工作方法效果很好，也得到了政治局委員們的贊同。毛繼續評論組織工作，並笑着說：「我們已經把中央的年輕同志放到了第一線，我退居第二線。這就像打仗的時候，如果敵人突破了第一道防線，居於第二線的同志就會衝上前來堅持戰鬥。」

АВПРФ, ф. 06, оп. 13а, п. 39, д. 227, л. 1–5

評：戴茂林《「毛澤東查劉少奇檔案」真相調查》

林蘊暉

　　2013 年，《高崗傳》作者戴茂林在《當代中國史研究》發表《「毛澤東讓高崗查劉少奇檔案」一說辨析》[1]對「查檔」一事提出質疑。2016 年更由中共中央黨校出版社出版《「毛澤東查劉少奇檔案」真相調查》一書 (以下簡稱:《真相調查》)，進一步以作者對郭峰、李力群、趙家梁等人的訪談記錄為依據，得出的結論是：所謂的「毛澤東讓高崗查劉少奇檔案」事件，完全是一起子虛烏有、「張冠劉戴」的烏龍事件。

　　毛澤東囑高崗查劉少奇檔案一事，最早公開披露的是 2007 年中共黨史出版社出版的張秀山回憶錄:《我的八十五年 —— 從西北到東北》(張秀山，時任中共中央東北局第二副書記、原組織部部長，1954 年被打成「高崗反黨集團」的「五虎上將」之首)，書中寫道，在 1954 年 3 月召開的東北地區高級幹部會議期間，「在一次談話中，羅瑞卿突然問我：你們查看劉少奇的檔案是什麼目的？我聽後感到很不對頭，便對他說：這件事我建議你核實一下。」「我說：1953 年初，高崗對我說，毛主席讓看一下東北敵偽檔案中有關劉少

1　當代中國研究所主辦：《當代中國史研究》，2013 年，第 1 期。

奇 1929 年在奉天被捕的情況，要我去組織落實。我當時問高崗這件
事跟其他人説過沒有，他説跟陳雲説過，我又問他，東北呢？他説
沒有。我説這件事不能擴大，傳開不好。説這事時，高崗的秘書在
場。之後，我在東北局組織部佈置工作時，將審查幹部工作分成兩
個組，一個組查現實表現；一個組查閱敵偽檔案，查閱的對象不做
特別限定，避免給人留下是專門查看某個人的印象。這件事即使是
後來擔任組織部長的郭峰，和具體承辦這項工作的同志也不知道查
閱敵偽檔案的目的，查閱結果是按敵偽檔案的原本情況上報的。」[2]

　　戴茂林在論文和《真相調查》提出質疑的主要論據是：

　　一、張秀山 1989 年 4 月完稿近 10 萬字的《我的回憶》，為何
「隻字未提『查檔事件』」？2002 年張秀山的家屬整理的張秀山回憶錄
《塵封的歷史》，出現了「查檔事件」的內容，但是關於此事的敘述與
2007 年正式出版的《我的八十五年》中的敘述有重大不同。[3]

　　二、李力群向張秀山詢問是否有毛澤東交待高崗查檔事時，「張
秀山未置可否，只是害怕地告訴她不要亂講」。[4]

　　三、張秀山在回憶中明確説高崗向他交代此事時高崗的秘書在
場，但趙家梁卻從未説過自己當時在場？趙家梁説，他知道此事，
是在高崗管教期間聽高崗向管教組講的。[5]

　　四、既然是「毛澤東交給高崗一個絕密任務，命他親自去查閱
東北的敵偽檔案」，高崗為什麼不親自去辦，而是把如此重大的絕密

2　張秀山：《我的八十五年——從西北到東北》(北京：中共黨史出版社，
　　2007)，頁 321。

3　戴茂林：《「毛澤東查劉少奇檔案」真相調查》(北京：中共中央黨校出版
　　社，2016)，頁 57、60。

4　同上，頁 34。

5　同上，頁 83。

任務「交給張秀山去辦」？[6]

　　五、張秀山說：「查檔」，「我是佈置給郭峰去辦的」。但郭峰明確表態：「他從未聽說毛主席有指示要查劉少奇的問題，也沒有聽高崗、張秀山提到過這件事。」[7]

　　六、關於「查檔事件」，《塵封的歷史》，在「東北地區高級幹部會議是如何把張秀山等同志打成反黨宗派的」的題目下，「大量引用了羅瑞卿在會議上的發言，並對羅瑞卿的這些言論進行了一一批駁」。《我的八十五年》在「東北地區高級幹部會議」這一節裏，並無任何關於羅瑞卿在會議上發言的內容。[8]

　　下面我們就分別考察一下，《真相調查》出的真相，是否「真相」。

第一，張秀山 1989 年 4 月完稿近 10 萬字的《我的回憶》，為何「隻字未提『查檔事件』」？

　　「查檔事件」，直接關涉偉大領袖毛澤東主席，張秀山何時能直言其事，顯然是需要慎重考慮的，決不是可以隨意向外人提及和訴說的事，這是任何一個普通共產黨員都可以理解的常識。以張秀山 1989 年《我的回憶》初稿「隻字未提『查檔事件』」，以此來否定以後說出此事的真實性，令人費解。至於，2002 年由其子女整理的《塵封的歷史》(徵求意見稿) 寫進這一事件是否真實，不在於此前《我的回憶》未曾提及，而在於其根據是否可靠 (有關內容下面分別再作回答)。

6　戴茂林：〈「毛澤東讓高崗查劉少奇檔案」一說辨析〉，載《當代中國史研究》，2013 年第 1 期。

7　戴茂林：《「毛澤東查劉少奇檔案」真相調查》，頁 134。

8　同上，頁 60–62。

　　第二，《真相調查》引用的李力群談「查檔事件」的記錄説明了什麼？

　　《真相調查》摘引的李力群接受訪問時談到，她向張秀山詢問「查檔」一事的談話是：

　　「1997 年 9 月 25 日，在趙家梁家。李力群在與趙家梁談話時説：『在東北查敵檔的事，是張秀山去的。後來我問他，他拉着我的手説：好小李，你可不敢説！』」

　　「1999 年 3 月 16 日，在李力群家。參加談話的人除了她〔張曉霽──引者注〕和李力群之外，還有曾在解放戰爭時期擔任過高崗秘書的蘇丹。李力群説：『毛叫高去查劉在奉天的敵偽檔案（1953 年春）。我問秀山，他特害怕，説小李，你可不敢亂説，不敢亂説！』」

　　2000 年 1 月 28 日，戴茂林本人訪問李力群時，「李力群回答説：『高崗與我説，主席讓我去找劉少奇的檔案。我 92 年問過張秀山，你是否知道這件事？他躺在床上，坐起來説，好小李，你可不要再講了。』」[9]

　　《查檔真相》據此得出結論説：（一）李力群「她並不是這起『查檔事件』的當事人，她只是後來聽高崗説的」；（二）「她（李力群）向張秀山詢問是否有此事時，張秀山未置可否，只是害怕地告誡她不要亂講」。可見「查檔事件」並未得到當事人張秀山的證實，或者説張秀山並未證實「查檔事件」確有其事。這個結論符合實際嗎？

　　中國有句俗話：鑼鼓聽聲，聽話聽音。以上所引的三種説法：「好小李，你可不敢説！」「我問秀山，他特害怕，説小李，你可不敢亂説，不敢亂説！」「好小李，你可不要再講了」。是張秀山對「查

9　戴茂林：《「毛澤東查劉少奇檔案」真相調查》，頁 33–34。

檔事件」未置可否嗎？上面張秀山的講話，無論是講話的神情，還是語氣，都表明張秀山是在肯定確有其事的前提下，提醒或警告李力群：「你可不敢說」、「你可不敢亂說」、「你可不要再講了」。原因顯然是事關重大，傳出去不好。這才是張秀山不讓李力群講的真實原因。怎麼能把張秀山的話理解成是否定「查檔事件」的證據呢？

再則，以李力群不是這起「查檔事件」的當事人，她只是後來聽高崗說的，來否定李力群說的可靠性，也讓人匪夷所思。高崗是「查檔事件」的主要當事人，李力群聽高崗說的，不是聽第三者傳說的，為什麼成了否定事實的證據了呢？

第三，《我的八十五年》中寫道：「說這事時，高崗的秘書在場。」但趙家梁卻從未說過自己當時在場？

我們暫且不論高崗當時有幾位秘書，即使只有一位趙家梁，高崗與張秀山談及毛澤東交待「查檔」一事，絕不可能高聲交談。何況一般來說首長之間有要事交談，秘書絕不會貼身站立。所以，趙家梁是否肯定自己在場，對於「查檔」一事的真實性也無關緊要。何況1999 年 3 月和 12 月，趙家梁兩次給黨中央寫信，都明確提及「1953年春天毛澤東要高崗查看瀋陽敵偽檔案中有關劉少奇 1929 年在奉天（瀋陽）被捕的情況。」[10] 趙家梁還明確說明，他是在高崗被管教期間「聽高崗講的」。可見，用趙家梁說他並不在高崗與張秀山的談話現場來否定「查檔事件」，也站不住腳。

第四，毛澤東交給高崗一個絕密任務，「高崗為什麼不親自去辦」？

10　趙家梁：《我的自述》（趙家梁自費出版，2008），頁 501。

　　《查檔真相》的作者似乎連高崗當年的身份都淡忘了。高崗當時是中央人民政府副主席、國家計劃委員會主席、中共中央東北局書記、東北人民政府主席，身處如此高位的高崗親自去查檔，會引起周邊多大的關注，這是不言自明的道理。高崗交待時任東北局第二副書記、主管黨的組織工作的張秀山處理此事，完全在情理之中，也不會引人格外注意。以此作為否定「查檔」一事的根據，令人費解。

　　第五，郭峰「說不知情」，以及郭峰所談 1952 年東北局清理敵偽檔案工作的由來，都證明《我的八十五年》所說的事實不實。

　　對 1950 年代歷史多少有點瞭解的人都知道，最初提出整黨是 1951 年 3 月舉行的中國共產黨第一次全國組織工作會議。3 月 28 日，劉少奇在會上作報告，在第二部分「整理黨的組織」中說：「在基層組織中如果發現有以下各種壞分子，在調查確實並經支部通過和上級批准之後，應隨時清除出黨。這些分子就是：……五、在過去的革命鬥爭中叛變過黨和革命的分子，或曾經向敵人投降自首，沒有經過長期考驗和立功，而混入黨內的分子。六、在重要情節上對黨隱瞞或欺騙黨的不忠實的分子……。」[11] 會議根據劉少奇報告的內容，於 4 月 9 日通過《關於整頓黨的基層組織的決議》，規定：「整理黨的基層組織時，首先應對於所有的黨員，進行一次認真的審查，對於已經發現的混入黨內的壞分子，應予以清除。這些壞分子就是：……（即劉少奇報告中講的八種人）。」[12]

11　〈劉少奇同志在中國共產黨第一次全國組織工作會議上的講話〉，載中共中央組織部辦公廳編：《組織工作文件選編（1949 年 10 月–1952 年）》（1980 年翻印），頁 129–130。

12　〈中國共產黨第一次全國組織工作會議關於整頓黨的基層組織的決議〉，載《組織工作文件選編（1949 年 10 月–1952 年）》，頁 174。

以上表明，建國後第一次整黨審幹，始於 1951 年第一次全國組織工作會議決議。《真相調查》引用郭峰的話說：「我是 1952 年 6 月底，『七一』時去東北局上班的，當時忙整黨業務沒注意這事。但在這之前，發生一個中國駐蘇聯大使參贊張冠有叛變嫌疑，中組部從蘇聯將其調回，交東北局將此事搞清。張冠本人不服。當時是由幹部處長李正亭、紀委張子衡查這件事，我來前已開始查。」這種完全以郭峰所說的由個案引起查檔，來證明「東北局清理敵偽檔案工作的由來」的可信度，還有必要多費口舌嗎？

至於郭峰說：「他從未聽說毛主席有指示要查劉少奇的問題，也沒有聽高崗、張秀山提到過這件事。」其實，《我的八十五年》說得非常清楚：

> 我在東北局組織部佈置工作時，將審查幹部工作分成兩個組，一個組查現實表現；一個組查閱敵偽檔案。查閱的對象不做特別限定，避免給人留下是專門查看某個人的印象。這件事即使是後來任組織部長的郭峰，和具體承辦這項目工作的同志也不知道查閱敵偽檔案的目的，查閱結果是按敵偽檔案的原本情況上報的。

《真相調查》又以《塵封的歷史》中描述：張秀山不但親自把這件事佈置給郭峰去辦，還要求郭峰「要嚴格保密，查閱的對象不要做特別限定，避免給人留下是專門查看某個人的印象。查看後的情況，要嚴加保密」，而且，「郭峰也是這樣去辦的。」與《我的八十五年》的表述不同證偽。然而，這段表述並不表明，張秀山將查檔對象（劉少奇）向郭峰做了具體交待，只是囑咐「查閱的對象不要做特別限定」。這能以郭峰說「不知情」，來否定「查檔事件」嗎？

請看當年的幹部處長李正亭是怎樣說的：

　　2002 年春節期間，李正亭與張秀山子女談到 1953 年審幹問題時説：這次「審幹」給我的印象很深，是在秀山的辦公室，郭峰也在座。秀山説還要進行「審幹」，審查兩個方面：一是幹部的現實情況；二是幹部的歷史情況，進一步認真查閱敵偽檔案。我聽後有些不理解，剛搞完「三反」、「五反」和「整黨」，又要搞審查，心裏有一種厭煩情緒。但又想是不是又要搞什麼運動？於是我説：那我們就組織人員從兩個方面進行，原先清查敵偽檔案的人員組成一組，繼續進行查閱整理工作。秀山當時還講了要認真，要保密，不要給幹部造成什麼錯覺之類的話。我印象之所以這樣深，當時我以為黨內又發生了什麼問題，或又要搞什麼運動。後來，我們分別搞了兩方面的匯總材料上交了，那份有關幹部歷史問題敵偽檔案材料匯總可能在東北局的存檔中查到。[13]

　　李正亭所談，「在秀山的辦公室，郭峰也在座。秀山説還要進行『審幹』」，這不是明確表明張秀山將「查檔」一事交由郭峰去辦嗎？至於郭峰本人儘管向《真相調查》作者説明，查檔一事他不知情，但郭峰在看到《塵封的歷史》徵求意見稿後，2002 年 7 月 15 日，郭峰與張秀山子女面談時説：這件事〔指「查檔」——引者注〕我不清楚。1954 年東北局高幹會後，我已經被處分到大連工廠工作，不久，就有人到大連向我調查查劉檔一事。[14] 這不僅明確表明，「查檔」一事當年引起上層多大的關注，而且郭峰在被撤職下放後，當時被作為「查檔」事件的調查對象。可見，《真相調查》以郭峰某一次的談話——「查檔一事他不知情」，來作為否定此事的人證，完全是斷章取義。

13　2002 年春節，張元生、王海陽拜訪李正亭的談話記錄。

14　2002 年 7 月 15 日，郭峰與王海陽談話記錄。

第六，《調查真相》以《塵封的歷史》大量引用了羅瑞卿在東北高幹會議上的發言，而《我的八十五年》並無任何關於羅瑞卿在會議上發言的內容，證明羅瑞卿質問張秀山查檔一事完全是無中生有。

不看具體內容，僅以為什麼《我的八十五年》刪去不提作為有無此事的理由，這種邏輯大概太簡單了點。

我們還是從張秀山生前關於「查檔」一事的談話說起。

1977 年 9 月 14 日，張秀山與王震見面談工作安排，同時提出希望中央重新審查他 1954 年的問題，並講「查檔」一事。

1979 年，張秀山分別與共創陝甘邊根據地的幾位老戰友談高饒事件時，也講到「查檔」一事。

關於張秀山何時與子女談「查檔」的情況，筆者與其女張元生反覆核對。2016 年 5 月 31 日，再次訪問張元生、王海陽（張秀山女婿）。張元生說：1990 年 2 月，在老同志對《我的回憶》徵求意見稿提出意見後，父親直接向子女們講了一些歷史上的事情。

> 關於查檔問題，父親是從 1955 年 3 月，鄧小平在黨的全國代表會議關於高饒反黨聯盟的報告說起的，鄧小平說：張秀山「用了極其惡劣的指桑罵槐的手段把攻擊的鋒芒指向劉少奇同志」[15]。鄧小平在報告中對高崗只是指責其有意製造黨內糾紛發表種種無原則的言論，散播各種流言蜚語，攻擊劉少奇同志；而對張秀山則用了「極其惡劣……的手段」的形容詞。僅從行文來看，表面說的是張秀山借批評安子文把鋒芒指向劉少奇，實際上另含深意。這就是我父親對這句話難以忘懷的原因。

接着，父親就談到羅瑞卿在東北高幹會期間與他的談

---

15 參見中國人民解放軍國防大學黨史黨建政工教研室編：《中共黨史參考資料》，第 20 冊（北京：國防大學出版社，1986），頁 515。

話,「在一次談話中,羅瑞卿突然問我:你們查看劉少奇的檔案是什麼目的?我聽後感到很不對頭,便對他説:這件事我建議你核實一下。」「我説:1953年初,高崗對我説,毛主席讓看一下東北敵偽檔案中有關劉少奇1929年在奉天被捕的情況,要我去組織落實。我當時問高崗這件事跟其他人説過沒有,他説跟陳雲説過,我又問他,東北呢?他説沒有。我説這件事不能擴大,傳開不好。説這事時,高崗的秘書在場。」「當時,還讓我們看了當年東北局印發的我在中央組工會上的發言,在東北局高幹會上的發言,以及羅瑞卿等人的發言。」[16]

至於為什麼在《塵封的歷史》中引了大段羅瑞卿在東北高幹會上的講話,《我的八十五年》卻將這段話刪去,執筆人顯然有歷史和現實的考量。

首先值得人們注意的是,1953年發生的高崗、饒漱石「反黨」事件,正式作出結論和處理,是1955年3月黨的全國代表會議;但是1954年中共七屆四中全會以後,同年3月28日召開的東北地區高級幹部會議,4月24日通過的《東北地區黨的高級幹部會議向中央的建議》稱:

> 東北局轉報中央:東北地區黨的高級幹部會議鑒於張秀山、張明遠、郭峰、馬洪、趙德尊等同志均積極參加高崗反黨反中央的宗派活動,錯誤十分嚴重,特建議中央撤銷他們現任東北局副書記和東北局委員及其他黨內職務。[17]

16　2016年5月31日,林蘊暉訪問張元生、王海陽談話記錄。
17　西安地區軍隊院校協作區黨史政工組編印:《黨史資料》,第7期,頁7–8。

4月25日，東北局將會議決議和上述《建議》上報中央。

5月4日，中共中央批准了東北局上報的會議決議和《建議》，並下發各中央局、分局，省（市）委，各大軍區、省軍區、志願軍並轉軍以上黨委和中央各部委，中央人民政府各黨組。中央指出：

> 1、《東北地區黨的高級幹部會議關於擁護七屆四中全會和討論高崗、饒漱石問題的決議》和《東北地區黨的高級幹部會議關於撤銷張秀山、張明遠、郭峰、馬洪、趙德尊五同志現任東北局副書記和東北局委員及其他黨內職務問題向中央的建議》已經由4月28日政治局會議批准。現將東北局向中央的請示報告及上述兩個文件和林楓同志、羅瑞卿同志在東北局高幹會議上發言一併發給你們。
>
> 2、關於東北局請示處理的問題，中央認為：對參加高崗反黨反中央的宗派活動的犯了嚴重的錯誤的張秀山、張明遠、馬洪、郭峰、趙德尊五同志已撤銷了黨內的職務。對東北局即可免於處分。[18]

請看作為「主犯」的高崗、饒漱石尚未結案的一年之前，被定為「高崗反黨集團」的「五虎將」就已定案處理，這不能不使人感到疑惑？為了向人們說清案情，中央特將林楓和羅瑞卿在東北局高幹會上的發言一併下發。下面我們就看看東北局高幹會是怎麼開的，林、羅二位在會上講了些什麼，對張秀山等被定為「高崗反黨集團」有着怎樣的關係？

1954年3月，召開的東北地區高級幹部會議，周恩來曾強調，東北高幹會議的重點是揭發高崗，認識其錯誤，要鼓舞大家的鬥

---

18 《黨史資料》，第7期，頁4。

志，要分清東北局的責任及個人責任，啟發大家，強調團結。[19]

　　就在張秀山、張明遠（東北局第三副書記）接受批評的過程當中，東北軍區副政治委員周桓在發言中説，賀晉年（東北軍區副司令）為高崗親信，張秀山、張明遠、趙德尊、郭峰、馬洪五人是高崗的「五虎上將」。[20]於是在會上引起轟動，紛紛抓住不放。但是，這種牆倒眾人推的做法並不為人們贊同。於是，4月24日，以中央書記處聯絡員身份參會的羅瑞卿在會上講話。針對人們對高崗在東北地區是否有一個「反黨宗派」的疑問，羅説：

　　　　請問高崗一個人能夠搞起一個獨立王國嗎？請問有那麼若干人團結在高崗的周圍受高崗的指揮，不受黨的指揮，按高崗所規定的紀律辦事，不按黨所規定的原則辦事。背着黨、背着中央，同高崗一模一樣地到處進行反黨活動，按高崗所制定並為若干人同意了的反黨政綱到處進行反黨宣傳。這樣一些人不叫反黨宗派，亦即反黨小集團，那麼又應叫做什麼呢？

接着，羅瑞卿點名説：

　　　　正如會議許多同志所指出的，東北局組織內的若干成員和它的主要領導成份中的若干人，例如張秀山、張明遠等同志參加了以高崗為領導核心的反黨小集團，他們犯了極其嚴重的錯誤。

對張秀山等人在會上的檢討，羅瑞卿表態説：

19　參見：張明遠：《我的回憶》（北京：中共黨史出版社，2004），頁389–391。張秀山：《我的八十五年——從西北到東北》，頁315–316。

20　張秀山：《我的八十五年——從西北到東北》，頁321。

他們的錯誤同高崗的罪惡是有區別的，對於高崗的某些
陰謀，他們有可能還不知道或者知道得不很清楚，但他們的錯
誤決不是一種普通性質的錯誤。他們這次雖然也進行對於錯
誤的檢討，但是檢討得還很不深刻，很不老實。這就無法證
明他們確實拋棄了錯誤，確實與高崗劃清了界限，確實與那個
宗派斷絕了一切聯繫，重新回到了黨的立場上。他們這種不
徹底檢討錯誤甚至是堅持錯誤的態度，當然是不能取得黨、取
得同志們的原諒與寬恕的。應該說明，高崗已經自絕於黨，
高崗的叛黨問題的性質已經不是黨內問題的性質，但參加高崗
反黨反中央宗派活動和高崗還有區別的一些同志，他們所犯錯
誤的性質則還是屬黨內問題的性質，因此，黨仍然希望他們迅
速改變態度，繼續檢討，徹底交代，堅決拋棄自己的錯誤，堅
決拋棄那個反黨的宗派，停止任何的非法活動並要有決心同那
個宗派內的堅持錯誤的任何人決裂，黨歡迎任何同志改正自己
的錯誤。黨對於任何犯錯誤的人以至犯了很嚴重錯誤的人，
都盡一切可能幫助和等待他自己的覺悟，只要他們願意改正錯
誤，黨都實行毛澤東同志所指示的「懲前毖後」、「治病救人」
的政策，這個政策對東北局所有犯錯誤的同志都是適用的。
但是，應向這些犯有嚴重錯誤的同志發出警告：如果他們不改
正態度，堅持自己的宗派立場，那麼，就一定會錯上加錯，把
自己拋向一個很危險的境地上去。[21]

在羅瑞卿講話之後，東北局第一副書記林楓，以會議主持人的
身份對會議做總結發言。他在肯定這次會議開得很好之後，把話鋒
一轉，說：

21　〈羅瑞卿在東北地區黨的高級幹部會議上的發言〉，1954 年 5 月 4 日，中共
　　中央轉發。《黨史資料》，第 7 期，頁 37–43。

在高崗離開東北以後，東北局某些負責同志，仍然幫助高崗把持東北局的領導，進行反黨反中央的宗派活動。這種嚴重情況，我和東北局一部分同志也沒有察覺。東北局某些負責同志的資產階級個人主義已發展到積極參加高崗陰謀奪取黨和國家領導權的宗派活動，如公開製造流言蜚語，指桑罵槐，挑撥離間，污蔑中央負責同志，幫助高崗把持東北局的領導，甚至肆無忌憚地進行中央委員補選的非法活動等，這是黨的紀律所絕對不能允許的。

林楓強調指出：

這些同志在高崗問題上所犯的嚴重錯誤，羅瑞卿同志已在發言中做了詳細的分析，我完全同意他的意見。在高崗問題上犯了嚴重錯誤的同志，他們的第一次檢討是不誠懇、不老實的，與會同志一致表示極大不滿。經過同志們的批評和幫助，他們的第二次檢討，其中某些同志是有不同程度的進步的，我們表示歡迎。但個別同志是沒有進步的，一般説來，他們的檢討還是不徹底的，個別同志在某些方面的檢討比較好些，有的人仍是很不徹底，很不老實，甚至是仍然沒有什麼檢討的。希望這些同志繼續深刻檢討、徹底交代，認真改正錯誤，否則他們就會犯更大的錯誤。[22]

從林楓明確表態，完全同意羅瑞卿的意見，不難看出羅瑞卿這篇講話，對把張秀山等人定為「高崗反黨集團」的分量（中央在下發批准對張秀山等處分的同時，下發林楓、羅瑞卿在會上的發言，完全證明了這一點）。4 月 24 日，會議通過的《東北地區黨的高級幹部

---

22 〈林楓在東北地區黨的高級幹部會議上的發言提綱〉，1954 年 5 月 4 日，中共中央轉發。《黨史資料》，第 7 期，頁 28–29。

會議向中央的建議》（即撤銷張秀山等人黨內一切職務的建議），正是依據羅、林的意見作出並上報中央的。

中國人都懂得講究禮數，俗話稱：「冤家宜解不宜結」。在未公開出版的《塵封的歷史》中大段引用羅瑞卿的講話，顯然是為了説明當年東北局高幹會打出一個「高崗反黨集團」的實情，而公開出版《我的八十五年》時，就得考慮把這些老人都一個個拿出來亮相，是否有傷情感的問題。可見，以所謂《我的八十五年》未引羅瑞卿在東北地區高幹會上的講話，來作為否定「查檔事件」的依據，不能不使人納悶，儼然以嚴肅學者口吻教訓人的《真相調查》作者，怎麼連中國人講究的人情世故都不懂，竟然拿這來説事，不使人感到太丟份了嗎？

綜上所述，從李力群的三次談話，趙家梁 1999 年向中央的報告，李正亭對張秀山 1953 年佈置查檔一事的回顧，郭峰 1954 年被撤職下放後受到的查問，都證明張秀山所説的 1953 年毛澤東囑高崗查劉少奇 1929 年奉天被捕一事，是無可爭辯的事實。弄清這一歷史事件的真相，並非如《真相調查》作者誣稱是人們為了「反毛」，而是如實地揭示了高崗當年在反對劉少奇的風潮中何以跳得比別人「高」；鄧小平在全國黨代表會議上的報告，何以指責張秀山以「極其惡劣」的手段反對劉少奇；以及東北局高幹會為何打出了一個「高崗反黨集團」，而張秀山被定為高崗「五虎上將」之首的真實原因。

附六

對一則有爭議傳說的史料考證
——高崗向蘇聯出賣過情報嗎？

林蘊暉

　　有關高崗是否有向蘇聯出賣情報的問題，早在 20 世紀 50 年代就曾被提出來過。最早是周恩來在 1954 年 2 月高崗問題座談會的結論中所講高崗九項「陰謀活動」，第八項講到「在中蘇關係上撥弄是非，不利中蘇團結。高崗在東北時，未向中央請示，就與個別的蘇聯同志亂談黨內問題。」[1] 而毛澤東 1956 年 11 月 15 日在中共八屆二中全會上的講話中，又進一步升級說高崗「背着中央向外國人通情報」。原話是：「這裏講一個裏通外國的問題。我們中國有沒有這種人，背着中央向外國人通情報？我看是有的，比如高崗就是一個。這有許多事實證明了的。」[2]

　　自從蘇聯《遠東問題》雜誌 1991 年第 6 期發表〔俄〕C · H · 岡察羅夫《斯大林同毛澤東的對話》以後，有關高崗是否向當年蘇聯援華專家組負責人 N · B · 柯瓦廖夫提供情報一事，更成為研究這段歷史的學界關注的熱點。其中，尤為引人注目的是，高崗是否當面向

1　中國人民解放軍國防大學黨史黨建政工教研室編：《中共黨史參考資料》，第 20 冊（北京：國防大學出版社，1986），頁 268。

2　《毛澤東選集》，第 5 卷（北京：人民出版社，1977），頁 321。

斯大林建議:「宣佈東三省為蘇聯的第十七個蘇維埃社會主義共和國」?對於柯瓦廖夫以歷史親歷者的身分所作談話的真偽,早有不同解讀。2012 年、2013 年《炎黃春秋》先後發表了李潔《柯瓦廖夫和韓素音編造的故事》[3]、李維民《對柯瓦廖夫報告與訪談錄的不同評價》[4]兩篇文章,提出了各自不同的看法。為弄清事實真相,筆者對現有各方資料逐一考證,作為一家之言,參與討論。

柯瓦廖夫究竟講了些什麼

關於高崗向斯大林建議「宣佈東三省為蘇聯的第十七個蘇維埃社會主義共和國」,以及向柯瓦廖夫提供情報的情節,柯瓦廖夫同岡察羅夫對話的原文如下:

> 我想講一些我親眼目睹的能夠説明高崗後來命運的事情。
>
> 第一件發生在 1949 年 7 月 27 日那次聯共 (布) 政治局會議上。劉少奇在這次會議上收回了臺灣問題。隨後情緒激動的高崗也發了言。他完全贊同劉少奇的發言,繼而表示,他想提出他個人的一項建議。
>
> 高崗説,他建議宣佈東三省為蘇聯的第十七個蘇維埃社會主義共和國 (當時蘇聯共有十六個共和國,卡累利阿芬蘭共和國當時也具有加盟共和國地位)。照高崗的意見,這可以保障東三省免遭美國人侵犯,並把東三省變成繼續南下,以徹底殲滅蔣介石的更可靠的基地。此外高崗還建議在青島駐

3　李潔:〈柯瓦廖夫和韓素音編造的故事〉,《炎黃春秋》,2012 年第 7 期。

4　李維民:〈對柯瓦廖夫報告與訪談錄的不同評價〉,《炎黃春秋》,2013 年第 1 期。

扎蘇聯艦隊，建議加強遠東的蘇軍，增加蘇軍人數，並以這些想法證明上述建議是有根據的。高崗發表完意見，與會者響起掌聲，但從劉少奇的臉色看出，他已怒不可遏。

這時斯大林站起身來，轉向坐在第一排的高崗，説：「張作霖同志！」這種稱呼使全體與會者大為震驚，因為張作霖本是土匪，後來靠日本人支持，成了東三省的獨裁者，當他企圖投靠美國人時，就被日本人除掉了。

會議結束後我同高崗和劉少奇坐上汽車前往住地。上車後劉少奇立刻指責高崗叛變，高崗頂撞了幾句。當到達住地時，劉少奇馬上向毛發了密電，由於高崗的叛變行為，要求召高崗回國。而高崗來到我處，慢騰騰地用俄語説，他想秘密通過蘇聯翻譯將關於中共領導狀況的情報告訴我。他認為毛的許多戰友都中了托洛茨基右傾的毒。他還説，他想就某些中國領導人對聯共（布）中央不真誠和反蘇行為發表一項重要聲明。[5]

對柯瓦廖夫上述談話內容，李潔認為：是柯瓦廖夫編造的謊言。李維民認為：在他（指柯瓦廖夫）年已九十歲時，似無必要故意編造故事陷害高崗。而當年陪同劉少奇、高崗、王稼祥去莫斯科訪問的中方翻譯師哲，則前後說法不一。據幫助師哲整理回憶錄的李海文説，「1992 年夏天，貢恰洛夫[6]調到北京在俄羅斯駐華大使館工作，任政務參贊。1993 年 9 月 24 日在中信國際研究所所長皮聲浩的安排下，我與彭德懷傳記組、研究抗美援朝學者張希同貢恰洛夫

5　C·H·岡察羅夫：〈斯大林同毛澤東的對話〉，載《國史研究參考資料》編輯部：《國史研究參考資料》，1993 年第 1 期，頁 76–77。

6　貢恰洛夫，即：岡察羅夫。貢恰洛夫（Иван Александрович Гончаров，1812–1891），是他出任俄駐華使館參贊時自己使用的譯名。

及俄駐華經濟參贊杰尼索夫會面。而後於 10 月 5 日一起看望師哲。
同師哲又討論了這個問題。師哲當場回絕，説高崗沒有説過這個
話。」可是，「師哲在一次接見外賓時，當着我的面，卻承認高崗講
過這個話。使我目瞪口呆，哭笑不得。」[7]

　　看來要考辯這一傳説的歷史真相，只憑某一兩種材料説事是搞
不清楚的，必須把多種資料放到一起進行比較研究。

關於高崗是否建議東三省為
蘇聯第 17 個加盟共和國問題

　　首先要搞清楚的是，柯瓦廖夫是否參加了 1949 年 7 月 27 日這
次聯共（布）政治局會議。李潔引用當事人師哲的話説：「柯瓦廖夫
根本就沒有參加過劉少奇和斯大林的會談。」[8] 這就使柯瓦廖夫所談有
關 7 月 27 日會議內容失去了可信性的前提。

　　那麼，1993 年 10 月 5 日，師哲同李海文所談高崗在 7 月 27 日
會上的發言內容，可信度又如何呢？師哲説：

　　　　高崗這個人愛拉拉扯扯，他私下和柯瓦廖夫講了些什麼
　　我不清楚。但是他做為中國人、中共政治局委員從未當眾也
　　絕不會提出將東北變成蘇聯的第十七個加盟共和國。高崗很
　　不滿意蘇聯搬走東北的機器，很想向斯大林透露一下，但是
　　劉少奇不同意。會談時都是劉少奇一個人説，不給高崗等人
　　發言的機會。高崗連我們的機器被蘇軍搬走都不滿意，他怎

7　李海文：〈科瓦廖夫回憶的不確之處——師哲訪談錄〉，載《國史研究參考
　　資料》，1993 年第 1 期。

8　同上。

麼會提出將東北變成蘇聯的第十七個加盟共和國。高崗提前
回國，這在出國前就定下了，而且是高崗自己提出來的。他
當時擔任中共中央東北局書記、東北人民政府主席、東北軍
區司令員兼政委。他説工作忙，離開時間長不好。所以劉少
奇到工廠參觀、座談他都未去，提前回國了。[9]

可以印證師哲這次談話內容的有趙家梁、張曉霽著的《半截墓
碑下的往事：高崗在北京》。事實上，早在 1954 年召開的高崗問題
座談會期間，就有人提出過所謂「十七個加盟共和國」的問題，當年
高崗在反省中專門對此有過交代。

高崗説，在東北他三次去蘇聯。「第二次是 1949 年夏，同少奇
一起去的。我絕沒有所謂『搶在劉少奇前面説話，要求蘇聯駐軍青
島和山東半島』這類事情。」「至於說我要把東北劃給蘇聯，變成蘇
聯第 17 個加盟共和國，那更是沒有的事。當年我對蘇軍從東北拆運
機器設備和鐵軌的行為很不滿意。訪蘇期間，我很想向斯大林説説
自己的意見，被少奇制止了。試想，連他們拆走我們的機器設備我
都不願意，怎麼會主動把東北這麼一大片領土白白送給他們呢？我
再怎麼沒覺悟，也懂得這是賣國行為呀！」[10]

對比 1993 年師哲的答問和高崗 1954 年的辯解，不難看出其內
容是完全一致的。師哲説的不僅有具體場景，有高崗想發言説什麼
的內容，而且因劉少奇的阻攔，根本就沒有發言的機會。值得指出
的是，1954 年劉少奇、王稼祥等當時人都在，劉少奇還在主持着中
央日常工作，高崗不可能撒謊。1993 年，師哲就這個問題所作的

9   李海文：〈科瓦廖夫回憶的不確之處 —— 師哲訪談錄〉。

10 趙家梁、張曉霽：《半截墓碑下的往事：高崗在北京》(香港：大風出版社，
    2008)，頁 57–58。

答問，如果不是歷史真實，很難解釋為何與高崗當年的解釋如此一致。師哲後來推翻了自己原來的説法，承認確有其事，但卻沒有説出具體情節，其中真偽，想必不難判斷。

關於向柯瓦廖夫出賣情報問題

所謂向柯瓦廖夫出賣情報的事，主要是指 1949 年毛澤東訪蘇期間，柯瓦廖夫在 12 月 24 日向斯大林呈送的《關於中共中央的政策和實踐的一些問題》的報告。那麼，這個報告的由來和內容講了些什麼呢？

李潔引用師哲的回憶説：「據我所知，這個報告產生的過程是這樣的。由於斯大林、毛澤東兩個偉人之間產生了一些誤會，1 月 2 日之前會談沒有進展。有一次，費德林、柯瓦廖夫來看主席，主席發了脾氣。柯瓦廖夫回去之後寫了一封污蔑中國的長信。」[11]

據李維民考證：根據 2004 年公佈的檔案——

> 這個報告標注的時間是 1949 年 12 月 24 日，這應當是最後定稿或上交報告的時間。柯瓦廖夫在 1991 年的訪談錄中説：「訪問前夕我開始給斯大林寫一份關於中國情況的詳細報告，到坐上火車後我才把這個報告寫完。」柯瓦廖夫陪同毛澤東於 12 月 6 日啟程，16 日上午到達莫斯科。當晚，斯大林與毛澤東舉行了第一次會談。12 月 24 日舉行第二次會談。毛澤東 25 日給中共中央的電報説，這次會談「長談五小時半，到今晨五時才畢。一面吃飯，一面談話，極為酣暢。」

11　李海文：〈科瓦廖夫回憶的不確之處——師哲訪談錄〉。

這時毛澤東還沒有感到不滿。過了一些時日，因蘇方對中方
建議簽訂中蘇新約遲遲不表態，毛澤東受到冷遇，一天，他
向柯瓦廖夫和翻譯費德林發了火。李潔說，由於毛澤東向柯
瓦廖夫發了火，「促使柯瓦廖夫惡從膽邊生，編造了這個在中
蘇兩國甚至在整個世界流傳了 60 多年的彌天大謊。」其實，
毛澤東發火是在 12 月 25 日之後，柯瓦廖夫的報告早已寫
完，而且已經交上去了。

柯瓦廖夫的報告，共有 9000 多字（載《中共黨史研究》
2004 年第 6 期），涉及中國政治、軍事、經濟、外交等各個
方面，並非即興之作。[12]

對比來看，師哲說柯瓦廖夫是在毛澤東向他發了脾氣之後才寫
的說法，顯然是不準確的；李維民的考證是有說服力的。

那麼，柯瓦廖夫報告中究竟講了些什麼問題，並使人們懷疑與
高崗有關呢？

報告談有 12 個問題：1，關於國內經濟狀況的一些材料；2，關
於工人階級；3，關於農民和土地改革；4，關於黨；5，關於報刊；
6，關於國家機關；7，關於軍隊；8，關於知識分子；9，關於對民
族資產階級的態度；10，關於對外資的態度；11，關於階級鬥爭；
12，關於對外政策。認為是高崗提供情報的內容，是「關於黨」這一
部分，主要內容是：

在黨的隊伍中，包括在中央委員中，有一些人過去親美
反蘇，中央領導現在支持他們。例如，彭真，中共中央委
員，北京市委書記，政府〔注：應為：中央人民政府——

---

12 李維民：〈對柯瓦廖夫報告與訪談錄的不同評價〉，載《炎黃春秋》，2013 年
      第 1 期，頁 82–83。

譯者〕政法委員會副主任；林楓，中共中央委員，滿洲政府
〔注：應為：東北人民政府，下同 —— 譯者〕副主席，中央人
民政府委員〔注：實際上沒有擔任此職 —— 譯者〕；李富春，
滿洲政府副主席；李立三，勞動部長，中央人民政府委員；
薄一波，財政部長，中共中央委員，政府委員會副主席等；
然而，高崗卻受到了沒有根據的批判（在他的領導下，滿洲
在經濟和文化發展方面取得了非常明顯的成績），在他的周圍
造成了不健康的氣氛。這次批判是由中央書記劉少奇領導和
組織的。

值得注意的是，例如，薄一波作為財政部長，不經中央
同意擅自在 1949 年 10 月允許發行 6,640 億元紙幣（周恩來很
氣憤地對我談了這個情況），造成元的匯率大跌、各種商品價
格上漲 2 到 3 倍、實際工資降低，引起了工人、農民和職員
的極大不滿。

除此之外，薄一波兩次批准提高鐵路貨運價格（每次提
高 200%），造成通過鐵路運輸的 29 種貨物有 12 種再用鐵路
運輸根本不合算，其中包括基本的糧食商品和生活必需品。
運輸沒有得到充分利用，在城市中出現了糧食問題，物價再
次上漲。

勞動部長李立三，過去以其托派活動著稱，在 1949 年 6
月提議成立企業家聯盟，以針對工人要求改善勞動條件的群
眾性行動有組織地捍衛企業家的利益。

1949 年 11 月，亞洲國家工會代表會議召開時，在劉少
奇、全蘇工會中央理事會書記索洛維約夫和我出席情況下，
李立三發言，反對成立亞洲國家工會組織聯絡局。

作為中華全國總工會副主席，李立三是通過在報紙上發
表《勞資關係調解規定》的倡導者之一，這個《規定》是與政

治協商會議的《共同綱領》背道而馳的，惡化了私營企業工人
的處境。[13]

師哲在接受訪談中説道：「高饒事件後，凱豐有個材料提到這
封信中有材料，有人懷疑是高崗提供的，而高崗説不少事他也不知
道。這封信的材料是否有高崗提供的，那我就不清楚了。」[14]

趙家梁在書中寫道：「在揭批高崗的座談會上，有人揭發高崗
裏通外國，挑撥離間中蘇關係，引起與會者一片嘩然。周恩來的總
結發言也提到這個問題。」「座談會上宣讀了柯瓦廖夫給蘇共中央的
這封信，內容是説中國有親蘇派和反蘇派等，信中並未説明材料來
源。周恩來讀完信以後説：柯瓦廖夫怎麼知道這些情況？就是高崗
説的嘛。」[15]

對這一質疑，高崗自己是怎樣解釋的呢？高在反省中説：

> 第二次是 1949 年夏，同少奇一起去的。我絕沒有所謂
> 「搶在劉少奇前面説話，要求蘇聯駐軍青島和山東半島」這類
> 事情。當時，我在與蘇聯人閑聊時説：「你們對我們旅大和東
> 北解放幫助很大，替我們守住了大門，有必要的時候，到青
> 島、威海 (當時青島、威海是國民黨佔領的城市)。」這些話
> 當然不恰當，但不是在正式場合邀請蘇軍進駐青島，性質是
> 完全不同的。
>
> 回國後，我有意抬高自己，貶低少奇，説斯大林賞識
> 我，而不怎麼滿意少奇的報告，這是事實。我講這話，純粹
> 是吹嘘自己。

---

13 A．M．列多夫斯基編，馬貴凡譯：〈斯大林給中共領導提出的十二點建
    議〉，載《中共黨史研究》，2004 年第 6 期。

14 李海文：〈科瓦廖夫回憶的不確之處 —— 師哲訪談錄〉。

15 趙家梁、張曉霽：《半截墓碑下的往事：高崗在北京》，頁 56、61。

在去蘇聯的飛機上，少奇談對資產階級問題的看法，岡爾斯基翻譯，柯瓦廖夫問我怎麼看？我說少奇這個觀點有毛病，我不同意他的觀點。談經濟問題時，我說到薄一波的問題；談職工問題時，說了立三問題。我這樣講，是無原則的。嚴格地講，對柯瓦廖夫說這些話是錯誤的，但這並不是說劉少奇的壞話。

1946 年 1、2 月間，蘇聯派了一個上校到賓縣傳達莫斯科的意見，要我們轉告中央。他說現在東北有兩派，一派執行毛主席、斯大林的路線；一派反對這個路線，是騎在樹枝上砍樹，自伐其木。我說了毛主席在 1945 年 12 月 28 日的指示；講了退不退出城市的問題。那時感到東北城市很重要，和蘇聯紅軍有些不一致的地方。這個我講了，本來應該請示中央的，沒先請示，這是極大的錯誤。但不是挑撥離間，也不是給洋人送情報。

1946 年到 1947 年，哈爾濱總領事儒洛夫廖夫自齊齊哈爾回來，在哈爾濱林彪家裏，說李富春在齊齊哈爾有反蘇言行。我和林彪、陳雲三個人一起質問他：這是從哪裏來的謠言？並申明李富春是我黨的重要領導幹部，他跟中央完全一致，對蘇聯十分友好，根本不會反蘇，絕沒有反蘇言行。儒洛夫廖夫和我們吵了一頓。他還說李立三在執行小組說了撤機器的事情。林總講，我們批評了立三，他已承認錯誤，這個問題已經解決了。

1946 年前後，我們發現蘇聯在東北有 40 幾部電臺搞情報，其中有些是國民黨特務打入蘇聯內務部，又被派回東北收集情報。那時蘇聯內務部在我東北各地建立了不少情報組織，其成員絕大部分是地主或傾向於國民黨的人員。他們給蘇方提供了不少對中共不利的失實的情報，其中就有所謂

「中共在東北的大多數中央委員是反蘇的」、「對蘇聯不友好的」之類。蘇聯內務部和情報部門都曾收到過這些內容完全失實的電報。對他們的這種做法，當時北滿分局領導人——陳雲、林彪和我，曾一起正式向蘇聯領事儒洛夫廖夫提出意見，明確指出他們的情報不真實。

關於與柯瓦廖夫的關係，高崗回憶說：

當時，東北局由我負責與柯瓦廖夫聯繫。他曾經跟我談起：「斯大林把東北的大城市交給蔣介石，不給你們，是要你們把力量組織起來搶天下」。他還問過蘇聯紅軍佔領東北以後，中共幹部到東北的情況、東北工作方針的分歧情況，以及李立三在執行小組說過一些不利於中蘇關係的話的情況等。

關於東北工作方針的分歧，我說確曾有過，彭真、林楓的確有錯誤。但 1946 年 7 月 1 日以後，中央改組了東北局，林彪負責，這個問題已經解決了。

柯瓦廖夫又問我：李立三在執行小組說蘇軍撤機器，外國報紙登了，李立三講了這些話沒有？我說，李立三的確講過蘇軍把東北的機器設備拉走的事。林彪、陳雲和我都批評他了，他承認了這個錯誤。其實，當時好多人都對蘇軍的這種做法，特別對個別蘇軍士兵強姦婦女的事件很不滿意。但蘇聯出兵東北，總的來說是好事，對東北解放是有貢獻的，所以，我們當時教育幹部黨員和群眾，要顧全大局，正確看待蘇軍出兵的問題。

我這些話是 1948 年冬講的，當時沒有得到中央的指示。後來，1949 年春，我到西柏坡時，把情況報告了毛主席。

這些情況，林彪、陳雲都知道，怎麼說我是挑撥離間，

給蘇聯人送情報呢？[16]

從以上高崗在反省中敘述的內容，不難看出柯瓦廖夫報告中所
講的有些內容確與高崗有關；但同樣明顯的是，柯瓦廖夫報告中所
談的 12 個問題，範圍涉及之廣，是多方面搜集而成的，其中涉及中
共領導人的情況，多數是回答科瓦廖夫的提問，是科瓦廖夫想從高
崗方面得到證實，而非高崗主動通報。

如何解讀柯瓦廖夫給斯大林的報告

柯瓦廖夫當年在中國究竟扮演的是怎樣的角色，A．M．列多夫
斯基在《斯大林給中共領導提出的十二點建議》一文的前言中作了如
下介紹：

> 1948 年初，由於中國出現了新的形勢，需要有一位聯
> 共 (布) 中央的特別代表常駐中共控制區，其任務是：同中共
> 中央進行聯繫和領導在中國東北 (滿洲) 的蘇聯專家 (這些專
> 家在中長鐵路上工作並在中共軍隊同國民黨軍隊作戰時向中
> 共、向它的武裝力量提供技術援助)。帶着這樣兩位一體的使
> 命，N. B. 科瓦廖夫被派往哈爾濱。
>
> 中華人民共和國宣告成立初期，科瓦廖夫作為蘇聯派到
> 中華人民共和國的更多的各方面專家組的領導人從哈爾濱遷
> 到北京，同時他仍然是聯共 (布) 中央駐中共中央的特別代
> 表。
>
> 在對蘇聯專家進行領導的同時，科瓦廖夫作為駐中共中

16　趙家梁、張曉霽：《半截墓碑下的往事：高崗在北京》，頁 58–63。

央的代表，還應該向聯共（布）中央政治局和斯大林本人通
報中國的情況，主要指中共控制地區的情況、中共及其領導
層內部的情況、中共的政策和實際活動等。向蘇聯政府通報
中國的情況，自然是蘇聯大使館的職責。但是在 1949 年 10
月 2 日以前，大使館在南京，後在廣州，是派駐國民黨政府
的。大使館研究國家間關係問題，在它的任務中沒有也不可
能有同中共進行聯繫並就涉及共產黨地區情況和中共活動的
問題向莫斯科作出通報的任務。而對莫斯科來說，需要有關
於這些問題的盡可能全面的通報。這首先是因為蘇聯領導參
與國共之間的鬥爭太深，並在這種鬥爭中給予中共以巨大的
政治支持以及軍事技術和其他方面的援助，認為中共是自己
的戰略夥伴和思想上的盟友。為了提供幫助，自然需要盡可
能多地瞭解自己的夥伴和盟友。由於中共領導人經常請求聯
共（布）中央和斯大林本人就他們所需要解決的一系列問題作
出「指示」，這就顯得更加重要了。當然，蘇聯領導也得到了
中共中央和毛澤東本人就一些問題的直接通報。但是，按照
完全可以理解的想法，對於蘇聯領導來說，具有重要意義的
是看到自己派駐中共地區的消息提供者的通報。這是科瓦廖
夫作為駐中共中央的代表肩負的重要任務之一。[17]

對科瓦廖夫《關於中共中央的政策和實踐的一些問題》的報告，
列多夫斯基評述說：

> 報告是科瓦廖夫配合毛澤東訪問莫斯科準備的。
> 報告中指出了斯大林就最重要的內外政策問題給中共領
> 導提出的建議，並含有科瓦廖夫關於這些建議在中共中央的

---

17 《中共黨史研究》，2004 年第 6 期，頁 84、85–86。

政策和實際活動中有怎樣的反映的通報和他的批評性看法。
報告中的通報表明，中共領導在奪取政權後的第一階段遇到
了哪些非常複雜的問題和蘇聯專家需要投入多麼大的努力、
多麼多的知識和經驗來幫助中共和中華人民共和國領導解決
這些問題，並使中國擺脫由於進行 12 年之久的兩次流血的和
破壞性的戰爭（抗日戰爭和國內戰爭）所陷入的極其嚴重的經
濟危機。

　　科瓦廖夫在給斯大林的報告中描述了中共掌握政權時中
國國內的形勢，其特點是，國民黨政權給中國新的領導人留
下了令人難以置信的困難，還有日本 8 年侵略行動和其後帶
來巨大人員犧牲和物質破壞的內戰造成的這種困難。中華
人民共和國在從兩次戰爭向和平過渡的道路上所面臨的這些
困難及其產生的原因和克服它們的途徑，科瓦廖夫都作了闡
述。科瓦廖夫是著名的經濟活動家，是自己國內有經驗的生
產組織者，但他對東方國家包括像中國這樣的大國（他是在
這個國家發生複雜而具有偉大意義的世界性歷史事件時首次
來到這裏的）瞭解不多，他從自己的角度進行了評述，因此
在他從中國發回的報告中，包括在這裏發表的給斯大林的報
告中，除了客觀的和完全有根據的通報外，也含有不完全正
確的，甚至是明顯錯誤的判斷。但是，在對科瓦廖夫的評述
持分析態度的情況下，必須承認，他關於唯意志論對中共在
內戰時期的政策和實際活動有影響的看法，以及他指出在中
華人民共和國成立初期有唯意志論的問題（這是中華人民共
和國成立初期出現嚴重經濟狀況和其他消極現象的重要原因
之一），這些意見都是有一定根據的。[18]

---

18 《中共黨史研究》，2004 年第 6 期，頁 86、87–88。

由上可見，科瓦廖夫給聯共（布）中央和斯大林寫報告，是他作為聯共（布）中央派駐中共中央的特別代表的職責所在，而不是什麼「泄憤」或「告密」之舉。但是，正如列多夫斯基指出的，科瓦廖夫這份寫給斯大林的報告，「除了客觀的和完全有根據的通報外，也含有不完全正確的，甚至是明顯錯誤的判斷。」師哲在答問李海文的訪談中就曾明確提到以下幾點（關於「第十七個加盟共和國」問題前已引述）：

　　問：科瓦廖夫回憶劉少奇訪蘇時曾向斯大林提出蘇聯派空軍和潛水艇幫助解放臺灣。但是我看到劉少奇寫給斯大林的長篇報告中沒有這個內容。

　　答：科瓦廖夫根本就沒有參加過劉少奇和斯大林的會談。

　　問：我們是否請蘇聯派潛水艇解放臺灣？

　　答：根本沒有這種事。我們怎麼會請外國人幫助我們解放臺灣！整個解放戰爭全是我們自己打的。轉戰陝北時，阿洛夫堅持要跟着走，毛主席都不同意，説：儘管他是醫生，但人家會藉口洋人參與中國的內戰，傳到世界各國去影響不好。請蘇聯幫助解放臺灣，這是絕對不可能的事！這是科瓦廖夫憑自己主觀臆想杜撰出來的。

　　問：科瓦廖夫講博古要殺害毛澤東，是高崗救了毛澤東，這也是無稽之談。

　　答：科瓦廖夫對中國黨的歷史並不清楚。毛主席只向孫平講過中國共產黨的歷史。

　　問：毛主席去蘇聯在瀋陽停留了嗎？科瓦廖夫回憶説毛澤東在瀋陽看見到處都掛着斯大林的畫像很生氣。

　　答：主席在瀋陽停留了一天，住在大和旅社，他沒有上街，哪有時間、精力注意到掛像的事。[19]

19　李海文：〈科瓦廖夫回憶的不確之處——師哲訪談錄〉。

可見，以科瓦廖夫的這個報告去定高崗什麼「出賣情報」、「裏通外國」這類的罪名，顯然是不可信的。

高崗與蘇聯人談中共黨內情況的另例

2012 年 8 月，美國俄勒岡州立大學李華鈺教授，從俄羅斯國家檔案館抄錄了一份當年蘇聯駐瀋陽領事館總領事列多夫斯基[20] 的報告摘抄件，全文如下：

特別卷宗

絕密

摘　抄

摘自列多夫斯基同志的報告

（收文號：No. ОП 6008 1952 年 6 月 11 日）

1952 年 5 月 27 日會面時高崗對列多夫斯基同志説，5 月 26 日北京以非正式的私人電話通知他，中央決定解除他在東北的工作，調到中央工作，做出這一決定似因需要加強中央領導機關，中央領導人員不足，等等。

據高崗説，因他就農民問題發表了激烈的言論以及在朝鮮問題上的立場，北京以劉少奇為首的對他不友好的人決定弄掉他。他補充説，過去和現在劉少奇都因高崗對蘇聯和對在東北工作的蘇聯專家持非常友好的態度而對他不滿。為此高崗提及 1950 年發生的斯大林和毛澤東肖像的政治事件。

20　列多夫斯基（Андрей Мефодьевич Ледовский，1914.10.16–2007.11.29），蘇聯外交家，特命全權大使。1948–1950 年為蘇聯駐華大使館一秘。1950–1952 年為蘇聯駐瀋陽總領事。

　　高崗説，劉少奇及其親信彭真、薄一波、李立三、李富春等人早就打算解除高崗在東北的領導工作，把他貶為無足輕重的角色，並千方百計地尋找實施的辦法。據高崗説，在同毛澤東和劉少奇談話時，後者不止一次地以委婉的形式建議他在中央擔任這一那一「高」職。高崗説，他也每一次都以委婉的形式拒絕了此類建議，因為他看到並懂得，這不過是考慮到他擔任中央政府副主席的高位而想通過任命他擔任顯赫的但是空頭的沒有任何實際作用的職位，不讓他從事重要的大事業（高崗強調説，給他中央人民政府副主席的職位，是因為毛澤東和中央看到他在解放區的多年工作，該解放區是在他直接領導下建立的）。

　　高崗説，過去和現在都建議他擔任國家計劃委員會主席的職務，高崗説，在這裏他實際上無事可做。高崗説，他不會去擔任這一職務的，將請求去農業部或水利部工作。他補充説，他很熟悉此經濟部門，他將能較為平靜地工作，並且也將有可能較深入地研究馬克思列寧主義。據高崗説，他還會同意到國家監察委員會工作，因為這項工作使他有可能「在國內多走走，多看看」。

　　高崗指出，他覺得自己不適合在較為負責的領導機關工作，因為在那裏他會遇到在這些機關處高位對自己不友好的人。其中高崗就指出軍事委員會，他補充説，他過去曾經拒絕在這裏工作，現在如果再提出此項建議，他還會拒絕，因為不會讓他實際領導軍事，而軍事問題上的各種缺點錯誤都會讓他承擔責任。

　　高崗説，他的位置暫時由他目前的副手林楓代理，林楓曾經是劉少奇的私人秘書，劉對他是完全信任的。按照高崗的看法，以後東北將由他原先的副手李富春領導。

據高崗說，隨着他被調離東北，邊區的黨、行政和軍事領導機關必然會發生大變動。

在談話結束的時候高崗指出，他還沒有接到調離東北的正式通知。他說，6 月 2 日他將去北京參加政治局會議，上述通知將在北京正式通知他。他補充說，也可能由於自己的朋友——林彪、陳雲等的全力支持會改變中央的決定，但高崗說可能性不大。他補充說，毛澤東最信任劉少奇和彭真。

據高崗說，中央領導機關中基本上存在兩個集團。其中一個是劉少奇、彭真、李立三、李富春、饒漱石。高崗補充說，與之接近的有周恩來。高崗對饒漱石的評價很低。他強調，饒漱石是個不大懂馬克思列寧主義的「秀才」。據高崗說，上述集團在決定黨務和國務中起主要作用。

高崗指出，組成另一集團並給他以支持的人們中有林彪、陳雲、彭德懷、鄧小平、聶榮臻。高崗還給朱德以好評，但強調他的消極無為。

核對無誤：

聯共（布）中央軍事工業綜合體核算指導員瓦拉金娜

1952 年 9 月 24 日

這份檔案的中心內容是反映高崗對調離東北任國家計劃委員會主席一職的不滿，認為是「調虎離山」，是劉少奇要把東北局的領導權交給林楓。從高崗後來與王鶴壽等人的談話來看，「調虎離山」說是當時高崗的真實思想。高崗在與列多夫斯基談論對此事所表示的不滿，與他和王鶴壽等人所表露的情緒是一致的。

由於這份檔案是列多夫斯基報告的摘要，報告所說的「1952 年 5 月 27 日舉行的會談」，是什麼背景，會談的主題是什麼，高崗是在談什麼問題的情況下，引出這個調職的話題，都無從查考。但它

給人們的印象是，高崗當年與蘇聯人（蘇聯顧問和蘇聯駐華使節）談論中共黨內情況，並非科瓦廖夫一人。對這個問題應作何解釋，本人專門請教了中蘇關係和冷戰史專家沈志華教授。沈教授認為：

> 關於 40 年代末、50 年代初中共領導人與蘇聯方面接觸的情況，在已經披露的俄國檔案中有很多反映。那時，蘇共不僅是國際共產主義運動的領導者，而且直接向中共提供了大量援助，在中共一般領導人眼中，蘇共既是戰友，又是靠山，是可以依賴的。況且那時中共剛取得全國政權不久，所謂內外有別的觀念也不是很強。所以，在私下談話中，很多人都沒有什麼拘束，所談內容涉及方方面面。在這種背景下，我的判斷，高崗這人就是一個炮筒子，說話隨便，口無遮攔，向蘇聯人通報一些黨內的事情是很自然的，其中談到他對某些領導人或某些政策不滿，也是很可能的。但是要說他有意出賣情報，甚至投靠蘇聯，則是很難令人相信的。

我個人以為，沈教授這段解讀說明，研究歷史問題，一定要把問題放到那個歷史時代的大背景下進行考察，孤立的就事論事，定會造成誤讀。

附七

彭德懷辯誣「高、彭聯盟」

林蘊暉

　　1959 年的廬山會議，彭德懷因上書毛澤東被打成「反黨集團」的頭子，這一冤案在 1981 年中共十一屆六中全會通過的《關於建國以來黨的若干歷史問題的決議》中已經得到平反。但是，彭德懷與 1955 年被定為「高崗、饒漱石反黨集團」的關係卻一直未得到澄清。1980 年 3 月 19 日，鄧小平在談到「高、饒問題」時說，高崗「有四個大區的支持」（指東北是高崗自己、華東有饒漱石、中南有林彪、西北有彭德懷），這就暗含着高崗當年反對劉少奇的活動得到了彭德懷的支持。

　　當然，這個說法的第一人並不是鄧小平。事情要追溯到 1959 年的廬山會議，當時，毛澤東在批彭德懷時，就曾說：「高饒集團是在 1953 年嘛！形成這個集團的時候，是在抗美援朝的期間，1951 年至 1953 年三年形成的。我們知道彭德懷是陷得相當深的，那時是保護過關。是高饒聯盟，還是高彭聯盟？」[1] 中共八屆八中全會通過的《關於以彭德懷同志為首的反黨集團的錯誤的決議》更說什麼：

1　參見李銳：《廬山會議實錄》（鄭州：河南人民出版社，1994），頁 287–288。

現在已經查明，彭德懷同志和黃克誠同志早就同高崗形成了反黨聯盟，並且是這一聯盟中的重要成員。張聞天同志也參加了高崗的宗派活動。在反對高饒反黨聯盟的鬥爭中，黨中央已經知道了彭德懷同志和黃克誠同志參與這一反黨聯盟的若干事實，給了他們以嚴肅的批評，希望他們得到教訓，從此悔悟，並沒有加以深究。但是彭德懷同志和黃克誠同志雖然表面上作了檢討，實則不但沒有認識和改正自己的錯誤，反而長期對黨隱瞞他們參加這一反黨聯盟活動的某些重要事實並且繼續發展他們的反黨分裂活動。高崗在手法上是偽裝擁護毛澤東同志，集中反對劉少奇同志和周恩來同志。而彭德懷同志卻直接反對毛澤東同志，同時也反對中央政治局常委其他同志，同政治局的絕大多數相對立。

《決議》甚至還說：彭德懷從「社會主義改造剛一開始，他就同高崗結合起來進行反黨活動」。[2]

此後，1962 年 1 月 27 日，劉少奇在七千人大會上講到不能為彭德懷的「右傾機會主義」平反時更說：長期以來，彭德懷同志在黨內有一個小集團，他參加了高崗、饒漱石反黨集團，是這個集團的主要成員。「到底是高、饒聯盟，還是高、彭聯盟呢？恐怕是彭、高聯盟。」[3]

彭德懷對在高崗、饒漱石問題上的所謂錯誤，在 1955 年黨的全國代表會議上，就曾有所檢討。彭在會上發言說：

「在對待高、饒問題上，特別是高崗問題上，我是有錯誤的。黨

2　中國人民解放軍國防大學黨史黨建政工教研室編：《中共黨史參考資料》，第 23 冊（北京：國防大學出版社，1986），頁 119–120、121。

3　王焰主編：《彭德懷年譜》（北京：人民出版社，1998），頁 774。

中央對高、饒問題的揭發處理，七屆四中全會關於增強黨的團結的決議，對我個人有特別重要的教育意義。」彭進而作自我批評説：「高崗 1951 年 1 月到朝鮮時，就開始散播對中央同志的流言蜚語，挑撥同志間的團結」，「我當時對這些問題的看法與高崗有共同點，也有不同點，但未加説明，我是犯了嚴重自由主義錯誤的」。「高崗的自我吹噓和散佈謠言，我為什麼能夠聽得進而又信以為真呢？首先是由於我馬列主義水平低，嗅覺不高，對高崗個人野心家和陰謀家的本質沒有認識。由於我自己還存在各種各樣的非無產階級思想，主要是資產階級思想的影響未能肅清，對馬列主義學習不夠，因而對問題的看法存在着成見和感情的成分，是我在高崗問題上犯錯誤的基本原因。」[4]

從參加當年黨代表會議的發言來看，聽過高崗私下議論劉少奇錯誤的人為數甚多，因高崗被定為反黨不得不作檢討，彭德懷的所謂錯誤也僅此而已。而當「七千人大會」再次強加給他種種罪名時，迫使彭德懷不得不起來為自己辯誣。這就是 1962 年 6 月，彭德懷向毛澤東和中共中央上送了一份長達 82,000 字的申訴書（後被稱為「八萬言書」、「翻案書」）的由來。

「八萬言書」[5] 的內容分為五個部分：「關於廬山會議問題」；「關於高饒聯盟問題」；「我同外國人的一些接觸過程」；「我的歷史過程及其幾個問題」；「關於軍事路線問題」。1993 年，由當代中國出版社出版的《彭德懷傳》的第 681 頁中説：「這封長信，第一部分的主要內容和第四部分的大部分內容已於 1981 年 12 月整理出版的《彭德

4　王焰主編：《彭德懷年譜》，頁 592–593。

5　〈彭德懷 1962 年給黨中央和毛主席的信〉（八萬言書複印件），國防大學黨史黨建政工教研室資料室存。

懷自述》一書中披露。」但是，這個涉及「高、彭聯盟」甚至是「彭、高聯盟」的部分未予收入。為還歷史的本來面目，現將彭德懷「八萬言書」中關於他與高崗交往的過程摘抄於後：

第一次是 1951 年 1 月，中國人民志願軍入朝進行第三次戰役結束以後，高崗以中共中央軍委會代表的身分出席中國人民志願軍和朝鮮人民軍高級幹部會議，會後，高崗在與彭談話時，突然把話題轉到彭真在東北犯錯誤的事，緊接着説彭真「是接受了少奇同志的『和平民主新階段』，幻想國民黨不會進攻，以後國民黨進攻了，又幻想抵 (抗) 一下就會和平，這就完全陷入被動」。彭回應説：「少奇同志對革命是忠心耿耿的，他論『和平民主新階段』講過了一點份，有時也有一點偏。」

第二次是 1952 年 4 月底在瀋陽，高崗向彭説了斯大林和蘇共中央是如何接待他的，又説斯大林怎麼拉他看電影，還説「斯大林是不喜歡劉 (指少奇同志) 的，同時對周 (指恩來同志) 的不積極抗美援朝也是不喜歡的。」我説，那就不是事實，誰喜歡誰關係不大，只要中國人民喜歡就行。高又説，周是一個徹頭徹尾的事務主義，政治路線不明確，對於抗美援朝這樣大的事情沒有個全面計劃，只是頭痛醫頭、腳痛醫腳，一切事務都是被動的，毛主席也不喜歡他。我説，周公這個人，吃得少做得多，耐勞耐怨，平易近人，在中國知識分子階層中，有廣泛的人事關係。至於工作上有事務主義，是他的缺點。高又説：「斯大林要撤彭德懷的職。」我説：「這可能是第五次戰役第二階段沒有打好的原故吧。我現在很疲勞，撤銷我志願軍的職務休息一下也好。」

第三次是：

1952 年夏天，我在北京醫院割瘤子出院以後，就住到中南海了。當時中央書記處有人提出要我當參謀總長 (可能是

恩來同志提的），我當時拒絕了這個工作⋯⋯因此我向主席
提議讓高崗來當參謀總長。同時也提出鄧小平同志，因為他
同軍隊內的聯繫比較多些。當時主席是稱贊了鄧小平同志，
並說因工作情況抽不出來⋯⋯當時主席問我：「高崗這個人
就沒有缺點嗎？」我說，高崗就是對犯過錯誤的同志視惡如
仇，在這個問題上他有狹隘性。

第四次：

　　大概在 1953 年 9 月 4 日左右⋯⋯高崗來我處，談了些
財經會議的經過。他說：「過去財政問題上有許多錯誤，對薄
一波同志進行了嚴厲的批評和鬥爭。可是他坐在那裏好像滿
不在乎，看來對人民沒有什麼感情。」我說對於財經工作我們
現在的經驗還很少，還需要相當時間才能把經驗積累起來。
高又問我對財經工作有什麼意見沒有？我說：沒有摸過，外
行。

第五次：

　　在 1953 年 12 月裏（大概時間），軍委準備開一次軍隊系
統黨的高級幹部會議。軍委會準備的報告草案，在主席處進
行了討論。在討論時，高崗說這個報告草案沒有思想性。主
席當時指示「以彭為主，請高加以修改」。我當時表示以高為
主（高當時也是軍委副主席），我參加。最後主席又重複說：
「還是以彭為主吧。」

大約過了三天時間，彭到了高崗家裏，準備看一看修改的怎麼
樣了。高說還沒有看──

　　接着高又把小桌上放的是什麼文件給我介紹了一下。其中有少奇同志在天津的講話、華北土地工作會議講話和少奇同志在延安作的「關於和平民主新階段」的講話記錄等。他問我看過這些文件沒有？我説，沒有看過，現在的文件實在太多了。但是少奇同志在天津的講話我聽某某同志提起過，「有點偏」。高接着説，是呀！偏到資本家那邊去了。他又説讓我看看這些文件。我説，現在沒有時間看。

　　可是，第二天高崗帶着秘書到了我的住處。他一進門就説「對報告草案沒有多少修改，今天談了以後再修改。」……他在這裏又提起少奇同志來，他説：「劉少奇這個攤攤在七大時就安排好了，説什麼劉為白區的領袖，這就是説毛主席只是蘇區和紅軍的領袖，你看這樣還像話嗎？他把劉瀾濤安在華北，某某某安在華東，林楓安在東北，有朝一日他就要篡黨，取毛而代之。」我當時説，不會的，有毛主席在，誰也篡不了黨。高説毛主席去重慶談判回延安後，身體很不好，那時真危險啊！我説，少奇同志對毛主席是絕對忠誠的。我當時並舉了一個例子來説明少奇同志的可靠。那是 1937 年，我和少奇同志由臨汾回延安開會，在運城兵站住了一晚。當時少奇同志給我介紹了毛主席的思想方法及工作能力，那次對我印象極深。高又説，此一時，彼一時，難道「和平民主新階段」的講話也是主席的意思嗎？我説那次講話，少奇同志是「走了一點火」。高又繼續説，天津講話站在資本家那邊去了，難道也是主席的意思嗎？也是「走了一點火」嗎？他又舉少奇同志的講話來作例子説，「軍隊幹部在戰爭時期是要坐第一排的，現在是和平民主新階段時期，就要讓別人坐第一排了，難道這也是對的嗎？」我插話説有些老幹部當時聽了很不舒服，其實那是打譬喻説的。高搶着説：「這不是走火，也

不是譬喻打的不好，而是有意打擊老幹部。劉的講話是影響了華北和東北的工作，鬆懈了戰爭準備。」我說，你有機會時，可以在書記處把你的這些意見說一說，或者個別向主席談一談。高說，還不是時候，只要自己心裏有個底就行了。我當時對高崗的這些話也產生點懷疑，但是當時沒有向他提出來，事後又沒有及時向中央反映，這是嚴重錯誤。高崗又提到了中央決定增補中央候補委員，說軍隊方面大概是五個人，並問我那些同志合適？又說某某和某某看來是可以的。我說某某可以考慮，但是具體名單須同軍委副主席們商量後再報給中央吧。

接着，彭德懷講述了他與高崗發生的一次爭執。彭寫道：

1953 年 12 月，正在召開軍隊系統的高幹會議期間，我參加了由主席在頤年堂召開的一次會議。主席在會上提出，他外出後誰人主持日常工作？少奇同志首先提出：「主席外出後的日常工作由書記處同志輪流主持。」並提議由周恩來同志主持。周恩來同志再三推辭。高崗贊成「由書記處同志輪流主持」。朱德同志也說「由書記處同志輪流主持」。我第五個發言，當時我很激動，心裏想：就是輪流的話，輪到你朱總司令或高崗時，就敢肯定不出問題嗎？所以我當時說：我不贊成日常工作輪流主持，因為日常工作事情多，如果沒有一個同志認真來研究是不行的，日常工作仍應由少奇同志來主持。主席當時說：「怎麼樣？還是少奇同志主持吧。」當時少奇同志仍在推辭。我說，這又不是寫文章有稿費，還有什麼推辭的呢？最後，少奇同志同意自己來主持了。

第二天晚飯後，高崗來到我處，他的臉色很難看，似乎在生氣。他先問了問高幹會議的情況，然後就轉到了昨天在

主席處開會的上面來，他說：「你昨天為什麼贊成由劉少奇代理，而不同意我的意見呢（或者說是由他代理，而我沒聽清楚）？」他說這話的時候，看來是責問我的樣子。我當時就冒火了，突然說：「這是我個人的認識！」他見當時沒有什麼便宜可得，也氣勢洶洶地走了。我當時想，這次得罪了他，以後不會再來了，不來拉倒！因為我素有一個不怕得罪人的壞習慣。

彭德懷檢討自己對高崗攻擊劉少奇的一些不尋常的的言語，沒有及時「向主席和中央彙報，這是一個重大的錯誤」。

基於上述，彭德懷對「高、彭聯盟」，「彭、高聯盟」的說法明確表示不能接受，認為與事實不符。他以沉痛的心情向中央申明：

> 以上我同高崗來往的經過和談話，是抱着以對黨忠實的態度來回憶和寫出來的，自問是真實的，可以作為中央對這個問題分析的參考。再者，揭露高、饒反黨聯盟的是陳雲同志，他可能瞭解其中底細，因此陳雲同志是最好的見證人。鄧小平同志是第一個到我處談高、饒聯盟問題的[6]，看我當時是否將高崗的言論和行動向鄧小平同志作了如實反映的？而且在高、饒反黨聯盟未被揭露以前，主席外出時，我就反對書記處工作輪流主持，而同意少奇同志主持，這也可以說明我究竟同高崗有什麼關係，事情也比較明白。

筆者所以引用如此多的文字，目的是要還彭德懷這位從國內戰爭、抗日戰爭到抗美援朝戰爭功勳卓著，一生光明磊落、剛直不阿

6　關於鄧小平找彭談話的情況，彭德懷回憶說：在高幹會議結束前一兩天的時候，鄧小平同志來到我處，即提出了高、饒反黨聯盟問題，問我的看法怎樣？我當時就把高崗近來的大概情況如實告訴了鄧小平同志。

的共和國元帥一個政治上的清白。如果說，高崗、饒漱石「反黨聯盟」本來就不能成立，那麼，說什麼「高、彭聯盟」，「彭、高聯盟」就更是欲加之罪了。

後記
我對「高、饒事件」的研究

　　高崗、饒漱石事件所以成為我一直關注的一個課題，緣於 1980
年代初，解放軍政治學院中共黨史教研室的領導分工我擔負建國頭
七年（1949–1956）時段的教學，作為建國後第一次中共黨內鬥爭的
高崗、饒漱石事件，顯然是這段歷史中繞不開的問題。但在那時所
能看到的有關資料十分有限，除已出版的《毛澤東選集》第五卷收入
的毛澤東在 1955 年黨的全國代表會議上的開幕詞和結論講話、鄧小
平在黨的全國代表會議作的《關於高崗、饒漱石反黨聯盟的報告》、
黨的全國代表會議通過的《關於高崗、饒漱石反黨聯盟的決議》外，
就是 1980 年鄧小平對起草《關於建國以來黨的若干歷史問題的決議》
的有關談話、中共十一屆六中全會通過的《關於建國以來黨的若干
歷史問題的決議》中所作的論斷了。

　　1980 年代中期，漸漸可以看到有關建國初年毛澤東與劉少奇在
新民主主義建設問題上的分歧，以及高崗在農村互助合作、城市工
會工作方針問題上與毛澤東態度一致的資料。「高、饒事件」，正是
在毛澤東提出向社會主義過渡的總路線，批評「確立新民主主義社會
秩序」等觀點為「右傾」，把薄一波「新稅制」上綱為「黨內資產階級

思想」的背景下發生的。因此，我在《凱歌行進的時期》(「1949–1989 年的中國」第一卷) 的寫作中，把毛、劉分歧作為「高、饒事件」的重要背景，提出「高、饒事件」，「是黨的戰略思想轉軌過程中發生的一個『插曲』」[1] 的觀點。但對整個事件的過程和結論，還只能依據 1955 年全國黨代表會議的《決議》的結論和 1981 年《關於建國以來黨的若干歷史問題的決議》的論斷來寫。

1991 年，薄一波《若干重大決策與事件的回顧》出版，作為「高、饒事件」當事人之一在書中提供了一個方面的具體情節。1990 年代，我在《百年潮》發表的《高崗事件始末》，以及此後出版的《輔助建國》——《劉少奇之路》第三冊 (中共黨史出版社 2001 年版) 中，採用了該書中的一些材料和觀點，這顯然還只是一面之詞。

進入 21 世紀之後，毛澤東等中共中央領導人的文稿、年譜、傳記和其他領導人的日記、回憶錄等有了更多的面世；而當年受高崗事件牽連的原中共中央東北局第二副書記張秀山、第三副書記張明遠回憶錄的出版，更對弄清作為定性高崗、饒漱石「反黨聯盟」事件的重大事實 —— 1953 年的全國財經工作會議「批薄射劉」；第二次全國組織工作會議「討安伐劉」；高崗的錯誤究竟在哪；毛澤東為何缺席以解決高、饒問題為主題的中共七屆四中全會等，提供了更為全面的史料。據此，我在《向社會主義過渡 —— 中國經濟與社會的轉型》(《中華人民共和國史》第二卷，香港中文大學出版社 2009 年版) 中，才有可能對涉及「高、饒事件」的諸多重大情節作出更符合實際的敘述 (有關內容，此前曾分別以：建國後毛澤東心目中的接班人、「批薄射劉」的財經會議、「討安伐劉」的組織工作會議、高崗被定為「反黨」的原因、毛澤東缺席中共七屆四中全會釋疑、東北局

---

1 林蘊暉、范守信、張弓：《凱歌行進的時期》(鄭州：河南人民出版社，1989)，頁 335。

「五虎將」冤案始末等單篇收入拙作《國史札記·事件篇》（中國出版集團東方出版中心 2008 年版）。

經過以上努力，雖然澄清了「高、饒事件」的部分事實，但仍有很多重要環節使人難以解惑。如，被作為高崗「陰謀篡黨奪權」的重要事實——高崗對毛澤東外出休假期間由劉少奇主持中央工作，提出「異議」的「輪流」說，究竟是哪一次中央會議，高崗又是在什麼情況下提出「輪流」的？中央作出毛澤東休假期間由劉少奇代理主持中央工作的決定，是同一次中央會議嗎？最早向毛澤東反映高崗問題的是誰？強調增強團結，只作自我批評的中共七屆四中全會閉幕後，隨即分別召開高崗問題、饒漱石問題兩個座談會進行面對面揭發高、饒問題的決定，是怎樣作出的，毛澤東是否知情？分別召開的高、饒問題座談會的情況（包括高崗、饒漱石的檢討），為何找不到向毛澤東彙報以及毛澤東表態的點滴史料？1954 年 2 月 25 日周恩來在高崗問題座談會上的結論講話，為何 2 月 26 日劉少奇才報送在杭州的毛澤東？更值得注意的是，在 2 月 6 日四中全會開會前的 2 月 2 日，劉少奇、周恩來與蘇聯駐華大使尤金的談話，將後來定性高崗「陰謀篡黨奪權」的「罪行」全盤托出，是否事先已與毛澤東有過勾通？等等，都還有待進一步的釐清。

現在呈現在讀者面前的這本《重考高崗、饒漱石「反黨」事件》還只是在現有可見史料的基礎上，把「高、饒事件」作一相對完整的梳理，作為個人對這一歷史事件研究的一個小結，內中所留存的問題，只能留待後人繼續挖掘和探討了。

2014 年夏於延慶古崖居原鄉別墅

參考文獻

一、檔案

〈尤金與毛澤東談話紀要：貝利亞事件和王明問題〉（1954 年 1 月 4 日）。摘
自 П. Ф. 尤金的工作日記，1954 年 2 月 23 日，АВПРФ, ф. 0100, оп. 47,
п. 379, д. 7, л. 41–43，載《俄羅斯解密檔案選編——中蘇關係》，第四卷
（1951.9–1954.1），頁 448–449。

〈尤金與毛澤東談話記錄：高崗事件與黨內團結〉（1954 年 3 月 26 日）。摘
自 П. Ф. 尤金的工作日記，1954 年 3 月 31 日，АВПРФ, ф. 06, оп. 13а,
п. 39, д. 227, л. 1–5，載《俄羅斯解密檔案選編——中蘇關係》，第五卷
（1954.2–1955.7），頁 39–41。

〈尤金與劉少奇、周恩來談話記錄：通報高崗—饒漱石事件〉（1954 年 2 月
2 日）。摘自 П · Ф · 尤金的工作日記，1954 年 2 月 23 日，АВПРФ, ф.
0100, оп, 47, п. 379, д. 7, л. 23–25，載《俄羅斯解密檔案選編——中蘇關
係》，第五卷（1954.2–1955.7），頁 13–17。

〈尤金與劉少奇、周恩來談話紀要：通報中共七屆四中全會情況〉（1954 年 2
月 13 日）。摘自 П · Ф · 尤金的工作日記，1954 年 2 月 23 日，АВПРФ,
ф. 0100, оп. 47, п. 379, д. 7, л. 36–40，載《俄羅斯解密檔案選編——中蘇
關係》，第五卷（1954.2–1955.7），頁 17–19。

〈列多夫斯基同志的報告〉（收文號：No. ОП 6008 1952 年 6 月 11 日）摘抄。

二、文獻資料

《毛澤東選集》，第 1 卷。北京：人民出版社，1953。

———，第 3 卷。北京：人民出版社，1991。

———，第 5 卷。北京：人民出版社，1977。

中央文獻出版社編：《習仲勛文選》。北京：中央文獻出版社，1995。

中共中央文獻研究室編：《建國以來毛澤東文稿》，第 2 冊。北京：中央文
　　獻出版社，1988。

———：《建國以來毛澤東文稿》，第 4 冊。北京：中央文獻出版社，1990。

———：《建國以來劉少奇文稿》，第 1 冊。北京：中央文獻出版社，2005。

———：《建國以來劉少奇文稿》，第 5 冊。北京：中央文獻出版社，2008。

———：《建國以來劉少奇文稿》，第 6 冊。北京：中央文獻出版社，2008。

———：《毛澤東文集》，第 6 卷。北京：人民出版社，1999。

———：《劉少奇論新中國經濟建設》。北京：中央文獻出版社，1993。

中共中央文獻研究室編輯委員會編：《劉少奇選集》，下卷。北京：人民出
　　版社，1985。

中共中央辦公廳通知（抄件），1953 年 6 月 2 日。國防大學黨史黨建政工教
　　研室資料室存。

中國人民解放軍國防大學黨史黨建政工教研室編：《中共黨史參考資料》，
　　第 19、20、23 冊。北京：國防大學出版社，1986。

中國社會科學院、中央檔案館編：《1953–1957 中華人民共和國經濟檔案資
　　料選編·財政卷》。北京：中國物價出版社，2000。

中華人民共和國國家農業委員會辦公廳編：《農業集體化重要文件彙編
　　（1949–1957）》，上。北京：中共中央黨校出版社，1981。

〈王鶴壽、陶鑄、陳正人、馬明方、習仲勛、劉景范、張聞天、陳雲、李卓
　　然、杜者蘅、劉亞樓、習仲勛、安子文、張聞天在 1955 年 3 月中共全國
　　代表會議上的發言〉（複印件），國防大學黨史黨建政工教研室資料室存。

〈吳波談新稅制問題〉（抄件），國防大學黨史黨建政工教研室資料室存。

李桂才主編：《中國工會四十年（1948–1988）》（資料選編）。瀋陽：遼寧人
　　民出版社，1990。

中共中央文獻研究室編輯委員會編：《周恩來選集》，下卷。北京：人民出版社，1994。

〈陳毅同志關於檢查向明同志錯誤和山東分局領導向中央的報告〉，1954年6月21日。中共中央1954年10月22日轉發（抄件），國防大學黨史黨建政工教研室資料室存。

〈彭德懷1962年給黨中央和毛主席的信〉（八萬言書複印件），國防大學黨史黨建政工教研室資料室存。

斯大林著，中共中央馬克思恩格斯列寧斯大林著作編譯局譯：《斯大林全集》第12卷。北京：人民出版社，1955。

《當代中國農業合作化》編輯室編：《建國以來農業合作化史料彙編》。北京：中共黨史出版社，1992。

〈粵中區專員公署農建科翻印〉（複印件），國防大學黨史黨建政工教研室資料室存。

〈鄒大鵬給劉少奇的信〉（抄件），國防大學黨史黨建政工教研室資料室存。

鄧小平：《鄧小平文選》，第1卷。北京：人民出版社，1994。

———：《鄧小平文選》，第2卷。北京：人民出版社，1994。

〈羅瑞卿、林楓在東北地區黨的高級幹部會議上的發言〉，1954年5月4日，中共中央轉發。西安地區軍隊院校協作區黨史政工組編印：《黨史資料》第7期。

三、著作

中共中央文獻研究室編：《毛澤東年譜（1893–1949）》，下卷。北京：中央文獻出版社，1993。

———：《毛澤東年譜（1949–1976）》，第2卷。北京：中央文獻出版社，2013。

———：《朱德年譜（1886–1976）》，新編本。北京：中央文獻出版社，2006。

———：《周恩來年譜（1949–1976）》，上卷。北京：中央文獻出版社，1997。

———：《陳雲年譜（1905–1995）》，中卷。北京：中央文獻出版社，2000。

———：《楊尚昆日記》上。北京：中央文獻出版社，2001。

———：《劉少奇年譜（1898–1969）》，下卷。北京：中央文獻出版社，1996。

———：《鄧小平年譜（1904–1974）》，中。北京：中央文獻出版社，2009。

———：《關於建國以來黨的若干歷史問題的決議‧注釋本（修訂）》。北京：人民出版社，1985。

中共中央黨史研究室：《中國共產黨歷史》，第二卷。北京：中共黨史出版社，2011。

王焰主編：《彭德懷年譜》。北京：人民出版社，1998。

李銳：《廬山會議實錄》。鄭州：河南人民出版社，1994。

杜潤生主編：《當代中國的農業合作制》（上）。北京：當代中國出版社，2002。

辛子陵：《毛澤東全傳‧卷四：文革悲劇》。香港：利文出版社，1999。

林蘊暉、范守信、張弓：《凱歌行進的時期》。鄭州：河南人民出版社，1989。

金沖及、陳群主編：《陳雲傳》（下）。北京：中央文獻出版社，2005。

金沖及主編：《劉少奇傳》（下）。北京：中央文獻出版社，1998。

逢先知、金沖及主編：《毛澤東傳（1949–1976）》（上）。北京：中央文獻出版社，2003。

《彭真傳》編寫組編：《彭真年譜》，第 2 卷。北京：中央文獻出版社，2013。

彭德懷：《彭德懷自述》。北京：人民出版社，1981。

《彭德懷傳》編寫組編：《彭德懷傳》。北京：當代中國出版社，1993。

景玉川：《饒漱石》（複印件）

程中原：《張聞天傳》。北京：當代中國出版社，1993。

黃克誠：《黃克誠自述》。北京：人民出版社，1994。

趙家梁、張曉霽：《半截墓碑下的往事：高崗在北京》。香港：大風出版社，2008。

《鄧子恢傳》編輯委員會：《鄧子恢傳》。北京：人民出版社，1996。

戴茂林、趙曉光：《高崗傳》。西安：陝西人民出版社，2011。

聯共（布）中央特設委員會編：《聯共（布）黨史簡明教程》。北京：人民出版社，1975。

叢進：《曲折前進的歲月》。鄭州：河南人民出版社，1989。

四、論文

C・H・岡察羅夫：〈斯大林同毛澤東的對話〉，《國史研究參考資料》編輯部：《國史研究參考資料》，1993 年第 1 期。

中共中央黨史研究室第一研究部編：《李立三百年誕辰紀念集》。北京：中共黨史出版社，1999。

任全勝：〈建國後山東最大的冤案「向明事件」〉，《炎黃春秋》，2005 年第 6期。

李海文：〈科瓦廖夫回憶的不確之處——師哲訪談錄〉，《國史研究參考資料》編輯部：《國史研究參考資料》，1993 年第 1 期。

李維民：〈對柯瓦廖夫報告與訪談錄的不同評價〉，《炎黃春秋》，2013 年第1 期。

李潔：〈柯瓦廖夫和韓素音編造的故事〉，《炎黃春秋》，2012 年第 7 期。

范守信、許廣亮：〈對劉少奇「鞏固新民主主義制度」的考證與分析〉，《中共中央黨校學報》，1998 年第 4 期。

徐天：〈1986 年版《毛澤東著作選讀》的誕生〉，中華人民共和國國史學會主辦：《國史參閱》，2013 年第 5 期。

馬社香：〈山西試辦全國首批農業合作社的前前後後——陶魯笳訪談錄〉，中共中央文獻研究室、中央檔案館主辦：《黨的文獻》，2008 年第 5 期。

馬雲飛：〈劉少奇曾被確定為「接班人」嗎？〉，中共中央文獻研究室、中央檔案館主辦：《黨的文獻》，2011 年第 2 期。

陳邦本：〈饒漱石政治秘書談饒漱石〉，《炎黃春秋》，2013 年第 8 期。

傅大章：〈關於毛澤東同志 1953 年 2 月視察安慶時講話的回憶〉，中共安徽省委黨校編：《理論戰線》（內部刊物），第 96 期。

黃崢：〈論劉少奇的新民主主義階段論〉，《上海黨史與黨建》，2001 年第 6期。

蕭克：〈憶 1958 年軍隊反「教條主義」鬥爭〉，《百年潮》，1997 年第 2 期。

戴茂林、魏子楊：〈一九五三年全國財經會議「搬兵」之我見〉，《中共黨史研究》，2012 年第 11 期。

五、回憶錄和口述史料

李鋭談毛澤東與高崗，2004 年 11 月 28 日，林蘊暉訪問李鋭的談話記錄。

高克亭：《我的革命生涯》。北京：山東人民出版社，2000。

高崗秘書趙家梁談高崗問題，林蘊暉、沈志華 2005 年 2 月 2 日訪問趙家梁記錄。

張秀山：《我的八十五年——從西北到東北》。北京：中共黨史出版社，2007。

張秀山回憶手稿。

張明遠：《我的回憶》。北京：中共黨史出版社，2004。

張明遠回憶手稿。

郭峰：〈關於我與張秀山同志在第二次組織工作會議發言的經過情況〉（複印件），1954 年 4 月 25 日。國防大學黨史黨建政工教研室資料室存。

楊尚昆：《追憶領袖戰友同志》。北京：中央文獻出版社，2001。

趙德尊：《趙德尊回憶錄》。北京：中央文獻出版社，1998。

黎玉：《黎玉回憶錄》。北京：中共黨史出版社，1992。

薄一波：《若干重大決策與事件的回顧》上卷、下卷。北京：中共中央黨校出版社，1991、1993。

蘇維民：《楊尚昆談新中國若干歷史問題》。成都：四川出版集團四川人民出版社，2010。

六、報刊雜誌

《人民日報》

中共中央文獻研究室中央檔案館主辦：《黨的文獻》

《文匯讀書周報》

《當代中國農業合作化》編輯室編：《中國農業合作史料》

索 引